|光明社科文库|

中国养老公益发展研究
——基于"雨花敬老公益"实践的思考

王爱群　张　茗　王艺霖◎著

光明日报出版社

图书在版编目（CIP）数据

中国养老公益发展研究：基于"雨花敬老公益"实践的思考 / 王爱群，张茗，王艺霖著. -- 北京：光明日报出版社，2021.11
ISBN 978-7-5194-6372-4

Ⅰ.①中… Ⅱ.①王…②张…③王… Ⅲ.①养老—社会服务—研究—中国 Ⅳ.①D669.6

中国版本图书馆 CIP 数据核字（2021）第 228957 号

中国养老公益发展研究：基于"雨花敬老公益"实践的思考
ZHONGGUO YANGLAO GONGYI FAZHAN YANJIU：JIYU "YUHUA JINGLAO GONGYI" SHIJIAN DE SIKAO

著　者：王爱群　张　茗　王艺霖	
责任编辑：李壬杰	责任校对：张晓璐
封面设计：中联华文	责任印制：曹　净

出版发行：光明日报出版社
地　　址：北京市西城区永安路106号，100050
电　　话：010-63169890（咨询），010-63131930（邮购）
传　　真：010-63131930
网　　址：http://book.gmw.cn
E - mail：gmrbcbs@gmw.cn
法律顾问：北京市兰台律师事务所龚柳方律师
印　　刷：三河市华东印刷有限公司
装　　订：三河市华东印刷有限公司
本书如有破损、缺页、装订错误，请与本社联系调换，电话：010-63131930

开　　本：170mm×240mm
字　　数：303千字　　　　　　　印　张：18.5
版　　次：2022年5月第1版　　　印　次：2022年5月第1次印刷
书　　号：ISBN 978-7-5194-6372-4
定　　价：98.00元

版权所有　　翻印必究

序 1

社区居家养老
——中国养老的主攻方向

20世纪末，我国开始进入老龄化社会。从此老龄化问题，就成为社会关注的热点。"十四五"期间（2021—2025年），我国老龄人口将突破3亿，将从轻度老龄化迈入中度老龄化。80岁以上的高龄老人将增加到近3000万人，加上失能人员将达到4000多万人，独居和空巢老人将增加到1.18亿人左右。今后5到10年，全国第一代独生子女父母将进入中高龄，将迎来第一波养老照护的高潮，养老服务将接受重大的挑战和考验。人口老龄化已然成为21世纪中国的新国情，成为我国现阶段及未来相当长一段时间内社会经济发展所面临的主要挑战，主要表现在以下三个方面。

一是对民生保障的挑战。养老问题已经成为牵涉面最广且公众反映日益强烈的重大民生问题，而我国事实上还未做好充分的准备，属于比较典型的"未富先老""区域发展不平衡"国家。社会保障制度还不完善，责任分担失衡，互助共济弱化，多元并举格局并未形成。此外，能够满足老年人基本精神需求的社会机制缺失，对老年人的人文关怀与精神慰藉还未真正纳入制度安排。如果不能尽快完善社会保障制度及相关服务，必然会导致老年群体生活质量下降，导致民心不安。

二是对经济发展的挑战。我国现阶段与老年人相关的养老、健康、文化服务等产业并未得到有效开发，老年群体的消费需求还得不到满足。如果不及时调整产业结构并采取措施确保涉老产业得到快速增长，可以持续支撑经济长期发展的数以亿计的老年人市场将会消失。日、韩、欧、美的产品和服务将加速涌入。

三是对社会治理的挑战。现实生活中已经发生的老年人各种上当受骗事件和各地家庭矛盾、代际冲突加剧的诸多案例，以及一些老年人的无所事事，都表明老年人口正在迅速增长而养老工作相对滞后，给社会治理带来多方面的挑战。

面对严峻的老龄化压力和挑战,中国共产党和政府高度重视,先后出台了一系列政策措施。2016年5月27日,中共中央总书记习近平在主持中共中央政治局第三十二次集体学习时就我国人口老龄化的形势和对策发表重要讲话,高度概括了我国人口老龄化的性质和特征。他强调,"人口老龄化是世界性问题,对人类社会产生的影响是深刻持久的。我国是世界上人口老龄化程度比较高的国家之一,老年人口数量最多,老龄化速度最快,应对人口老龄化任务最重。满足数量庞大的老年群众多方面需求、妥善解决人口老龄化带来的社会问题,事关国家发展全局,事关百姓福祉,需要我们下大气力来应对"①。中国共产党第十八次、第十九次全国人民代表大会报告都对应对人口老龄化、加快建设社会养老服务体系、发展养老服务产业等提出了明确要求。十九大报告强调要积极应对人口老龄化,构建养老、孝老、敬老政策体系和社会环境,推进医养结合,加快老龄事业和产业发展。

近年来,各地区各部门加大投入、扎实行动,积极推动老龄事业和产业的发展,应对人口老龄化工作取得了一定成效。同时,有关部门也清醒地认识到,落实中央的方针政策,应对这种挑战和考验,还有很多难题待解,主要是:①还没有形成好的体制机制;②医养结合的硬件设施不健全;③服务能力有待提升,人才队伍缺口太大。

非常高兴见到吉林大学王爱群教授等三人合著的《中国养老公益发展研究——基于"雨花敬老公益"实践的思考》一书,这本书较全面地阐述了中国养老文化、发达国家养老模式对我们的启示以及如何组织社会公益力量加入养老服务等,发人深省,相信对更好地实施积极应对人口老龄化国家战略,有效应对老龄化的挑战和考验有启发借鉴作用。借此机会就建设体现中国养老敬老文化的养老服务体系谈一点感受。

我国制定的新时期养老服务体系结构是:"居家为基础、社区为依托、机构为补充、医养相结合"。这个体系主要有三种基本模式:一是居家养老,以家庭成员作为养老支撑主体,与中国传统思想"养儿防老"相契合,占比90%;二是社区养老,由政府、家庭成员、社会力量为老年人提

---

① 习近平强调推动老龄事业全面协调可持续发民 [N]. 人民日报,2016-05-29(01).

供养老服务，占比7%；三是机构养老，如养老院、养老公寓（养老地产）等，占比3%。这就是所谓的"9073"养老结构。因为社区养老和居家养老的概念不是很清晰，后来，又有人把这个养老服务体系称为"9802"：98%的老人在家和社区，2%的人到机构。对此比例现在还有些争议。但是不管是"9073"还是"9802"，都认为90%以上的老人是要在家养老的。这既符合中国人长期以来的传统观念，也是由中国大多数老人的经济条件和能力决定的。

联合国曾评价"社区居家养老"为"老龄化社会中最适合的养老模式"，它有以下五个方面的优势。

第一，能够较好地满足老年人的生理、心理需求。一方面，社区居家养老服务能够就近为有需求的老人的提供便捷、及时的上门服务；另一方面，生活在熟悉的环境中有利于缓解老人的焦虑、紧张情绪，增强老年人的归属感。

第二，减轻子女各方面的负担。社区居家养老模式可提供登门服务、有效地照料老人的生活起居，减轻了子孙的身体和心理压力，子孙可以安心投入工作并在工作之余陪伴老人。既能成全子孙的孝心，又能满足老人的亲情需求。

第三，促进社会和谐。社区居家养老模式能有效解决养老照料问题，减轻了整个社会、每一个人都将面临的养老焦虑，可以有效地促进社会和谐发展。

第四，促进社区建设。发展社区居家养老是最激发居民参与社区建设积极性的切入点，因为这是每个人都将面临的需求，借此契机可以有效促进社区的全面发展。

第五，扩大就业，促进第三产业发展。社区居家养老机构不仅能吸纳大量劳力，缓解社会就业压力，还能促进养老产业的发展，带动与其相关的第三产业发展壮大。

总之，家是绝大多数老年人养老的根基，绝大多数老人就想在家养老，这是情理之中的事。社区居家养老是天时、地利、人和的汇聚，发展空间非常大。因此，我们应该把办好老龄事业和建设养老服务体系的主要精力和财力放到这个基础和依托上。社区居家养老应该是养老服务体系建设的主攻方向。

正基于此，我们非常高兴地看到，中共中央对"十四五"规划的建议中特别指出："支持家庭承担养老功能，培育养老新业态，构建居家社区机构相协调、医养康养相结合的养老服务体系，健全养老服务综合监管制度。"① 这就要求各地要把主要精力和有限财力放在打牢居家养老的基础和社区服务的依托上，吸引社会资本，发展老年产业，加快基层养老服务建设，扶持基层养老服务项目。要以老人需求，尤其是精神、文化需求为工作出发点，着重以社区为单位建设新型养老服务体系。各级政府应积极回应社会需要，将社区居家养老作为主要发展方向。

放眼看世界，日本是全球人口老龄化最严重的国家，65岁以上人口比例达到了27%，排名世界第一，而意大利23%、德国21%，位居第二和第三……这些先期进入老龄化的国家也在探索养老模式。他们的文化使得他们一直重视"团体组织"功能的发挥，所以他们经过多年探索把着眼点落在了社区，也形成了社区居家养老模式。虽然中、西形成社区居家养老模式的渊源、路径、背景不同，但西方毕竟在社区居家养老的道路上先行了一步，已经有了成型的经验，我们可以取其所长，为我所用，并与我们古老的孝道文化、家文化紧密结合，最终形成中国特色社区居家养老模式。

学习借鉴一些发达国家和地区的经验，做好社区居家养老，尽量让那些生活能够自理的老人不去养老机构，让养老机构的床位先满足真正需要的人。

近些年不少地方在探索社区居家养老的做法和模式，有的称之为"虚拟养老院"，有的称之为"没有围墙的养老院"。不管怎么称呼，他们都是按照养老院的标准来进行社区居家养老的建设和管理的。这方面的经验应该好好总结，好的模式和经验应该大力推广。

我国养老工作方针十分明确——党委领导、政府主导、社会参与、全民行动。建设"没有围墙的养老院"需要充分发挥政府，特别是乡镇基层政府的主导作用，把发展好社区居家养老作为新型养老服务体系建设的重中之重。在党的领导下，中央政府能像当年应对人口快速增长而采取计划生育国策一样，制定强有力的政策来应对人口老龄化带来的同样十分严重的社会问题。确定一个像当年计划生育委员会一样的有职、有责、有权的

---

① 中共中央关于制定国民经济和社会发展第十四个五年规划和二〇三五年远景目标的建议［EB/OL］.中国政府网，2020-11-03.

部门全面负责老龄工作。政策、意见、规划出此一门，工作能一竿子插到底。街道、乡镇社区能配备专职人员负责老龄工作，就像当年配备计划生育干部一样。配备必须的设备、资金，落实工作责任。我们有抓计划生育工作的经验，有多年来很多地区和从事养老产业的公司企业研发的各种电子信息技术设备和大数据应用技术，特别是有近两年防控新冠疫情时各类人员深入社区基层服务的精神和经验，把社区建成"没有围墙的养老院"，把社区内的老人联络管理起来，是没有问题的。社区配备的专职干部就是这个"养老院"的院长，全面管理其相关的工作。充分认识做好社区居家养老的意义，一定可以事半功倍地建设好养老服务体系。我们一定能做得比其他国家和地区更好。

王爱群教授等人的专著介绍了社会公益力量参与养老服务的模式，典型案例是雨花敬老公益对社区居家养老进行的有益探索。雨花公益志愿者们的爱心行动，为打开城市社区的"生人"社会中每个人紧锁的心门、为把"生人"社会转化为熟人社会进行了价值重大的突破性探索。雨花志愿者们为了在杭州市临平区金都夏宫小区进行社区居家养老探索，上百位志愿者深入小区居民的生活，一些志愿者还在该小区购置了房产，成为该小区的业主，通过在社区开办老年大学、幼儿及家长课堂、小区自助食堂、中医理疗室，老人与老人结对彼此互助等方式，把"老人是宝""养儿为老、敬老为国"的敬老核心理念化为言谈举止，通过自己的言传身教、身体力行去影响、感化、带动小区业主开启社区邻里互助敬老模式。来自全国各地的邻居之间不再陌生，彼此关心帮助；某家某户需要紧急帮助，只要一个电话，就会有居民志愿者快速赶到；低龄健康老人结对照顾高龄失能老人；由居民志愿者自发开办的乡情食堂每天按时开放，不方便做饭的居民们可以聚在一起，一边免费就餐一边享受社区大家庭其乐融融的温暖；业主和物业管理人员互相关心、"打成一片"，物业给业主提供周到细致的服务，业主为物业人员义务做饭；放学归来的孩子们可以走进小区的传统文化课堂……把"笑开口，搭把手，心连心，一起走"的口号，变成了邻里互助式社区居家养老行动。

虽然基层志愿者、社会组织进行了有益探索并取得了很好的效果，但要实现全国各地、各社区、全覆盖的社区居家养老，必须由国家统一布局，推出全面、系统、具有可操作性的政策法规，建立健全服务体系，全面提升政府及其相关工作人员的社区居家养老服务意识和能力。

路漫漫其修远兮,吾将上下而求索。雨花敬老公益的探索、吉林大学王爱群教授等人的思考,为我们提供了很好的引导和启发。在此,表示真诚的感谢!

我相信,在中国共产党的领导下,在政府的主导下,有全社会的积极参与,广大城乡人民群众真正需要和喜欢的新型养老服务体系一定会早日建成,老人们的幸福感、安全感、获得感一定会提高!

何丕洁

2021年10月2日

(注:本序作者为中国国民党革命委员会中央委员会原专职副主席,第十一届及第十二届中国人民政治协商会议全国委员会常务委员会常务委员、副秘书长)

序 2

中国慈善公益的美好愿景

党的十九届四中全会提出重视发挥第三次分配作用,发展慈善等社会公益事业,这是党中央首次明确以第三次分配为收入分配制度体系的重要组成部分,清晰确立了慈善公益事业的重要地位。党的十九届五中全会又进一步提出要发挥第三次分配作用,发展慈善事业,改善收入和财富分配格局。党之所以重视通过慈善公益实现第三次分配,因为第三次分配是出于自愿的,人们在习惯与道德的影响下,通过合法合规途径将可支配收入部分或全部进行慈善公益捐赠。由于第三次分配是人们自觉自愿的一种捐赠,其发挥作用的领域以及作用的大小,主要取决于慈善公益事业发展的广度和强度,其作用是市场调节的第一次分配和政府调节的第二次分配所无法比拟的。慈善公益界同人、慈善公益组织表达爱党爱国爱社会主义情怀并为国家做贡献的重要方式,就是努力配合党和国家真正发挥第三次分配的作用,为中国慈善公益的发展壮大贡献一份力量。只有整个中国的慈善公益事业发展壮大了,才能吸纳更多的"高收入"去捐赠给"低收入"。高、低收入的大规模调节,才能体现出第三次分配"损有余以补不足"的作用,否则就是蜻蜓点水、杯水车薪,无法实现百姓共同富裕目标。那么,如何才能使中国慈善公益事业真正发展壮大呢?这是每一个慈善公益界同人、每一个慈善公益组织都要思考的问题。

中国文化是中国慈善公益的根本支撑。中国文化的核心是中国伦理,所以,要想中国慈善公益事业真正发展壮大,就要处理好主要的伦理关系。

一、处理好慈善公益伦理关系

(一)与政府的关系(成为名副其实的中国人)

首先,要关注国家的政策法规。慈善公益作为第三方组织,是社会的重要一员，有义务严格遵守国家的相关政策、法规，有责任在党和国家的监督指导下为第三次分配中国慈善公益事业的发展做出自己的贡献。

其次，慈善公益界同人、慈善公益组织要行知合一乃至"行"高于"知"，有义务身体力行通过实践探索为党和国家制定扶持慈善公益发展的政策，提供来自基层慈善公益组织的经验证据。我们积累的经验乃至教训，都可以为成为国家制定慈善公益重大政策的参考依据，比如，探索可否用我们探索的有中国特色的"道德银行"去替代西方模式下的"时间银行"等。

（二）与其他慈善公益组织的关系（任何慈善公益都是一家人）

"一枝独秀不是春，百花齐放满园春"，若要中国慈善公益事业发展壮大，慈善公益组织必须彼此携手同行。一些社会组织虽然有仁爱之心，却苦于找不到合适又可持续的项目，通常只是举办一些应时的非持续性的活动，而另一些社会组织，比如"雨花智慧敬老公益"借助智能科技缩短时间和空间距离，需要更多的线上、线下团队及个人365天无休地为老人提供服务。所以，每一个慈善公益组织都要把自身打造成有更多接口的、方便与更多慈善公益组织合作连接的公益平台，方便所有的慈善公益组织找到有序的、规模化的、可持续的慈善公益项目，促进中国慈善公益的"百花齐放"。这也是慈善公益志愿者"奉献、友爱、互助、进步"志愿精神的落实。

慈善公益的目标也是不断满足人民对美好生活的向往，而生活的内容非常繁多，单靠某一项志愿服务是满足不了人们的需要的，因此，需要各个慈善公益项目的协作配合。

（三）与企业的关系（家庭分工中主外的家人）

慈善公益与企业有着天然的内在联系，比如，各种各样的慈善公益捐赠，几乎全部直接或间接来自企业，包括行政事业单位员工收入的捐赠以及国家扶持慈善公益发展的资金。虽然慈善公益与企业为国家做贡献的方式、途径各有不同，但二者的关系很密切：一方面，慈善公益需要产业的支持；另一方面，慈善公益组织与百姓需求深度连接，比如敬老慈善公益，通过实践探索、挖掘、积累"老人需求"，为老年产业的蓬勃发展以及大数据产业的形成奠定了坚实基础。同时，慈善公益组织探索的"道德资本是资本背后的资本"等理论，也可以为产业资本正当、持续地获利提供有力支撑。

所以，慈善公益组织要把自身建设成与更多企业、更多有家国情怀与社会责任感的企业家连接的平台，吸引更多的企业、企业家直接或间接参与慈善公益，促进慈善公益与企业的双赢。

企业获取物质财富，离不开精神财富。第三次分配更是获取精神财富的良机，是物质、精神财富持续发展的机会。与企业的共同联盟，是避免慈善公益失灵的重要保障。慈善公益的持续发展离不开企业的持续发展，企业的持续发展离不开慈善公益的积功累德。

（四）与广大社会公众的关系（天下一家，命运共同体）

促进中国慈善公益的发展壮大，不仅要与更多慈善公益组织联手，与更多企业联合，还必须配合政府促进"全民公益"的实现。而要实现"全民公益"，必须明了慈善公益的本质，还必须有看得见、摸得着的榜样。本质，最能渗透、滋润人心；而榜样，有着无穷的力量。

首先，公益的本质是"人人都需要公益"——人人都需要公益，人人都应该参与公益。只有"全民公益"，才能真正让每一个自己都享受到"公益"，才能实现中华祖先传承了几千年的"我为人人，人人为我"，即"人人公益，公益人人"。这也是我党从全心全意为人民服务到获得全民爱戴的奥秘所在，是中国自远古以来就有的"大同思想"的奥妙所在，是慈善公益的魅力所在，更是中华文化的智慧所在。当社会普遍认同了"人人都需要公益"的公益本质，距离"全民公益"的实现就不远了。

其次，慈善公益志愿者要成为人生幸福的榜样。恐惧和痛苦只是留给没有准备的人的，如果不提前了解和认识人生的老、病、死之苦，我们将如何面对病痛、衰老和死亡的威胁？生命的质量又将如何提升？慈善公益实践，非常有利于志愿者们认识、了解生老、病、死之苦，克服对它们的恐惧，成为幸福的人。我们自己幸福了，自然就会成为周围人效仿的榜样，就会带动更多人参与慈善公益事业。

伴手公益、随手公益，是和谐社会的象征，是世界和平的象征，是命运共同体的实践，是社会主义强国的重要标志，是共同富裕的具体体现。

二、中国公益的愿景——全民公益、让世界充满慈善

（一）第三次分配，吹响慈善公益冲锋号

就像"实现全民共同富裕""让老百姓过上好日子"是党和国家一切工作的根本出发点和落脚点一样，中国慈善公益的美好愿景也是中国慈善

公益一切工作的根本出发点和落脚点。既然党和国家把扶持慈善公益事业的发展、实现第三次分配作为实现让老百姓共同富裕这一美好愿景的重要国策，我们慈善公益界同人、慈善公益组织就要听从国家号召，把全民共同富裕作为奋斗目标。

真正的"富裕"，绝不仅仅是物质上的富裕。

第三次分配与第一次、第二次分配的本质差异，在于它不仅可以进行物质财富的分配，还可以进行精神财富的传播，体现了社会成员的价值取向和精神追求，反映了一个国家、民族和社会的思想境界和文明程度。

经济比较贫困时，精神贫瘠问题似乎并不突出，但是当人们的温饱问题解决之后，精神贫瘠问题便凸显出来——空虚迷茫、焦虑紧张、无助无奈、自闭抑郁、信任危机、归属感幸福感缺失等心理问题的出现频率在逐渐增高、人群规模在逐渐扩大。"德不孤，必有邻"，人生的根本问题在于"德"，如果一个人不修德，不能放下自私自利，不能把自己的人生放眼于未来、放眼于更广阔的天地，生命怎能不孤？怎能不怕？怎能不贪？怎能不空虚迷茫、焦虑紧张……

真正富裕的生活，一定是最美丽、最和平、最喜悦、最高贵的真爱的生活。真爱的生活就在慈心、悲心、喜心、舍心这真爱四大元素之中。

（二）第三次分配，促进慈善公益革命

慈善公益革命的重要内容，是建立起慈善公益模型，更方便广大社会公众加入慈善公益行列。

1. 建立慈善公益的"信"模型（立志）

建立起信念——信事、信理、信己、信他。

2. 建立慈善公益的"愿"模型（持志）

愿慈善公益能给予他人幸福快乐——"熄灭"人们心中的不满、抱怨乃至愤怒；愿慈善公益能帮助他人减轻乃至消除痛苦——"熄灭"人们心中的忧郁和焦虑；愿慈善公益能将喜悦送给周围的人，为他们的幸福快乐而感到喜悦——"熄灭"人们心中的悲伤和无欢；愿慈善公益能不存在分别，平等接纳——"熄灭"人们心中的偏执和放不下；愿全民慈善公益、世界充满慈善公益。

3. 建立慈善公益的"行"模型（行志）

要实现全民共同富裕尤其是精神上的共同富裕，慈善公益志愿者首先要唤醒自己的良知、打开自己的心门，然后把爱传递开来，去唤醒更多的人。

　　我最近在思考、提炼人生百问，比如，您觉得活着的意义是什么？生命向上提升需要具备哪些条件？您相信命运吗？命运可否改变？怎么改变？您这一生的体验是苦多还是乐多？为什么？您这一生最大的收获或成就是什么？您如何理解"种豆得豆、种瓜得瓜"？在生命里如何践行这句话？您认为生什么样的病最可怕？为什么？您会如何面对？您害怕变老吗？为什么？您觉得人为什么会害怕死亡？如何才能避免这种现象？……

　　这些问题，只轻声读一读就会震彻心扉，它超越科技，也超越哲学，属于生命教育的范畴。生命教育可以帮助人们唤醒良知、真正了解生命，了解生命与生命、生命与宇宙万物之间的关系。我们是否真的认同"天地与我并生，万物与我为一"？阳光是不是我？空气是不是我？土地是不是我？粮食是不是我？水是不是我？细胞是不是我？细菌是不是我？疾病是不是我？周围人的想法是否会影响我？跟我有没有关联？当认同小到一个细胞、大到无量无边的宇宙都组成了我或与我密切相关的时候，当明白"这个也是我，那个也是我"的时候，当认同"我"本是一个无所不在、无所不包的大"我"时，我们的良知就会被唤醒，心量自然就会扩大。

　　唤醒自己、扩大心量之后，还要把内心深处充满的爱传递开来，让全民都来"公益"，让世界充满爱。

　　如何"传"？

　　社会需要榜样的力量、需要身边人的影响、需要正能量氛围、需要群体效应，所以，把爱传递给更多人、传播到更多角落的最好方式，就是知行合一、身体力行并成为榜样。就像第一家雨花斋的发起，是雨花老人把爱传递给了我、我再把爱传递给更多人。我希望唤醒我自己，提升我自己的生命质量，让自己更清醒、更明白我为什么要做雨花慈善公益。只要我的能量越来越纯、越来越大，相信就能唤醒听到我声音的人；只要我365天全心全意为老人着想、为老人服务，我就有能量唤醒看到我所从事事业的人。

　　中国人很讲究伴手礼。全民公益，其实就是让礼仪之邦的每一位公民把"爱"、把"及时公益""随手公益"变成"伴手礼"，随时奉献给身边的人。这就是慈善公益志愿者、慈善公益组织的本分、使命。

　　每一位慈善公益志愿者都要经常问自己：我是否是以传播践行仁慈，我是否以博爱为使命，我是否愿意将志愿服务进行到底？

最后，专门就"敬老"说几句想说的话。当今社会老龄化问题，其实不是"老"的问题，而是"人"的问题，是人对老人生命的认知及态度问题。

第一是人生向往问题。老人向往生命富有情趣和尊严，其实这也是我们每一个人的共同向往，是故"敬老"应像呼吸一样成为每个生命的必须。

第二是生命教育问题。生命教育的第一个学堂是家庭，家庭教育从哪里入手？应从"养儿为老、敬老为国"开始。

第三是小康时代的共同富裕问题。其实人人都有一笔巨额财富——"随手敬老"，是故，随手敬老，是小康时代的财富源泉和伴手礼。

第四是信任成为当今时代的奢侈品。连敬老都会引起那么多顾忌，是故探索信念、信仰建设的模型成为当务之急。

雨花斋，就是这样一个民间敬老慈善公益的实践地，一个人格回归信任模型的探索者。让"志愿者""自愿者"的行为理念成为每一位"家人"的行为理念，就是雨花志愿者将雨花敬老常态化、规模化、规范化的愿景。

是以为序。

大行

2021年9月21日

（注：本序作者为中华社会文化发展基金会雨花行动基金常务主任，雨花敬老公益的发起者、引领者）

序 3

让"敬老"成为"伴手礼"

人口老龄化问题,是伴随着经济发展和社会进步产生的全球性社会问题。欧美发达国家先于我国进入老龄化社会,全世界老龄化率排前的,除日本外都是欧美国家。由于欧美人没有中国人这种根深蒂固的家族传承的责任感、使命感,很多人不愿意生育,因此他们的家庭观念和亲情感受相对来说要淡薄一些。中国人则不然,同姓同宗的血缘实体——宗族,使中国人传宗接代的意识非常明晰、坚定、强烈,"父母生之,续莫大焉""不孝有三,无后为大"的传统理念是家族、宗族观念极强的中国生生不息、较晚进入老龄化社会的一个重要原因。但是,从20世纪70年代开始实施的计划生育政策,使少子、老龄化成为比较普遍的社会现象,客观上又加快了中国人口老龄化的步伐,使中国成为当今世界上老龄化速度最快的国家之一。

几千年来,中国都奉行着"养儿防老、家庭养老"的代际接续养老模式,由此也形成了中华民族尊老爱老、孝亲敬老的光荣传统和伦理道德。但是,快速发展的人口老龄化进程,给国家、社会、家庭和人们的伦理道德观念都带来了巨大冲击,家庭规模的小型化、家庭结构的核心化、人口流动的加速和育儿成本的大幅攀升等对传统的家庭养老模式、孝亲敬老的传统道德观念提出了严峻挑战。对此我们该如何应对?难题该如何破解?国家对此非常重视,出台了一系列促进养老事业发展的法律、法规、政策。1996年颁布的《中华人民共和国老年人权益保障法》规定:"国家建立和完善以居家为基础、社区为依托、机构为支撑的社会养老服务体系。"该法于2009年、2012年、2018年相继进行了多次修订,足以彰显国家的重视。党中央、国务院先后发布了《关于加强老龄工作的决定》《国民经济和社会发展第十二个五年规划纲要》《社会养老服务体系建设规划(2011—2015年)》《国务院关于加快发展养老服务业的若干意见》《"十三五"国家老龄事业和养老体系建设规划》等一系列政策性文件，十九届五中全会又进一步把"健康中国和积极应对人口老龄化"上升为国家战略，更加凸显了国家对发展养老事业和产业的高度重视，养老服务市场也随之快速发展起来。

养老，它是一个融经济保障和服务保障于一体的重大社会问题，也是一个包含物质生活需求、精神文化需求和情感慰藉等多方位服务在内的社会化服务体系，因此必须要结合国家经济社会发展状况来确定国家的养老发展战略。中华民族几千年传统文化的继承和发展，使得亿万老年人养老离不开亲情、绝大多数老人养老离不开家庭。我国经过长期的探索和实践，明确提出了建立"居家为基础、社区为依托、机构为补充、医养相结合"的养老模式，这是一条经过实践证明最符合国情民情和民族文化传统、最节省资源和注重效益、最为切实可行的中国特色的养老发展之路。

现在周围的人们经常挂在嘴边的一句话就是"将来我们老了都得到养老院去养老了"。但实际情况并非如此。因为养老院无论是公办的还是私营的，不论是高档的还是中低档的，除了满足老年人日常的基本生活照料、饮食起居和文化需求等服务之外，很难满足中国人几千年根深蒂固的对亲情、对家庭的依赖和依恋，很难提供那种子孙绕膝、儿女在床前嘘寒问暖的氛围。这就需要从祖先积淀了几千年的厚重的传统养老文化、长期的养老历史经验中寻找答案，从我国步入老龄化社会的养老实践中寻求突破。本书作者正是基于这一点，在认真研究的基础上对中国养老模式和发展路径做出了智慧选择。本书对中国几千年的养老文化、养老经验进行了系统梳理，对上古时期到夏商周、春秋战国、秦汉、魏晋南北朝、隋唐、宋元、明清的养老文化逐一进行梳理，从养老思想理念到养老政策制度，从家庭养老、社区照顾到机构养老进行了全面系统研究，挖掘并明晰中华民族的"孝老""敬老"基因，展示了百姓及官方积极有效的养老措施，对居家养老的基本模式作了充分论述和肯定，为当今中国指导人们用"孝"、用"敬"去化解老龄化危机，大有裨益。同时本书也对国际社会许多发达国家的养老模式和发展趋势进行了认真研究和梳理，对国际社会养老向社区回归、向家庭回归的发展大趋势进行了理性的分析和阐述，无疑为我国养老模式的发展提供了有益的帮助与借鉴。

让本人深受触动的是，本书"雨花敬老公益"案例中的敬老理念和敬老行动。雨花志愿者深得中国几千年养老文化的浸润、深受党和政府养老政策的滋养，在多年探索、实践的基础上，提出了"老人是宝""养儿为老、敬老为国""自利利他"的敬老理念和敬老信念，并用自己连续十年从未间断的实际敬老行动去倡导全社会敬老，让"敬老"成为礼仪之邦每一位公民的"伴手礼"。其实"敬老"是每一个中国人送给老人也是送给自己的最好礼物，而且人人本身自具这份礼物。对老人的微笑、拥抱、问候、搀扶、陪伴、照护……都是我们力所能及之事，只要愿意，我们可以让每一位老人随时随地都能收到一份"孝敬"之礼。

诚如本书观点，"老"不是问题，"人"才是问题。每一个人都会老，这份"伴手礼"，不仅是送给老人的，更是送给未来的自己。记得我们当初在央视做过一条公益广告，其广告词至今已深深烙印在民众心中，"家家有老人，人人都会老，关爱今天的老人就是关心明天的自己"。只有全社会形成"人人为老、老为人人"的氛围，我们自己才会消除那种深不见底的、不敢触碰的、总在逃避的对"老"的恐惧。带着这份深藏心底的恐惧，我们是不可能真正快乐、真正幸福的，所以，敬老，更是为了每一个自己。

今天，如果每一个中国人都有坚定不移的敬老信念、都像发现宝藏一样地去深深发掘老人的宝贵价值、都愿意送出一份又一份的"敬老伴手礼"，老人的"孤苦无依"还存在吗？相信，坚定不移的敬老信念及其化作的"伴手礼"，定将支撑中国老龄化问题的化解，进而为世界老龄化危机的化解提供中国的成功范例。

阎青春
2021年10月6日

（注：本序作者为国家老龄委办公室原党组成员、副主任，现为北京创扶公益基金会理事长。）

前　言

中国拥有五千年灿烂辉煌的文化，其中包括以孝道为核心的"亲亲、尊尊、长长""老吾老以及人之老，幼吾幼以及人之幼"等重要思想的养老文化。博大精深的中国养老文化，是中国文化之命脉，对人民思想教化、家族和睦幸福、社会和谐稳定、国家繁荣昌盛起到了至关重要的作用，对解决中国古代养老问题与完善古代养老体制做出了卓越的贡献。

在当今中国，人口老龄化的进程不断加快，老年人口占比和绝对数量快速增加，国家、社会与家庭都面临着人口老龄化带来的严峻挑战：

在养老思想理念方面，由于孝道思想理念缺失，人们对老人的宝贵价值认识不足，"敬老为国"信仰缺失、"人人为老"理念淡薄、"仁爱、无私、感恩"和"自利利他"的公益精神匮乏，欺老、虐老、弃老的现象时有发生，对社会的和谐、百姓的福祉造成了严重的负面影响。

在养老政策制度方面，虽然近年来我国在"依法治国"上下足了功夫，尤其连续出台了一系列扶持养老的政策法规，但我国养老立法基础还较薄弱、养老政策的执行效力还有待提高、养老服务体系还有待完善。

在养老服务机构方面，当前我国养老机构的公信力还有待提高，养老机构的服务水平有待提升，养老服务的专业化人才有待发展，对养老机构的监管力度有待增强，养老机构的社会宣传力度有待加大。

"以铜为鉴，可以正衣冠；以人为鉴，可以明得失；以史为鉴，可以知兴替。""鉴前世之兴衰，考当今之得失。"在当代养老公益遭遇诸多困境之时，挖掘中国古代养老思想理念的精髓，借鉴历代朝廷在制定养老政策制度、发展养老服务机构方面的宝贵经验，对于当今中国应对人口老龄化挑战、完善当代养老服务体系、探索具有中国特色的养老之路、复兴中华优秀传统文化具有重要意义。

养老问题，是不同种族、不同国籍、不同地域、不同文化的人类所面临的永恒的共同话题，因为每个人都会老去。在老龄化进程日益加剧的今天，全世界都在期待养老问题的解决方案。有着几千年"孝悌也者，其为仁之本与"精神基因的中华民族，理应为解决中国乃至世界养老问题拿出智慧的解决方案。这要靠我们大家一起去努力探索。

养老，在中国，自古以来都是公益的，包括政府和民间组织的养老，都是纯粹公益性质的。养老，本来就应该是公益的，因为这是人人都会面临、人人都可参与、人人都将受益的；因为养的对象是衰弱的、丧失自理能力的、深受病痛折磨的、需要帮助的人群。改革开放之后受西方的影响，我国的"养老"开始走向商业化。不可否认，在强大的市场机制作用下，商业化可以有效发挥其为养老提供产业化服务的功能。尽管如此，相信中国人的内心深处都在隐隐地渴望着远离冷冰冰资本逻辑的充满"仁爱""孝悌"等中华传统美德的"公益"养老。

本著作在系统梳理中国五千年养老思想理念、养老政策制度、养老服务机构等养老公益文化的基础上，系统分析了目前我国养老事业中存在的共性问题，并从公益的视角提出了解决问题的思路、方法。相信有五千年厚重养老公益文化的支撑，有中国政府强大、有力的支持，有越来越庞大的养老公益志愿团队的无私奉献，有中国人善良、孝悌精神基因的巨大能量，我国养老公益文化及事业一定会不断发展壮大，中国的养老问题一定会得到有效化解，也一定会给世界养老问题的解决提供有益参考。

非常感谢不仅有广博仁爱之心又具有丰富养老经验、远大养老志向的大行老师对公益养老的实践探索和理念凝炼。大行老师曾在北京市社区服务中心工作并兼任北京市西城区银铃中心养老院院长，直到今天一直坚持做敬老义工，是"雨花敬老公益"事业的发起者、引领者、推动者；其倡导的"家庭养老的有益补充""邻里互助养老""心灵养老""家庭互助式机构养老""智慧养老"等模式，得到了社会广泛认可，有些已在多个城乡社区成功复制；其"人人为老，老为人人"的远大志向已经成为养老公益事业的美好愿景。大行老师对中国养老公益文化、事业以及未来发展的思考、探索，成为本专著的重要内容。另外，有着八年全职养老公益志愿者经历的浙江老年公益事业发展中心理事长柴旺先生，以及王希军、程刚、张丽丽等千千万万志愿者在养老公益一线所积累的丰富经验，成为本专著的厚重基础。在此，对所有为中国养老公益事业做出贡献的志愿者们致以诚挚感谢！谨以此书奉献给伟大的养老公益志愿者。

感谢吉林大学博士研究生张茗同学,对本专著前两章撰写付出的努力,感谢吉林财经大学副教授王艺霖对本专著第四章、第五章文稿形成付出的心血,感谢吉林大学硕士研究生陈孟同学在资料收集、整理中付出的辛勤劳动。

王爱群

2021年6月6日

目 录
CONTENTS

第一章　中国养老公益之文化篇 ·· 1

 第一节　中国养老文化的历史脉络 ·· 2

  一、上古时期的养老文化 ·· 2

  二、夏商周时期的养老文化 ·· 3

  三、春秋战国时期的养老文化 ··· 8

  四、秦汉时期的养老文化 ·· 12

  五、魏晋南北朝时期的养老文化 ·· 20

  六、隋唐时期的养老文化 ·· 26

  七、宋元时期的养老文化 ·· 32

  八、明清时期的养老文化 ·· 41

 第二节　中国养老文化之精髓 ·· 50

  一、养老思想理念 ·· 50

  二、养老政策制度 ·· 61

  三、养老服务机构 ·· 70

第二章　中国养老公益之事业篇 ·· 74

 第一节　中国养老公益事业的总体现状 ······································ 75

  一、养老服务方式的总体现状 ··· 75

  二、养老服务内容的总体现状 ··· 77

  三、养老服务机制的总体现状 ··· 80

  四、典型发达国家社会养老模式对中国的启示 ····················· 83

 第二节　中国家庭养老事业 ··· 95

  一、家庭养老的概念界定 ·· 95

  二、中国家庭养老的社会基础 ··· 96

三、古代家庭养老事业的发展 …………………………………… 97
　　四、现代家庭养老模式面临的挑战 ……………………………… 99
第三节　中国机构养老事业 …………………………………………… 101
　　一、机构养老的概念界定 ……………………………………… 102
　　二、中国机构养老事业的发展概况 …………………………… 104
第四节　中国社区养老事业 …………………………………………… 114
　　一、社区居家养老 ……………………………………………… 114
　　二、社区志愿服务 ……………………………………………… 124
　　三、社区互助养老 ……………………………………………… 129
第五节　中国心灵疗愈养老事业 ……………………………………… 135
　　一、老人之生命教育 …………………………………………… 136
　　二、老人之安宁疗护 …………………………………………… 143
第六节　中国智慧养老事业 …………………………………………… 150
　　一、智慧养老的内涵 …………………………………………… 151
　　二、智慧养老事业的发展历程 ………………………………… 152
　　三、智慧养老模式的现状 ……………………………………… 155
第七节　"雨花敬老公益"养老模式的探索与创新 ………………… 161
　　一、雨花斋——居家养老有益补充模式 ……………………… 163
　　二、乡情中心——雨花社区邻里互助养老模式 ……………… 168
　　三、倾听陪伴——雨花心灵养老模式 ………………………… 183
　　四、含山月——雨花家庭互助式机构养老模式 ……………… 187
　　五、雨花智慧养老模式 ………………………………………… 192

第三章　中国当代养老公益存在的共性问题 …………………… **200**
第一节　敬老公益思想理念淡薄乃至缺失 …………………………… 200
　　一、孝道教育缺失 ……………………………………………… 201
　　二、对老人宝贵价值认识不足 ………………………………… 204
　　三、"养儿为老，敬老为国"的信仰缺失 …………………… 210
　　四、"仁爱""无私""只有感恩"的公益精神缺失 ………… 214
　　五、"自利利他"的公益精神缺失 …………………………… 219
第二节　养老公益中的其他问题 ……………………………………… 220
　　一、养老政策制度有待完善 …………………………………… 220

二、养老服务机构公信力有待提高 …………………………………… 228

第四章　中国养老公益未来发展建议 ………………………………… **232**
第一节　提升、牢固敬老思想理念 ……………………………… 233
　　一、牢固树立"教育为先"的理念 …………………………… 234
　　二、牢固树立"老人是宝"的理念 …………………………… 237
　　三、自觉进行"养儿为老，敬老为国"的信仰建设 ………… 241
　　四、积极培育践行"没有'杀戮'，没有交易，只有感恩"的
　　　　公益精神 ……………………………………………………… 245
　　五、积极培育践行"自利利他"的公益精神 ………………… 251
第二节　促进养老公益健康发展的其他建议 ……………………… 252
　　一、优化养老公益政策制度的建议 …………………………… 253
　　二、提高养老服务机构公信力的建议 ………………………… 258

第五章　中国养老公益的未来展望 ……………………………………… **261**
第一节　心灵智慧养老是未来养老事业的发展重点和方向 …… 261
第二节　"随手养老公益"成为人们的习惯 ……………………… 262
第三节　"人人为老，老为人人"成为社会共识 ………………… 264
第四节　中华家文化得以复兴，世界大家庭得以和乐 ………… 265

第一章　中国养老公益之文化篇

中国不仅拥有着五千年的历史文明，同时也创造了灿烂辉煌的传统文化，而中国传统文化的重要组成部分就是以孝道为核心思想、以"养儿为老，敬老为国""亲亲、尊尊、长长"为核心精神的养老文化。养老文化不仅是中国传统文化的重要组成部分，亦是中国文化之命脉。"孝"为中华民族文化之根，"敬"则为中华民族文化之本，"孝敬"即为中华民族文化之根本，从某种程度上来说，中华民族的文明史就是一部养老尊老的"敬老史"。养老文化深刻体现了中国古人的思想与智慧，对中国古代的思想理念、政策制度和服务机构等方面影响深远，对中国古代的经济发展、政治稳定、社会福利、礼仪风俗、法律保障，均起到不容忽视的作用。

进入21世纪以来，中国人口老龄化速度不断加快，老龄化程度不断加深。根据第七次全国人口普查数据，我国人口老龄化呈现出以下特点：第一，老年人口规模庞大。2020年，我国60岁及以上的老年人口数量为2.6亿人，占总人口的18.7%；65岁及以上人口数量为1.9亿人，占总人口的13.50%；第二，老龄化进程明显加快。2010—2020年，60岁及以上人口比重上升了5.44个百分点，65岁及以上人口上升了4.63个百分点。与上个10年相比，上升幅度分别提高了2.51和2.72个百分点。[1] 预测数据显示，到2050年，我国60岁及以上老年人口规模将达到4.83亿，占总人口的34.1%；65岁及以上老年人口数将达到3.63亿，占总人口的25.6%。[2] 由此可知，当代社会面临着严峻的人口老龄化挑战，如何科学、合情、合理地孝养老人成为社会关切的问题。与此同时，我国当代养老依

---

[1] 中新社. 国务院第七次全国人口普查领导小组办公室负责人接受中新社专访[EB/OL]. 国家统计局网，2021-05-13.
[2] 总报告起草组. 国家应对人口老龄化战略研究总报告[J]. 老龄科学研究，2015，3(3): 4-38.

然存在的诸多问题也阻碍着养老公益事业的发展。

在当代养老遭遇诸多困难与挑战之时,挖掘中国古代养老的有益思想理念,借鉴古代养老的有效政策制度,对解决当代养老问题、完善当代养老制度具有重要意义。

第一节　中国养老文化的历史脉络

下文将从养老思想理念、养老政策制度、养老服务机构三个方面,对中国古代养老文化的历史脉络进行梳理,对历朝历代养老文化的传承与变迁进行回顾,以挖掘古代养老文化的宝贵价值、为化解当今养老公益面临的问题提供一些启示。

一、上古时期的养老文化

上古时代初期,是我国农耕文明开始发展的一个重要时期,此时以氏族部落为基本单位,其生产水平低下,对于自然规律的认识极为有限,生产受到自然条件的约束,生产效率的提高在很大程度上依赖于生产经验积累。相对而言,老人从事生产的时间比青壮年更长、掌握的生产经验更为丰富,因此老年人的生产经验对于生产效率的提高至关重要。例如,传说中伏羲演八卦、神农尝百草、黄帝战蚩尤、夏禹伐共工……这些老人都是经验和智慧的象征,代表了传统与权威。因此,青壮年对于生产经验丰富的老人十分敬重和爱戴,相信听从老人才能获得生活的幸福、才能实现"部族"的进步。青壮年不仅在生产中主动听从老人的指导,更是在生活中自觉承担起侍奉和照顾老人的责任,并逐渐形成了对老人尊崇的观念。由此可见,农耕文明是中国养老文化的源头。

到了上古时代后期,农业生产力得到了较大程度的提高,以生产和生存为目的并以此为联系纽带的氏族部落开始没落和衰亡,逐渐取而代之的是以父权为核心、以血缘关系为纽带的家庭宗族。家庭宗族的诞生不仅意味着农业生产单位发生了转变,同时还象征着人们的"部族"之情转变为"亲亲"之情。所谓的"亲亲"之情指的就是对父亲和母亲的一种最朴素的血缘之爱。《诗经·小雅·蓼莪》描述:"蓼蓼者莪,匪莪伊蒿。哀哀父母,生我劬劳。蓼蓼者莪,匪莪伊蔚。哀哀父母,生我劳瘁……父兮生我，母分鞠我。抚我畜我，长我育我，顾我复我，出入腹我。欲报之德。昊天罔极！……"这首诗体现了古人心疼父母，渴望报答、孝敬父母的心情，这便是以家庭宗族为基础单位、以血缘关系为纽带、以"亲亲"之情为引导的上古时代敬老、养老文化的萌芽。同时，据传在尧舜禹时代之前，中国古代先民就已经开始祭祀鬼神和先祖，聚餐要按照长幼的顺序排位，老人一般都居于重要位置，敬老之礼可见一斑。所以，到了上古时代后期，老人由最初的依靠经验获取尊敬到后来依靠血缘亲情老有所依，基本意义的养老文化已初具雏形。

二、夏商周时期的养老文化

上古时代末期，大禹的儿子夏启使用暴力手段夺取了国家政权，并改禅让制为世袭制，奠定了世袭王权和世袭贵族的基础，创立了中华民族历史上第一个"家国合一"的宗法等级奴隶制、世袭制国家。夏启之后的君主意识到自己拥有的统治权来源于他们的先祖——夏启所创建的世袭制王朝，因而他们通过祭祀的形式来感念祖先的功业，并逐渐衍生出了具有中国特色的孝文化。①之后，周代在完善夏商两代旧制的基础上，结合本族的传统，创建了周礼，养老礼制就是其中的一个重要方面。因此，夏商周的养老文化是在当时的国家组织结构和血缘宗法等级基础之上形成的尊老敬老礼仪制度，它是上古时期尊崇老者观念的进一步发展，对后世的养老文化有着深远影响。

（一）夏商周时期的养老思想理念

自夏商周时期开始，文献便有了许多关于尊奉高年、孝敬老者的记载。《礼记·祭义》记载："昔者，有虞氏贵德而尚齿，夏后氏贵爵而尚齿，殷人贵富而尚齿，周人贵亲而尚齿。虞夏殷周，天下之盛王也，未有遗年者。年之贵乎天下，久矣，次乎事亲也。""尚齿"指尊崇老人。从前在虞舜之时，虽然尊敬有德之人，但也不忘尊重年长之人；夏朝虽然尊敬有爵位之人，但也不忘尊重年长之人；商朝虽然尊重有钱之人，但也不忘尊重年长之人；周朝虽然尊重父母，但也不忘对其他长者的尊重。总之，虞夏殷周时期，十分看重年长之人，其重要性仅次于孝敬父母。由此可

---

① 马阳.我国古代养老文化的传承与变迁及其现代价值研究[D].青岛：中国海洋大学，2015.

知,尊老敬老的传统在夏商周三代已形成,虽然夏商周的敬老初衷各有其异,对待国老与庶老的方式也不尽相同,但是,三代以来统治者对老者的尊奉、国家对敬养老人的重视可见一斑,这体现了我们华夏民族自古以来的敬老风尚和尚祖遗风。①

夏代的《诗经·豳风·七月》描写了先民的生活,例如"四之日其蚤,献羔祭韭",献上韭菜和羊羔祭祀祖先,反映了夏代中原区域的先民通过祭祀的方式来感念先祖。夏代的开国君主夏启将君主继承的禅让制改成了世袭制,世袭制在中国后来的王朝一直被沿用。世袭制度最大的好处就是加强了父子之间的关系,一方面,子孙为了能够顺利继承王位而对父辈进行讨好;另一方面,世袭制促使子孙对父辈和先祖更加崇敬、以礼侍奉,丝毫不敢懈怠。

到了殷商时期,随着甲骨文和金文的诞生,承载着中国古代养老文化载体的"孝"字也随之产生。"孝"字最早被发现于商代的卜辞中,而"孝"又与"老""考"相通,体现了祭祀祖先时有所奉献的一种形象。②随着殷商时期"孝"文字的诞生以及"善事父母"观念的产生,中国古代养老思想得以初步形成。

西周时期,是我国古代社会变革的一个重要时期,周礼极大地推动了中国古代养老文化的发展。司马迁在《史记·周本纪》中记载:"公季卒,子昌立,是为西伯。西伯曰文王,遵后稷、公刘之业,则古公、公季之法,笃仁,敬老,慈少。礼下贤者,日中不暇食以待士,士以此多归之。伯夷、叔齐在孤竹,闻西伯善养老,盍往归之。"大致意思是说周文王推行仁政,秉承敬老慈少的理念,深得人心,能人贤士都愿意投奔他,体现了敬老观念在西周时期的重要程度足以影响人心。《礼记·祭义》中的"周人贵亲而尚齿"说明了周代对基于血缘关系的养老敬老理念尤为重视,甚至将养老文化作为一项礼制对人们的道德行为加以约束,因而孝文化在周代时期得到极大发展。

---

① 张鸿浩. 唐代之前"敬老"文化的发展及其法制化进程 [J]. 理论月刊, 2012 (8): 157-160.
② 马阳. 我国古代养老文化的传承与变迁及其现代价值研究 [D]. 青岛: 中国海洋大学, 2015.

(二) 夏商周时期的养老政策制度

1. 夏商周时期的"三老五更"制度

在夏商周时期，国家的养老对象一般包括"国老"和"庶老"，国老指的是高级官员中有威望的退休长者，而庶老指的是普通百姓中的年长者及烈士先祖和贤德者。无论是国老还是庶老，都由具有很强代表性的人物来担任，这些老人享受国家给予的特殊待遇，被供养在各级学校中，负责将自己毕生的知识和经验传授给学生，并形成了具有很强示范效应的养老制度——"三老五更"制度。

周代的"三老五更"制度是我国古代养老制度的起源。《礼记·文王世子》记载："遂设三老五更，群老之席位焉。""三老"指具有三种崇高德行（正直、刚健、会变通）的厚道老人，"五更"指会用五种方式来观察周边人和事的老人，"更"就是明理懂事之意，"三老五更"就是有着丰富阅历和经验的老人。周文王时期，"三老五更"制度开始正式实施。最初之时，朝廷在退休官员中选择"三老"和"五更"各一人；后来，"三老五更"的人选逐渐扩展至非退休官员的普通年长百姓群体。

《礼记·文王世子》记载："天子视学，大昕鼓征，所以警众也。众至，然后天子至，乃命有司行事，兴秩节，祭先师先圣焉。有司卒事，反命。始之养也：适东序，释奠于先老，遂设三老五更群老之席位焉。适馔省醴，养老之珍，具……正君臣之位、贵贱之等焉，而上下之义行矣。"天子视察太学，在祭祀祖先后，就举行隆重的敬老仪式，认真检查"三老五更"的席位和肴馔酒醴是否齐全，然后奏乐邀请老者入席。《礼记·乐记》还记载："食三老五更于大学，天子袒而割牲，执酱而馈，执爵而酳，冕而总干，所以教诸侯之弟也。"天子在大学宴请"三老五更"时还需要袒着上身为老人切割牲肉，捧着酱油碟子向老人献上美食，端着酒杯请他们漱口，还要戴着礼冠、手持盾牌敬献歌舞取悦老者，给众人做敬老的示范表率。

周代的"三老五更"制度对后世的养老文化影响深远，并成为后世朝廷养老敬老举措之蓝本，一直延续到了宋朝。

2. 夏商周时期的"存问制"

夏商周三代的统治者都十分重视养老文化，将养老作为国家的一项重要战略，使之成为统治者本身和广大人民都必须身体力行的行为准则。①皇帝为了彰显自身尊老敬老的品质，通过参拜、慰问老人，从而达到向社会公众进行舆论宣传、示范引导、孝道教育的目的。《礼记·王制》记载："九十者，天子欲有问焉，则就其室，以珍从。"②意思是若君主有事询问九十岁的老者，必须要带上美食派专人前往他家。据《礼记》记载，周天子在定期巡视各诸侯国的时候，首先会见的第一个人并非当地的诸侯王，而是该地区德高望重的老者。周天子将当地的养老工作作为考核诸侯王政绩的一项重要指标，若诸侯王对养老工作不上心将会面临严厉的惩罚，从而可见，周代统治者对于敬老的重视程度。

3. 夏商周时期的"济老赈贫"制度

西周政府为了表达尊老敬老之意，成立了专门的机构，拨付专门的资金用于定期赐予年长之人米、酒、肉等生活必需品，以提升老年人的生活质量，使其得以温饱。正如《礼记·月令》记载："养衰老，授几杖，行糜粥饮食。"对于衰老的长者，官府会赠送他们拐杖、米粥等生活用品，这是古代官府最早的"济老赈贫"制度。

4. 夏商周时期的"赐几杖"制度

"赐几杖"制度是中国古代养老制度的特色。为了表达对年长之人的崇敬，除了在物质方面资助，统治者还会在精神方面予以关爱，赐予老人一定的政治权利或荣耀。例如，周天子为德高望重的长者量身定制"王杖"，持"王杖"者可以在社会上享受各种优待条件。正如《礼记·王制》记载："五十杖于家，六十杖于乡，七十杖于国，八十杖于朝。"③五十岁的老者可以拄杖于家，六十岁的老者可以拄杖于乡，七十岁的老者可以拄杖于国都，八十岁的老者可以拄杖上朝。《礼记·曲礼》还规定："谋于长者，必操几杖以从之。"面见老人商议要事，必须带着几杖。同时，周天子还专门设立了赐予"王杖"的行政官员"伊耆氏"。《周礼·秋官》记载："军旅，授有爵者杖，共王之齿杖。"由此可见，"杖"在周代已经成为一种政治权利和地位的象征。

---

① 梁盼. 以孝侍亲——孝与古代养老 [M]. 北京：中国国际广播出版社，2014：6.
② 礼记译注 [M]. 潜苗金，译注. 杭州：浙江古籍出版社，2007：167.
③ 礼记译注 [M]. 潜苗金，译注. 杭州：浙江古籍出版社，2007：167.

5. 夏商周时期的养老法律保障制度

（1）夏商周时期的子孙不孝入罪制度

不孝罪，在历代都要受到法律的严惩。在夏代，不孝罪最高可处以死刑。不赡养老人、殴打辱骂老人、老人生病不及时医治、不细心照料等都在不孝之列，要受到处罚。依据不同情节，处以在脸上刺字（墨）、割鼻子（劓）、斩脚（刖）、死刑（大辟）等不同类型的惩罚。在周代，不孝罪被视为大罪之一，《尚书·康诰》记载："元恶大憝，矧惟不孝不友。"即最大的罪恶就是不孝、不友爱。《周礼·秋官·大司寇》记载，大司寇在刑法上负责维护尊老养老，体现在"以五刑纠万民"中的"三曰乡刑，上德纠孝"。《周礼·地官·大司徒》还记载："以乡八刑纠万民"，其中第一条就是"不孝之刑"，第四条就是"不弟之刑"。

（2）夏商周时期的老年罪犯刑罚宽宥制度

《周礼》有"三赦之法"，且记载"凡有爵者与七十者，与未龀者，皆不为奴"，即凡是有爵位的人、七十岁及以上的老年人、还没有换牙的小孩，都不能成为奴隶。《周礼·秋官司寇》也记载，在处理刑事案件时，八十岁、九十岁以上的老年人即使有犯罪行为，但由于对社会危害不大，可以减免其刑罚。

（3）夏商周时期的老人赋役减免制度

周代的法律规定，根据老人的年龄段相应地减免其赋役。《礼记·王制》记载："五十不从力政，六十不与服戎。"平民到了五十岁以后就不服劳役，到了六十岁以后就不服兵役了，让其安度晚年。《周礼》还记载："国中自七尺以及六十，野自六尺以及六十有五，皆征之。其舍者，国中贵者、贤者、能者、服公事者、老者、疾者皆舍，以岁时入其书。"① 意思是都城中从二十岁到六十岁的人，郊野从十五岁到六十五岁的人，都要为公事服役。都城中地位尊贵的人、有德行的人、有才能的人、在官府当差的人、年老的人、残疾的人都免除服役，每年按季把簿册上报给大司徒。由此可见，老年人同达官贵人、残疾者一样，也是赋役的免除对象之一。

（三）夏商周时期的养老服务机构

《说文解字》记载："礼官养老，夏曰校，殷曰庠，周曰序。"其中"校""庠""序"是夏商周三代对学校的称谓。由此可知，当时的学校既

---

① 周礼注疏 [M]. 郑玄, 注. 贾公彦, 疏. 北京: 北京大学出版社, 1999: 295.

是军事教育场所，同时也是养老文化教育的活动中心。《礼记·王制》记载："有虞氏养国老于上庠，养庶老于下庠。夏后氏养国老于东序，养庶老于西序。殷人养国老于右学，养庶老于左学。周人养国老于东胶，养庶老于虞庠：虞庠在国之西郊。"① 上古时期的部落首领有虞氏把国老与庶老分别供养在"上庠"和"下庠"；夏代把国老供养在"东序"，把庶老供养于"西序"；商代把国老供养于"右学"，把庶老供养于"左学"；周代把国老供养于"东胶"，把庶老供养于"虞庠"。每年的春夏秋冬四季，君王都会进行视学并举行敬老庆典，以表达对老者的尊敬，同时也是给全社会做养老的示范，以在全国兴起尊老养老的社会风尚。

三、春秋战国时期的养老文化

春秋战国时期，是古代中国社会发生巨大变革并产生巨大动荡的一个时代，人才辈出、学术风气活跃、思想文化大繁荣，都是春秋战国时期的特点，中华文明的思想渊源和精神品格很大一部分就是在这个时候奠定的。在思想文化方面，出现了"百家争鸣"的局面，形成了儒家、道家、墨家、法家等众多学派，他们对于解决旧体制的崩溃与未来新国家的建设等现实问题提出了不同的见解和主张，但是在尊老敬老、孝敬父母的问题上却有着惊人的一致，各家各派都讲求孝道，以孝道观念为载体的养老文化受到了春秋战国众多思想学派的关注，我国古代养老文化在春秋战国时期得到了极大的发展。

（一）春秋战国时期的养老思想理念

春秋战国时期礼崩乐坏，出于重建礼制和恢复社会秩序的目的，一系列以孝道观念为载体的养老思想随之产生，并在诸子百家，尤其是儒家"孔孟"的著书立说基础上得到极大的发展。②

《老子》云："绝仁弃义，民复孝慈。"③ 意思是真正的仁慈者都应该放弃礼仪，这样就会使百姓回到原始的孝慈时代。《墨子·经上》云"孝，利亲也"，意思是说孝就是为父母谋利。墨家认为"为人子必孝"，不孝是天下大害。法家有言："臣事君，子事父，妻事夫，三者顺则天下治，三

---

① 十三经注疏 [M]. 阮元, 校刻. 北京：中华书局, 1980：1345-1346.
② 马阳. 我国古代养老文化的传承与变迁及其现代价值研究 [D]. 青岛：中国海洋大学, 2015.
③ 冯达甫. 老子译注 [M]. 上海：上海古籍出版社, 2006：43-44.

者逆则天下乱。"① 臣子侍奉君主、儿子侍奉父亲、妻子侍奉丈夫，遵循这三条原则，天下就会安定太平，否则天下就会混乱无序。可见道家、墨家和法家对于孝道观念都是持倡导的态度，认为孝道文化有助于维持社会秩序。但总的来说，道家、墨家、法家思想对于养老思想的认识不够全面，春秋战国时期真正对孝道文化进行全面阐述、极大推动中国养老文化发展的是儒家文化。

在社会局势巨变、周王朝统治衰退、礼崩乐坏的社会背景下，以祖先崇拜为核心的"孝死"观念逐渐向以赡养父母为核心的"孝生"观念转变，而儒家文化中的孝道观念正是建立在以赡养父母为核心的"孝生"观念之上，相比其他学派，儒家对于孝道观念进行了更加详细、全面的阐释，使得中国古代养老文化得到了巨大的提升。

首先，儒家学派代表人物孔子对于中国孝道文化的突出贡献主要在于他阐释了"孝"的重要性以及"孝"与"仁"的关联性。② 孔子认为"孝悌"是实施仁政的前提，所以无论是出于人性情感还是现实政治考虑，儒家都十分推崇敬老尊老。《论语》记载："君子务本，本立而道生。孝弟也者，其为仁之本与！"之后，曾子继承和发展了孔子的"孝道"思想，并且更加重视对父母精神上的侍奉。《礼记·内则》记载："曾子曰：'孝子之养老也，乐其心不违其志，乐其耳目，安其寝处，以其饮食忠养之，孝子之身终，终身也者，非终父母之身，终其身也。'"也就是说，孝子的养老，就是让父母的心情快乐，不违背父母的意志；让父母的耳目快乐，休息起居安逸，提供饮食奉养父母，直到孝子生命结束。孟子则从孔子的"孝悌为仁之本"这一观点出发，更加重视"仁政"与"养亲"。

其次，儒家还将孝的标准划分为"养""弗辱"和"尊"，把"色养"作为孝道的最高要求，提倡卑幼对尊长无条件地顺承，其目的就在于从推行孝道开始，德化民众，构建理想中的社会秩序，实现其政治主张。正如《礼记》记载："民知尊长养老，而后乃能入孝弟。民入孝弟，出尊长养老，而后成教，成教而后国可安也。"③ "所谓平天下在治其国者：上老老

---

① 韩非子[M].陈秉才，译注.北京：中华书局，2007：284-287.
② 马阳.我国古代养老文化的传承与变迁及其现代价值研究[D].青岛：中国海洋大学，2015.
③ 礼记[M].崔高维，校点.沈阳：辽宁教育出版社，1997：229-231.

而民兴孝，上长长而民兴弟，上恤孤而民不倍，是以君子有絜矩之道。"①由此可知，儒家文化认为孝道思想有助于培育民众的仁爱之心，有助于提高贤能长者的社会地位，更有助于形成尊卑有序、忠孝合一的政治环境，因此儒家将尊老重孝作为定国安邦的重要手段，这对后世历代王朝的政策制定与法律实行都产生了深远影响。②

（二）春秋战国时期的养老政策制度

1. 春秋战国时期的"存问制"

春秋五霸之一的晋文公在晋国确立了扶助和厚待老人的政策，之后晋悼公继续将晋文公的养老政策传承与发扬，推行了"存问制"，亲自召见、参拜晋国七十岁以上的老者，并称老者为父亲，以此来宣扬国君对养老敬老政策亲力亲为的形象，从而达到凝聚民心、团结国民的政治目的。

2. 春秋战国时期的"倚重老人"制度

由于老年人往往富有社会经验，是国家和社会的财富，因此人们很重视老年人的经验和才干，在社会上对老年人予以重任。"耆胥与试"就是利用老人的聪明机智为国家做出突出贡献。③《国语·晋语》记载了范宣子与和大夫争田时，久而无成，叔向见范宣子曰："吾闻国家有大事，必顺于典刑，而访咨于耇老，而后行之。"叔向说："我听说国家发生大事，一定要遵循常规办事，还要寻访咨询年老的长者，然后才能行动。"

另外，在春秋战国时期，政治与外交局势都很复杂，此时只有一定年纪的长者才能积累丰富的经验，并运用这些政治历史经验发挥巨大的作用。《烛之武退秦师》说的就是郑国老者烛之武说服秦国君主，瓦解了秦晋联军，才使得郑国免遭一难。《国语·晋语》记载："举善援能，官方定物。"晋文公根据自己多年流亡的经验，在巩固君位之后，就大胆采用了选老年贤者的举措。例如，百里奚是春秋时期著名的政治家、思想家，极富有政治经验，熟知东方局势，晋文公为了能让百里奚为其所用，亲自从楚国购买五张羊皮赠予七十多岁的百里奚。正是由于晋文公这一选贤举能的措施，使得晋国在春秋时期称霸多年。

---

① 礼记 [M].崔高维，校点.沈阳：辽宁教育出版社，1997：229-231.
② 张鸿浩.唐代之前"敬老"文化的发展及其法制化进程 [J].理论月刊，2012 (8)：157-160.
③ 李岩.中国古代尊老养老问题研究 [M].北京：中国社会科学出版社，2016：92.

3. 春秋战国时期的"官员致仕"制度

古代称官员退休为"致仕",致者,归还也;仕者,仕宦也。《礼记·曲礼上》记载:"大夫七十而致事。"郑玄注道:"致其所学之事于君而告老。"《春秋·公羊传译注》亦有记载:"退而致仕""还禄位于君"。① 古代官员到了退休年龄就要自请致仕,历朝历代统治者往往把官员致仕作为巩固统治、促进国家机构新陈代谢、提高国家机关行政效率的重要内容之一。官员致仕后,朝廷往往会给予退休官员相应的政治经济优待,以此反映我国尊老敬老的传统美德。

商、周、春秋为致仕制度的萌芽时期。这个时期奴隶制国家政体由形成、发展逐渐走向崩溃,与之相适应的以血缘分封为基础的"世卿世禄制度"逐渐衰败,相反以选贤任能为标准的"官员任命制"出现萌芽。早在殷商时代,就有辞官、告归事例,《史记·殷本纪》记载:"帝太甲既立三年,不明,暴虐,不遵汤法,乱德,于是伊尹放之于桐宫……帝太甲居桐宫三年,悔过自责,反善,于是伊尹乃迎帝太甲而授之政。"《尚书》也有记载:"伊尹既复政厥辟,将告归。"孔颖达注疏:"告老致政事于君。"伊氏还政太甲,这是我国古代官员致仕最早的记载。《左传》亦有记载:"祁奚请老,晋侯问嗣焉。"

4. 春秋战国时期的民间互助自救制度

先秦时期,族党相助是当时最普遍的形式,根据《周礼》记载,君王经常号召家长收族、恤族,教育民众要自相救济,对不能相济者要处以刑罚。同时,当国家救济和收族制度普及度较小时,以里社为单位的民间互助自救制度在战国时期已占主导地位了。

5. 春秋战国时期的养老法律保障制度

(1) 春秋战国时期的子孙不孝入罪制度

《资治通鉴·秦纪》记载,战国时期,魏襄王制定了"大宪之法",规定"子弑父,臣弑君,有常不赦"。《孝经·五刑》记载:"五刑之属三千,而罪莫大于不孝。"《公羊传》亦有记载:"不孝者,斩首枭之。"可见春秋战国时期的法律对于不孝行为的严惩力度之大。

(2) 春秋战国时期的老人赋役减免制度

《国语·鲁语》记载了孔子倡议统治者要"任力以夫,而议其老幼。

---

① 王维堤,唐书文. 春秋·公羊传译注 [M]. 上海:上海古籍出版社,2004:301-341.

于是乎有鳏、寡、孤、疾，有军旅之出则征之，无则已"。意思是分派劳役要依据各家男丁的数目，而且要照顾那些年老和幼小的男子，对于鳏、寡、孤、疾者有战事时才征召他们，无战事时就免除。《荀子·大略》中也有类似的记载，如"八十者一子不事，九十者举家不事"。为了更好地侍奉高龄的老者，除了免除高龄老人的徭役之外，也应该酌情免除其家人的赋税和徭役。

（3）春秋战国时期的老年罪犯刑罚宽宥制度

战国时期著名的改革家李悝制定的《法经》是我国第一部成文的法典，《法经》记载："年六十以上，小罪情减，大罪理减。"首次将年龄和犯罪情节作为定罪量刑的重要依据。由此可知，从先秦时期开始，立法就已经奠定了老年罪犯刑罚宽宥的基础。

（三）春秋战国时期的养老服务机构

历代的统治者都将致仕的官吏安置在特定的地点安享晚年。根据《礼记·王制》记载，先秦时期的致仕官吏往往会被安置在学校，由国家统一供养，并且邀请德高望重的致仕官吏向天下人传授学识，天子需要经常到学校探望致仕的官员，举行养老敬老仪式，地方学校则举行乡饮酒礼，即"天子视学"和"乡饮酒礼"。

四、秦汉时期的养老文化

秦朝是中国历史上第一个中央集权制王朝，将全国划分为三十六个郡，郡下面设置县，县以下设置乡和里。秦朝的郡、县、乡、里的行政划分，为养老政策的施行提供了便利，但秦朝历史短暂，许多养老体系尚未完善。秦国深受法家"以法治国""以吏为师"思想的影响，利己主义思想充斥整个社会，加剧了不孝父母、老无所养的社会问题，所以秦朝在养老敬老方面几乎未有突出贡献。直到汉初，统治者吸取秦朝施行暴政、二世亡国的教训，采取轻徭薄赋、休养生息的政策，加之"黄老学说"在当时的流行，政府更是提倡宽刑减税、无为而治、与民休息。当时的几位君主十分重视敬养老人的问题，中国的养老文化得到进一步强化。汉武帝"罢黜百家，独尊儒术"，奉行"以孝治天下"的理念，将养老的孝道思想、道德要求、物质供给、教育理论以及举孝廉、尊"三老"、赐王杖等内容建章立制，奠定了中国古代社会养老敬老的基本内容和标准，形成了独具特色的养老敬老制度，标志着中国养老敬老体系已基本成型，为后世养老敬老树立了标杆。①

（一）秦汉时期的养老思想理念

《汉书·百官公卿表》记载："乡有三老、有秩、啬夫和游徼。"②"三老"指古代掌教化的乡官，战国时期魏国有三老，秦朝设置乡三老，汉朝增置县三老，东汉以后又有郡三老，并间置国三老。《为吏之道》记载："为人父则慈，为人子则孝；能审行此，无官不治，无志不彻，为人上则明，为人下则圣。君鬼臣忠，父慈子孝，政之本也。"从而可知，秦朝不仅强调"孝"还强调"慈"，并视两者为为政之本，与儒家理念极为相似，但同时也强调"君鬼臣忠"，与法家《韩非子》忠孝观一致。由秦国丞相吕不韦编写的《吕氏春秋》亦有记载："务本莫贵于孝。人主孝，则名章荣，下服听，天下誉。人臣孝，则事君忠，处官廉，临难死。士民孝，则耕芸疾，守战固，不罢北。"强调治国之根本没有比"孝"更重要的了，如果君主孝顺，那么名节章法就有条理，下级就服从听命，社会就和睦平安；如果大臣孝顺，那么他们就会事君忠诚、为官廉洁，危难时挺身而出；如果知识人士、老百姓孝顺，那么他们就会生产时勤劳、作战时勇敢而不逃脱。言外之意就是"孝"为诸德之本，在提倡"依法治国"的同时，"以德治国""德法兼治"也是非常重要的。虽然秦朝崇尚法家思想并且以刑法严酷闻名，在养老敬老方面未有突出贡献，但从以上古籍文献可以看出，秦朝同样重视孝道教化，这也与当时"父家长制"的社会秩序分离不开。③

汉武帝之后，儒家学说成为官方确立的正统意识形态，因而儒家学说中极为推崇的敬老尊贤的思想便在朝野之间大为流行。西汉哲学家董仲舒吸收并整合前人的忠孝思想，从天地角度解释"忠"的合理性，从阴阳五行角度解释"孝"的合理性，提出了以天为孝、忠孝合一等具有鲜明特点的孝治理论，将事亲与忠君结合起来，使养老敬老的思想观念上升到国家意志。董仲舒认为，"孝"和"忠"是"家"和"国"的关系，"孝"与"忠"是相通的，因此由"孝"以劝"忠"，是实践"以孝治天下"的思

---

① 潘剑锋，唐艳明.论两汉时期我国敬老养老体系基本成型［J］.湖南社会科学，2015（6）：61-66.
② 班固.汉书［M］.北京：中华书局，1962：1-45.
③ 马阳.我国古代养老文化的传承与变迁及其现代价值研究［D］.青岛：中国海洋大学，2015.

想基础,"孝"具有促使人们对君主和国家尽忠、平定天下的功能,正所谓"君子之事亲孝,故忠可移于君""求忠臣必于孝子之门"。虽然董仲舒提出的"以孝治天下"是为了构建以"孝"为先、尊卑有序的家庭伦理学说,从而维护统治者的统治,但其中蕴含的家国同构思想,将家庭孝养老人的养老准则和行为规范变为国家养老敬老的意志和行为规范,在一定程度上保障了中国古代社会养老事业的顺利发展,促进了社会和谐稳定,因而具有推动历史进步的作用。

(二)秦汉时期的养老政策制度

1. 秦汉时期的"三老"制度

"三老"制度早期就已形成,但是盛行却在汉代。自汉朝建立开始,汉高祖刘邦就以诏令的形式确立了"三老"制度,汉代以前只有乡三老,刘邦称帝后又增加了县三老,县三老是从乡三老中选拔出来的。《汉书·高帝纪》记载:"举民年五十以上,有修行,能率众为善,置以为三老,乡一人。择乡三老一人为县三老,与县令、丞尉以事相教,复勿徭戍。以十月赐酒肉。"[①] 乡三老的人选需要满足两个要求:一是年满五十岁,二是德高望重。年满五十岁就意味着他有丰富的人生经验,德高望重意味着要有良好的品行、在乡民中有一定的威望。刘邦颁布的这个诏令基本确定了汉代三老的选择标准、级别、政治地位和生活待遇,之后,汉代历任皇帝都继承和发展了刘邦制定的三老制度。

在物质待遇方面,刘邦在设置三老时就明确提出"十月赐酒肉",即由政府出面定期供给食物,实际上是为民间百姓树立一个尊老养老的表率。之后的汉代皇帝基本继承了这一制度,多次赐予三老衣帛、酒肉等物品。汉文帝"赐三老,孝者帛,人五匹"。汉武帝"赐县三老、孝者帛,人五匹;乡三老、悌者、力田帛,人三匹"。此后,汉宣帝三次赐帛于三老;汉元帝四次赐帛于三老;汉成帝不仅两次赐帛于三老,同时还赐予钱财。到了东汉时期,皇帝给予三老的物质赏赐除了钱帛还有爵位,极大地提高了三老的社会政治地位。汉代皇帝对三老赐钱财、酒肉、衣帛等行为,都是为了劝勉地方政府和民间百姓要满足三老的基本物质生活需求,体现了对老年人奉养的关怀;而"赐爵"则是赋予老人一定的社会地位,

---

① 班固. 汉书[M]. 北京:中华书局,1962:1-45.

更加体现了汉朝对三老的尊重，彰显了汉朝尊老养老的传统和示范作用。①

在朝廷礼仪方面，汉朝的礼仪尤其凸显对三老的尊重，最具代表性的就是自汉明帝开始的"初行养老礼"。此外，汉朝皇帝同样将赐予"几杖"作为一种尊老养老礼。根据《后汉书·礼仪志》描述，在汉朝的尊老养老礼中，三老"皆服都纻大袍单衣，皂缘领袖中衣，冠进贤，扶王杖"。《后汉书·李充传》同样记载，李充"迁左中郎将，年八十八，为国三老。安帝常特进见，赐以几杖"。李充是东汉时期的朝廷重臣，他八十八岁时，迁左中郎将，为国三老，汉安帝常来看他，并赐予他座几和手杖。汉朝的"三老"不仅在生前可以享受礼仪上的厚待，去世之后同样可以享受君王给予的丰厚殉葬品和爵位，如《后汉书·袁张韩周列传》记载，袁逢"以累世三公子，宽厚笃信，著称于时"，朝廷认为袁逢"尝为三老"，具有一定的老资格，于是就给予其特殊优待，赐予袁逢"珠画特诏秘器，饭含珠玉二十六品，使五官中郎将持节奉策，赠以车骑将军印绶，加号特进，谥曰宣文侯"。

在政治地位方面，汉朝的"三老"制度最突出的特点就是三老有一定的政治地位。汉高祖刘邦设置"三老"制度时规定：只有德高望重者才有资格担任乡三老，因此才会有"三老，掌教化"，"三老，众民之师也"，"谕三老孝悌以为民师"，三老"劝导乡里，助成风化"。《后汉书·光武帝纪》记载，光武帝刘秀"持节北度河，镇慰州郡。所到部县，辄见二千石、长吏、三老、官属，下至佐史"。《后汉书·明帝纪》也记载："幸南顿，劳飨三老、官属。"这些都说明了汉朝的"三老"具有极高的政治地位，统治者需要积极争取他们的支持和拥护以及对自身政权的肯定，从而达到建立和巩固统治秩序的政治目的。②

2. 秦汉时期的"官员终养"制度

所谓终养，就是官员因父母、祖父母等亲属年老体弱、无人奉养，需要暂时离职回籍侍养父母的一种安排。终养制度是古代社会为官员父母、祖父母等亲属解决养老问题，使之老有所养的一种制度安排。汉代开始实行本地人不得在本地任职的官员回避制度，这个制度使得官员往往需要远离家乡去任职，对于一些官员孝敬父母造成很大的客观限制。尽管如此，

---

① 吕文静. 论汉代三老制度中的尊老养老传统[J]. 管子学刊，2010（4）：95-98.
② 吕文静. 论汉代三老制度中的尊老养老传统[J]. 管子学刊，2010（4）：95-98.

在汉朝的传统观念中,孝敬父母仍然是每一位官员应尽的职责,更不能以任职来推脱孝敬父母的义务。鉴于此,汉朝朝廷对于官员父母的养老问题采取了"官员终养"的灵活处理方式。

3. 秦汉时期的"济老赈贫"制度

吕后时期,朝廷已经颁布了保证老人生活质量的"给米粟以为糜粥"的"受鬻法",但此时的"受鬻法"受益范围很少,到了汉文帝时期,朝廷才颁布了著名的普及天下老人的《养老令》。根据《汉书·文帝纪》记载,汉文帝感叹:"方春和时,草木群生之物皆有以自乐,而吾百姓鳏、寡、孤、独、穷困之人,或阽于死亡,而莫之省忧。为恫父母将何如?其议所以振贷之。""老者非帛不暖,非肉不饱,今岁首,不时使人存问长老,又无布帛酒肉之赐,将何以佐天下子孙孝养其亲?今闻吏禀当受鬻者,或以陈粟,岂称养老之意哉!"汉文帝认为,老者非帛不暖、非肉不饱,若老者无帛可穿、无肉可吃,依然在吃陈米,那么天下又有何孝道可言呢?养老又有何意义呢?于是朝廷专门派遣使者前往老人家中予以慰问,这一诏令成为中国历史上第一条国家明确给予老人物质赏赐的行政法令。《养老令》明确规定了养老的具体标准、举措、追责到人的内容:"有司请令县道,年八十以上,赐米人月一石,肉二十斤,酒五斗。其九十以上,又赐帛人二匹,絮三斤。赐物及当禀鬻米者,长吏阅视,丞若尉致。不满九十,啬夫、令史致。二千石遣都吏循行,不称者督之。刑者及有罪耐以上不用此令。"同时,汉朝还有赏赐鳏、寡老人酒肉布帛的规定,元封元年汉武帝封禅泰山,下诏沿途所经地区:"加年七十以上孤寡帛,人二匹。"到了东汉顺帝阳嘉三年,有诏曰:"赐民年八十以上米,人一斛,肉二十斤,酒五斗;九十以上加赐帛,人二匹,絮三斤。"在《礼记》中,"老者衣帛食肉"被视为天下大治的标志。

4. 秦汉时期的"举孝廉"制度

"举孝廉"被视为将儒家孝道伦理和孝悌品行引入国家人事制度的表现。自汉朝以后,"举孝廉"成为朝廷选拔人才或升迁罢黜官员的重要依据,亦是中国古代统治者重视养老文化的重要表现。"举孝廉"起源于汉武帝时期,《汉书·武帝纪》记载:"元光元年冬十一月,初令郡国举孝廉各一人。""今诏书昭先帝圣绪,令二千石举孝廉,所以化元元,移风易俗也。不举孝,不奉诏,当以不敬论。不察廉,不胜任也,当免。"当时朝廷规定,每个郡和诸侯国每年必须向朝廷举荐一个"孝廉"之人,并委以重任或升迁，若地方官员未及时按量向朝廷举荐"孝廉"之人，那么就会被以"不举孝"而论罪。且汉朝律法规定，"不为亲行三年服，不得选举"。这条诏令包含两层意思：一是为父母居丧三年期间不得参与选举；二是若不为父母守丧三年者取消今后参与选举的资格。由此可知，在汉朝，"孝"是为官的必要条件，不孝之人不得选拔为官吏。

5. 秦汉时期的"王杖"制度

汉初之时，朝廷规定八十岁以上的长者才有资格持有鸠杖，到了汉成帝建始年间，这一标准降至七十岁。彼时，平民百姓无不以拥有皇帝赐予的鸠杖为至高荣耀。朝廷规定每年仲秋之时，全国都要按照行政区域进行一次人口排查，然后授予各地七十岁以上的老人王杖。东汉时期的王杖不仅是一种精神激励，更赋予了持有王杖者相应的政治和经济上的特权，例如可以自由出入官府、行走官员专用的道路、经商免征商业税等。

6. 秦汉时期的"官员致仕"制度

古代官员的致仕制度真正得以明确化和制度化，起源于西汉，但是在汉朝，"致仕"并不适用于每一个官员，必须符合两个前提条件。根据汉朝的官员致仕程序，官员满足致仕的前提条件之一就是法定致仕年龄满七十岁，但是有些官员由于身体抱恙或者年事已高等原因不能胜任官员一职的时候，也可以在七十岁之前主动申请致仕。因此，在汉代，年龄仅仅是官员致仕的参考性标准，身体素质才是官员致仕的决定性标准。而满足致仕的另一个条件就是俸禄两千石以上的高级官员。在汉朝，俸禄两千石以上的高级官员，相当于州刺史，致仕后可以领取原来俸禄的三分之一作为养老金。然而，其他大多数官员就没有这个待遇了，基本上生活只能自理。例如，东汉时期的河内太守宋均，致仕后无法领取养老金，只能去私塾讲学挣养老钱；合浦太守孟尝，因病退休，却无法享受正常的致仕待遇，只能回家种地。

7. 秦汉时期的养老法律保障制度

（1）秦汉时期的子孙不孝入罪制度

汉朝政府为了保障老年人的合法权益，对于不孝行为同样有一套严厉的法律惩罚制度。出土于湖北张家山汉墓的竹简《二年律令·贼律》较为详细地记载了"不孝"罪名的相关规定："子贼杀伤父母，奴婢贼杀伤主、主父母妻子，皆枭其首市。"即儿子杀伤父母、奴婢杀伤主人或其家属的行为均被处以死刑，这就从法律上为家长的绝对权威提供了保障。《二年律令·告律》还记载:"杀伤大父母、父母及奴婢杀伤主、主父母妻子,自告者皆不得减。"凡杀伤尊亲属和奴婢杀伤主人及其家属的,即使犯罪者自首也不得减免刑罚。不仅如此,"子牧杀父母,殴詈泰父母、父母假大母、主母、后母,及父母告子不孝,皆弃市。……年七十以上告子不孝,必三环之。三环之各不同日而尚告,乃听之。教人不孝,黥为城旦舂。"若子女存在杀害、杀害未遂、殴打、谩骂长辈的行为,一旦"不孝"的罪名成立,则不仅仅是当事人要受到严厉惩罚,罪犯的妻子、子女也要受到牵连,并且不能以爵位、金钱抵消"不孝"罪名。《二年律令》的规定反映了汉朝政府对于不孝行为的严厉程度,其立法意图旨在维护家长权威、维护家族等级秩序。

在汉朝历史上,不少人因"不孝"罪名而受到严厉惩罚。据《汉书·陈汤传》记载:"初元二年,元帝诏列侯举茂材,勃举汤。汤待迁,父死不奔丧,司隶奏汤无循行,勃选举故不以实,坐削户二百,会薨,因赐谥曰缪侯。汤下狱论。"

同时,《二年律令》还赋予了子孙赡养祖父母的义务。《二年律令·户律》规定:"孙为户,与大父母居,养之不善,令孙且外居,令大父母居其室,食其田,使其奴婢,勿贸卖。孙死,其母而代为户,令毋敢遂(逐)夫父母及入赘,及道外取其子财。"意思是若孙子对祖父母赡养不善,将会被强制驱逐,由祖父母据有其田宅和奴婢。

(2) 秦汉时期的家庭分居限制制度

秦朝时期,商鞅为了提高秦国的赋税,规定成年的儿子必须与父亲分家,另立门户,否则就要收取双倍赋税。但是,秦朝的分家政策极大地损害了家庭血缘亲情关系,与汉朝统治者推行的养老政策背道而驰。因此,汉惠帝下令,年俸禄为六百石以上的官员,如果其父母和儿女共同生活在一个大家庭,那么可以免除其大部分的赋税。自汉武帝推行"以孝治天下"的政策之后,朝廷更加对民间分家、分财产的行为加以限制。东汉时期,随着国家舆论对于孝道文化不断推崇,"兄弟共财"和"三世同财"的现象逐渐增多并成为全社会的表率。例如,东汉末期的蔡邕,由于其与叔父和堂兄弟同居,三代不分家而成为乡党的表率。[①]

---

① 梁盼. 以孝侍亲——孝与古代养老 [M]. 北京:中国国际广播出版社,2014:156.

(3) 秦汉时期的老年罪犯刑罚宽宥制度

汉朝是我国尊老敬老制度较为完善的朝代，汉朝法律对于老年罪犯的刑事责任给予了较多的豁免权。汉惠帝下令："民年七十以上若不满十岁有罪当刑者，皆完之"，即七十岁以上的老年人若有犯罪行为，只能执行其所判的劳役刑，而对于肉刑和毛发刑这两种非独立适用的附加刑罚则不得执行。① 汉文帝之后的法律规定，八十岁以上的老人可以"赐爵"二三级，爵位在当时有减轻罪刑的作用，"刑不上大夫"，因此可以视为八十岁以上的老人享受罪刑减轻的优待。《汉书·刑法志》记载，汉景帝下诏书："高年老长，人所尊敬也；鳏、寡不属逮者，人所哀怜也。其著令：年八十以上，八岁以下，及孕者未乳，师、朱儒当鞠系者，颂系之。"汉宣帝下诏："朕惟耆老之人，发齿堕落，血气衰微，亦亡暴虐之心，今或罹文法，拘执囹圄，不终天命，朕甚怜之。自今以来，诸年八十以上，非诬告、杀伤人，佗皆勿坐。"意思就是老人的头发和牙齿脱落，血气衰微，也没有暴虐之心，今日有的受到法律惩处，拘禁监狱，不得善终，我很同情他，从现在起，年八十以上的老人，若不是诬告、杀伤人罪，就不要再予以追究了。汉成帝时期，法律规定孤寡老人和残疾人都属于限制行为能力的人，官吏不能擅自征召询问，诉讼过程不得使用刑讯，同时将免除法律责任的老人年龄标准再次降到七十岁。汉平帝时期，法律将此标准恢复到八十岁。东汉时期的法律遵循了周代的规定，即八十岁以上的老人如果不是亲手杀人则可以免除法律的制裁。②

(三) 秦汉时期的养老服务机构

汉朝主张"以孝治天下"，颁布了中国历史上著名的《养老令》，大力倡导子女要孝顺父母。汉文帝刘恒甚至身体力行，替母亲亲尝汤药，成为二十四孝之一。在这种大背景下，汉朝政府没有修建真正意义的养老机构，而是鼓励子女孝顺，继而赡养老人。但是，汉朝依然延续了夏商周时期的传统，将各地学校作为养老敬老文化教育的地点，同时各地学校都会固定举行乡饮酒礼，作为尊老敬老文化教育的重要仪式，旨在强调尊卑长幼之义，教育人们时刻不要忘记养老的重要意义。

---

① 梁盼. 以孝侍亲——孝与古代养老 [M]. 北京：中国国际广播出版社，2014：163.
② 梁盼. 以孝侍亲——孝与古代养老 [M]. 北京：中国国际广播出版社，2014：163.

五、魏晋南北朝时期的养老文化

魏晋南北朝是中国历史上最动荡分裂的时期,尽管社会动荡不安,但社会的尊老敬老风气并没有随着社会秩序的混乱而消亡,相反,养老文化受到魏晋南北朝统治者的极大推崇。原因在于这个时期的政权更替频繁,弑君篡位的事情不断上演,忠孝的观念崩塌。统治者为了维护自身统治和稳定社会秩序,参考历代统治者的做法,大力提倡"以孝治天下"的治国纲领。但是,由于魏晋南北朝时期社会动荡不安,老年人的养老难以得到保障,门阀士族的养老待遇与民间的养老待遇存在着很大的区别,广大普通百姓的养老问题仍然难以得到保障。[1]

(一)魏晋南北朝时期的养老思想理念

魏晋时期,儒学衰微,中国传统孝道文化受到极大冲击,当时的统治者为了夺取政权,经常行一些不仁不义之事,但同时又为了维护自身的统治而大力提倡"孝"文化,将《孝经》立于学官,广为传播。曹魏的郑称、王宿,孙吴的韦昭,晋朝的殷仲文等人,都为《孝经》进行注疏。南朝皇帝曾为《孝经》进行注释和宣讲,太子、诸王时常聚会讨论《孝经》,梁武帝甚至亲自撰写《孝经义疏通》。

东汉末年,曹操曾在《举贤勿拘品行令》中公然表示对"不仁不孝而有治国用兵之术"的人要"各举所知,勿有所遗"。为了夺取东汉末年的统治权,曹操可以公然"挟天子以令诸侯"。根据《三国演义》的描述,曹操假借献刀之机行刺董卓未遂,仓皇出逃,在中牟县遇到了县令陈宫,陈宫为曹操的赤胆忠心所感动,于是加入了曹操的逃亡队列,两人在逃亡途中,经过吕伯奢一家,晚上,吕伯奢准备杀猪款待曹操,曹操听到磨刀声,疑心吕伯奢一家要杀自己,于是杀尽吕氏一家,陈宫因此责备曹操大不义,曹操却答道"宁教我负天下人,休教天下人负我"。由此可见,曹操并非忠孝仁义之人。但是,后期曹操为了巩固自身的统治权,又重新打起了孝文化的旗帜。"建安七子"之孔融因为提出了"父之于子,当有何亲?论其本意,实为情欲发耳。子之于母,亦复奚为?譬如寄物瓶中,出则离矣"的论断,当即被曹操定为大逆不道之罪,最终"下狱弃市"。曹操之后,司马懿亦以"无复母子恩"为缘由,以不孝之罪废黜了齐王曹

---

[1] 张承宗. 魏晋南北朝养老与敬老风俗[J]. 史林, 2001 (4): 42-48.

芳，而他的好友——"竹林七贤"之嵇康也受到了牵连。

《陈情表》也是魏晋南北朝时期孝文化的代表作。《陈情表》是李密写给晋武帝的奏章，李密从自己幼年时期的不幸遭遇写起，说明自己与祖母相依为命的特殊感情，叙述祖母抚育自己的大恩，以及自己应该报祖母恩情的大义。除了感谢朝廷的知遇之恩以外，又倾诉自己不能从命的苦衷。晋武帝司马炎看到此文章后大受感动，特赏赐给李密奴婢二人，并命郡县按时给其祖母供养。

魏晋南北朝时期，因孝而发迹的高门士族莫过于琅琊王氏。① 《晋书·王祥传》记载："祥性至孝。早丧亲，继母朱氏不慈，数谮之，由是失爱于父。每使扫除牛下，祥愈恭谨。父母有疾，衣不解带，汤药必亲尝。母常欲生鱼，时天寒地冻，祥解衣将剖冰求之，冰忽自解，双鲤跃出，持之而归。母又思黄雀炙，复有黄雀数十飞入其幕，复以供母。乡里惊叹，以为孝所至焉。有丹柰结实，母命守之，每风雨，祥辄抱树而泣。其笃孝纯至如此。"这就是《二十四孝》中王祥"卧冰求鲤"和"黄雀入幕"的由来。从魏晋南北朝至明清的一千多年间，琅琊王氏共培养出了以王吉、王祥、王导、王羲之等为代表的92位宰相和600多位文人名仕，就是"因孝发迹"的最好例证。

(二) 魏晋南北朝时期的养老政策制度

1. 魏晋南北朝时期的"养老于学校"制度

"养老于学校"是中国古代尊老养老制度的一大特色，也是最受仰慕的一种养老方式，魏晋南北朝时期各王朝也把"养老于学校"作为尊老养老的重要方式和内容。《通典·卷六十七》记载："魏高贵乡公甘露二年，天子亲帅群司行养老之礼于太学。命王祥为三老，郑小同为五更。祥南面，几杖，以师道自居。天子北面，乞言。"

北齐时期朝廷规定："仲春令辰，陈养老礼。"《通典·卷六十七》详细地记载了北齐时期学校尊老、养老的礼仪程序：

先一日，三老五更斋于国学，皇帝进贤冠、玄纱袍，至辟雍，入总章堂，列宫悬，王公以下及国老庶老各定位。司徒以羽仪武贲安车，迎三老五更于国学，并进贤冠、玄服、黑舄、素带。国子生黑介帻、青衿、单衣，乘马从以至。皇帝释剑，执珽，迎于门内。三老至门，五更去门十

---

① 张承宗. 魏晋南北朝养老与敬老风俗 [J]. 史林，2001 (4).：42-48.

步,皆降车以入。皇帝拜,三老五更摄齐答拜。皇帝揖进,三老在前,五更在后,升自右阶,就筵。三老坐,五更立。皇帝升堂,北面。公卿升自左阶,北面。三公授几杖,卿正履,国老庶老各就位。皇帝拜三老,群臣皆拜,不拜五更。乃坐,皇帝西向,肃拜五更。进珍馐酒食,亲袒割牲,执酱以馈,执爵以酳。以次进五更。又设酒酳于国老庶老。皇帝升御坐,三老乃论五孝六顺,典训大纲。皇帝虚躬请受,礼毕而还。

2. 魏晋南北朝时期的"赐官爵"制度

魏晋南北朝时期的统治者为了表达对老年人的尊敬和优待,时常采用赐予老年人官爵的办法,虽然这些官爵都是虚衔,但主要表示一种敬老之意。[1]《宋书·本纪·后废帝》记载,南朝宋后废帝元徽二年,"赐民男子爵一级;为父后及三老孝悌力田者爵二级"。[2]《魏书·帝纪·高祖纪》记载,北魏孝文帝太和十七年,朝廷下诏书:"诏洛、怀、并、肆所过四州之民:百年以上假县令,九十以上赐爵三级,八十以上赐爵二级,七十以上赐爵一级。"太和十八年,"诏相、兖、豫三州:百年以上假县令,九十以上赐爵二级,七十以上赐爵一级。"太和二十年,诏"国老黄耇以上,假中散大夫、郡守;耆年以上,假给事中、县令;庶老,直假郡县。"太和二十一年,"诏汾州民百年以上假县令,九十以上赐爵三级,八十以上赐爵二级,七十以上赐爵一级。"[3]《魏书·帝纪·肃宗纪》记载,孝明帝熙平二年诏:"京畿百年以上给大郡板,九十以上给小郡板,八十以上给大县板,七十以上给小县板;诸州百姓,百岁以上给小郡板,九十以上给上县板,八十以上给中县板。"[4]《册府元龟·书·帝王部·养老》记载,武成二年六月,北周明帝"板授高年刺史、守、令,恤鳏寡孤独各有差"。保定元年正月,北周武帝诏:"民七十已上,节级板授官。"[5]

3. 魏晋南北朝时期的"赐几杖"制度

魏晋南北朝时期各王朝依然继承历代朝廷"赐几杖"的养老制度。《晋书·山涛传》记载:"魏帝尝赐景帝春服,帝以赐涛,又以母老,并赐

---

[1] 甄尽忠. 魏晋南北朝时期尊老养老制度述论[J]. 渭南师范学院学报, 2011, 26(9): 57-60.
[2] 沈约. 宋书[M]. 北京: 中华书局, 1974: 59-64.
[3] 魏收. 魏书[M]. 北京: 中华书局, 1974: 90-126.
[4] 魏收. 魏书[M]. 北京: 中华书局, 1974: 90-126.
[5] 王钦若. 册府元龟[M]. 北京: 中华书局, 1960: 603-613.

藜杖一枚。"① 藜杖是用藜的老茎做成的手杖，在手杖中是较为雅致的一种，景帝赐予晋代名士山涛的母亲藜杖，正是其尊老敬老的象征。《魏书·高祖纪上》记载，太和四年七月，北魏孝文帝下诏："会京师耆老，赐锦彩、衣服、几杖、稻米、蜜、面，复家人不徭役。"太和十六年十二月，又"赐京邑老人鸠杖"。太和二十年，再次下诏，对国老、庶老"各赐鸠杖、衣裳"。

4. 魏晋南北朝时期的"济贫赈灾"制度

北魏建立之初，国库空虚，无法承受太多的社会责任，但道武帝拓跋珪依然号召地方政府尽可能地给予老年人关照。之后，明元帝拓跋嗣和太武帝拓跋焘进一步对弱势的老人群体采取一系列的抚恤措施。随着北魏经济状况逐渐好转、国库财政实力逐渐上升，北魏文成帝拓跋濬，出台了由太官（宫廷中主掌御膳事务的机构）为京师地区七十岁以上的老者提供膳食的养老措施，以此保障了京师的老年人在有生之年不饿肚子。这个以京师平城为试点的养老保障计划使平城符合条件的老人们真正享受到了终身养老的福利。

同时，魏晋南北朝社会中的佛道思想空前繁盛，南北方都在各自境内修建了大量的寺庙佛塔，因此有诗词中描写"南朝四百八十寺，多少楼台烟雨中"的盛况。北魏孝文帝掌控的北方丝毫不逊色于南方，其境内的佛寺、佛塔、佛窟高达千余座之多。在佛教思想的熏陶下，北魏孝文帝特别重视养老，给予了老年人许多人道主义关怀。《魏书》记载北魏朝廷赐予老人酒肉衣帛的记录有 34 次，其中大部分皆为孝文帝所为。虽然北魏社会动荡、国力不强，但是孝文帝依然节约其他不必要的国家支出用来救济老人、保障老人的生活质量。孝文帝认为，鳏、寡、孤、独几类弱势群体由于社会动荡而生活更加艰难，统治者更应该对其多加照顾。

5. 魏晋南北朝时期的"官员致仕"制度

魏晋南北朝的"官员致仕"制度，大多延续了西汉时期的做法，魏晋时期许多朝廷重臣都能享受到丰厚的致仕待遇。例如，晋武帝时期的太傅郑冲致仕后得到丰厚的奖赏，包括车、房、钱、衣料，还有很多生活用品和奢侈品。北魏尔朱荣的祖父尔朱代勤，是北魏第三代皇帝拓跋焘的敬哀皇后的舅舅，是地道的皇亲国戚，官至"肆州刺史，高祖赐爵梁郡公，以

---

① 房玄龄，等. 晋书 [M]. 北京：中华书局，1974：90-100.

老致仕，岁赐帛百匹以为常"①。北魏名臣游明根致仕时，"以定律令之勤，赐布帛一千匹，谷一千斛"②。东晋末年将领刘毅告老后，"以光禄大夫归第，门施行马，复赐钱百万"③。但普通官员的待遇则差很多，很多官员都是零俸禄致仕。

6. 魏晋南北朝时期的养老法律保障制度

（1）魏晋南北朝时期的子孙不孝入罪制度

北魏时期对于侮老和不孝行为的刑罚力度又进一步加大。《魏书·刑法志》记载，魏高祖十一年春，诏曰："三千之罪，莫大于不孝，而律不逊父母，罪止髡刑。于理未衷，可更详改""犯死罪，若父母、祖父母年老，更无成人子孙，又无期亲者，仰案后列奏以待报，著之令格。"④ 意思是孝文帝认为法律对于不孝之罪的处罚太轻了，建议更改法律条例，加大对不孝之罪的惩罚力度，但对待不孝之罪应该谨慎处理，一切以考虑如何照顾老人为原则。同时，《北齐律》规定了"重罪十条"，其中，"不孝罪"位列第八条。

（2）魏晋南北朝时期的老年罪犯刑罚宽宥制度

魏晋时期对于老年罪犯刑事责任的特赦力度有所减小，晋朝法律规定，即便是共同作案，而且不是亲手杀人，八十岁以上的老者依然被严惩。但是，晋朝法律规定，所有收赎金就可以减刑或者免刑的罪刑，若犯罪者为老人，则赎金可以减少一半。北魏刑法规定，若正在审讯的犯人年龄超过四十岁，就不能拷其四肢。南朝梁代法律也规定，老人被判处鞭刑或杖刑时，鞭打的力度只能是普通人的一半，并且鞭子和杖板必须选择伤害力较小的鞭子和杖板。⑤

（3）魏晋南北朝时期的"存留养亲"制度

东晋咸和二年，朝廷下诏书：犯了重罪之人，若其年迈的父母只有这一个儿子，则可以对其减轻判刑，若犯了死罪，则可以赦免死罪。这是"存留养亲"制度的雏形。到了北魏时期，如果罪犯的父母或者祖父母已年过七十，并且无后人赡养，那么判定为流放的罪人可以减轻为鞭刑，被

---

① 魏收. 魏书 [M]. 北京：中华书局，1974：189-200.
② 魏收. 魏书 [M]. 北京：中华书局，1974：189-200.
③ 房玄龄，等. 晋书 [M]. 北京：中华书局，1974：282-288.
④ 魏收. 魏书 [M]. 北京：中华书局，1974：189-200.
⑤ 梁盼. 以孝侍亲——孝与古代养老 [M]. 北京：中国国际广播出版社，2014：164.

判为死刑的罪人则可以减轻为流放。北魏的"存留养亲"制度一直延续了1400多年,直至清末修律才被废除。

(4) 魏晋南北朝时期的老人赋役减免制度

北魏时期的统治者也制定了免除高龄老人徭役的制度,特别是孝文帝经常下诏对国内的高龄老人施以种种关照。《魏书》记载,孝文帝延兴三年十月,下诏:"鳏寡孤独贫不自存者,复其杂徭;年八十已上,一子不从役。"太和元年,孝文帝进一步下诏:"冬十月癸酉,晏京邑耆老年七十已上于太华殿,赐以衣服"。又诏:"七十已上一子不从役","年八十以上而无子孙兄弟,终身给其廪粟;七十以上家贫者,各赐粟十斛。"又诏:"诸北城人,年满七十以上及废疾之徒,校其元犯,以准新律。事当从坐者,听一身还乡,又令一子抚养,终命之后,乃遣归边;自余之处,如此之犯,年八十以上,皆听还。"

(三) 魏晋南北朝时期的养老服务机构

南朝齐武帝时期,由于灾荒严重,朝廷对"贫病六疾"之人格外照顾,齐武帝的长子文惠太子即位后,正式创办了"六疾馆",旨在收养贫穷患疾之人。所谓的"六疾馆"并不是指六种疾病,而是泛指各种疾病。"六疾馆"被认为是中国最早的慈善机构之一,它的创立是中国古代养老史和慈善史具有划时代意义的事件,标志着规模化和组织化的养老慈善机构开始在中国出现,也标志着中国慈善救济事业由设官职主事掌管向设立专门机构进行专项救济的制度变化。

另外,南北朝时期由于社会动乱,民不聊生,贫富差距悬殊,再加上佛教在南北朝时期对社会产生巨大的影响力,佛教济贫救灾、规诫"伤害"、劝善修德的思想广为传播,以佛教为代表的宗教慈善活动兴盛。因此,中国古代的慈善事业在南北朝时期逐渐从以单一的国家慈善演化为国家慈善为主体、宗教慈善为辅助的局面。南朝的梁武帝萧衍是一个极其虔诚的佛教徒,深受佛教济贫救灾思想的影响,从而积极从事国家慈善事业。公元521年,梁武帝下旨建立了中国古代第一个官方创设的正式救济机构——孤独园,专门收养无家可归的孤儿和无人赡养的老人,并且负责料理老人的后事,即所谓"孤独有归,华发不匮"。"孤独园"的名称寓意着梁武帝希望这个慈善机构能够像佛教中的慈善福地"给孤独园"一样成为救济老人、关爱老人、赡养老人的场所。①

孤独园和六疾馆的创立,在中国历史上具有重要意义,表明魏晋南北朝时期慈善事业的繁荣发展和政府对慈善事业的重视。

六、隋唐时期的养老文化

隋唐时期,是我国历史上大一统的繁荣时期,其政治制度、经济水平和思想文化都达到了史无前例的发展高度。隋唐时期的统治者不仅很好地继承了前代统治者的养老政策措施,并且对于我国养老文化进行了创新。隋唐政府同样延续了西汉时期统治者的做法,不遗余力地推行"以孝治天下"的治国方略,在物质经济、政治地位、法律保障、社会福利等各方面都有一整套相对完善的措施来保障老年人的合法权益。尤其值得注意的是,唐朝政府将女性老者也纳入了尊老敬老的范围,极大地提高了女性老者的社会政治地位,这是中国古代养老历史上一个很大的进步,也是唐朝养老文化区别于其他朝代的独特之处。

(一)隋唐时期的养老思想

隋朝历史短暂,但是,中国的养老文化在隋朝依然得到了进一步发展。隋朝初期,隋文帝就下诏:"唯读《孝经》一卷,足可立身治国,何用多为!"② 于是隋朝延续着前朝统治者"以孝治天下"的治国方略,并且推动当时的学者深入研究《孝经》,例如隋朝大臣明克让的《孝经义疏》、经学家刘炫的《孝经述议》都是当时具有代表性的学术成果。不仅如此,隋文帝还将《孝经义疏》作为国学经典书目颁行于天下,要求官民广泛诵读③,并下诏曰:"君子立身,虽云百行,唯诚与孝,最为其首。"④可以看出隋朝的开国皇帝杨坚对尊老养老文化的重视。到了唐朝,唐玄宗李隆基更是将《孝经》作为强制性的全民必读书目,"诏天下民家藏《孝经》一本,精勤教习"。⑤ 同时,唐朝还把《孝经》作为科举考试中的一门基本科目,让士大夫在求学阶段深明孝悌大义。唐玄宗甚至还觉得前人

---

① 梁盼. 以孝侍亲——孝与古代养老[M]. 北京:中国国际广播出版社,2014:47-48.
② 司马光. 资治通鉴[M]. 北京:中华书局,1956:5439.
③ 马阳. 我国古代养老文化的传承与变迁及其现代价值研究[D]. 青岛:中国海洋大学,2015.
④ 魏征. 隋书[M]. 北京:中华书局,1975:14-25.
⑤ 刘昫. 旧唐书[M]. 北京:中华书局,1975:93-106.

对于《孝经》的注疏不够完善,未完全体现出其主旨,也未完全理解其精妙义理,更是亲自两次为其作注。《孝经》是儒家的经典书目,它不仅要求子女孝顺父母、尊敬祖先,更是将孝道文化上升至国家层面,使之成为一种道德准则。《孝经·广扬名》记载:"君子之事亲孝,故忠可移于君。"[1] 意思是君子侍奉父母若能尽孝,那么便可将对父母的孝心上升到对君主、对祖国的忠心,即忠孝具有一定的统一性,将家庭之孝推及于国便是忠君。因此,当时的统治者极力推崇《孝经》。

(二)隋唐时期的养老政策制度

1. 隋唐时期的"济老赈贫"制度

尽管隋朝历史短暂,但是从文献中仍然可以看出隋朝统治者"济老赈贫"的政策。《隋书》记载:"戊申,发八使巡省风俗。下诏曰:……孝悌力田,给以优复。鳏寡孤独不能自存者,量加振济。义夫节妇,旌表门闾。高年之老,加其板授,并依别条,赐以粟帛。"隋炀帝在大业元年(605年)下旨给予老人物质补贴,并于大业五年(609年)在武德殿宴请了四百多位老人,并赠予衣物食品。[2] 而唐朝凭借着统一而强大的国力,继承了大汉时期"济老赈贫"的优良传统作风,频繁在节日和庆典上对全国老人给予各种物质上的照顾和精神上的关怀。根据《册府元龟·帝王部》记载,对于老人的物质补贴数量就多达五六十次,平均不到三年就出现一次,说明唐王朝对老人的物质福利较历代有了进一步提升。根据《赐孝义高年粟帛诏》记载,唐太宗贞观三年四月曾下旨:"高年八十以上,赐粟二石;九十以上三石;百岁加绢二匹。"[3] 唐高宗在永徽六年立武则天为皇后,同时大赦天下,全国八十岁以上的老人每人赐粟米两石、帛三段;百岁以上的老人每人赐粟米五石、帛十段。天宝十载,唐玄宗亲自到南郊祭天,典礼完毕之后下诏赏赐群臣,并给予天下七十岁以上的老人每人绢帛五段、粟米五石。

唐朝政府规定,凡是八十岁以上的老人要有一人照顾;九十岁以上的老人要有两人照顾;百岁以上的老人要有五人照顾。照顾老人的人,首先是嫡亲子孙,没有嫡亲子孙的就选择近亲,连近亲都没有的就选择其他年

---

[1] 李学勤. 十三经注疏:孝经注疏 [M]. 北京:北京大学出版社,2000:46-47.
[2] 梁盼. 以孝侍亲——孝与古代养老 [M]. 北京:中国国际广播出版社,2014:19-23.
[3] 董浩. 全唐文 [M]. 北京:中华书局,1983:59.

轻的男丁。这种制度在当时被称为"侍老"制度。之前享受"侍老"待遇的老人年龄必须在八十岁以上，但到了唐玄宗时期，"侍老"的标准改为女性七十岁、男性七十五岁。负责照顾老人的年轻人被称为"侍丁"，同时为了让"侍丁"更好地履行照顾老人的义务，《唐律疏议》明确指出"侍丁"有权被免除各种劳役。

2. 隋唐时期的"举孝廉"制度

隋唐时期依然延续着汉朝时期的"举孝廉"制度，即将"孝"作为国家选拔官员的一个重要标准，以儒家的孝道伦理和孝悌品行来决定官员的升迁罢黜。唐太宗曾经说过："天下一家，凡在朝士，皆功效显著，或忠孝可称，或学艺通博，所以擢用。"① 从而可知，唐太宗认为，忠孝之人和学艺渊博之人才可以被提拔任用，提拔官员不仅要重视才干和能力，还要重视其是否忠孝。

隋唐时期的"举孝廉"制度相比汉朝时期更加进步的地方，在于隋唐将"孝廉"运用到了科举考试中。隋唐时期选贤举能的主要方式是科举考试，而《孝经》是科举考试中一门十分重要的科目，这也说明了考生若想通过考试步入仕途就必须深入研读《孝经》，反映了隋唐统治者对于"孝"文化的重视程度。同时，唐代的科举考试还有一项专门以"孝"来选拔人才的科目，即"孝悌"。唐代的"孝悌"考试，首先需要考生所在当地的政府官员对其进行考核，合格后才能向朝廷进行推举，其次被推荐的考生还要通过朝廷专门的考试方能就职。也就是说，唐朝除了通过正式的科举考试来"举孝廉"之外，还保留了非正规性的"举孝廉"方式，即由地方政府不定期地通过考察来选拔孝德之才，考察通过后直接授职。

3. 隋唐时期的"赐几杖"制度

唐代"赐几杖"制度的做法和规模，是古代历史上最可称道的。唐朝统治者认为，"古之为政，先于尚老"②，因此，倡导"居则致养，礼传三代，行则就见，制问百年"，并赐予老人"几杖"和"鸠杖"以示敬老之意。史学书籍《册府元龟》记载，唐太宗于贞观十一年"车驾洛阳，幸甄权宅，礼高年。权，颍州人，精晓医术，为天下之最，时年一百三岁，拜朝散大夫，赐以粟帛被褥几杖，因诏百岁以上者，给侍五人"③。唐高宗

---

① 刘昫. 旧唐书 [M]. 北京：中华书局，1975：2443-2444.
② 董诰. 全唐文 [M]. 北京：中华书局，1983：302.
③ 王钦若. 册府元龟 [M]. 北京：中华书局，1960：603-613.

也颁布《老人赐几杖鸠杖敕》，内容是"九十以上，宜赐几杖；八十以上，宜赐鸠杖。所司准式，天下诸州侍老，宜令州县长逐稳便设酒食。一准京城赐几杖，其妇人则送几杖于其家。"① 所谓"鸠杖首"，就是在手杖的扶手处雕饰成一只斑鸠鸟的形状，取"鸠鸟不噎"的祥瑞之义，寓祝老人长寿安康。《老人赐几杖鸠杖敕》还特别强调官员要亲自将赐予住在京城的高龄妇人的几杖送到其家里，反映了唐代统治者对于女性老年人的特殊关怀。

4. 隋唐时期的"存问制"

每当仲秋之月，唐代都会在学校举行一项极为隆重的国家法定的养老礼。仪式举办当天，皇帝要亲自出门迎接"三老五更"，即一个"三老"和一个"五更"，分别为国家最重要的两个老人，"三老"一般由级别最高的退休官员中品行堪为楷模的老人来担任。在宴席上，皇帝还要亲自给"三老"敬酒，而排在"三老"之后的"五更"则由侍者代皇帝御赐美酒佳肴。之后，皇帝还要赏赐其他老人拐杖。

在中国历史上，唐太宗是一个很好地践行了"存问制"的统治者典范。据史料记载，贞观十九年（645年），唐太宗巡幸河南孟州时，刚好当地有一位百岁的女长者，唐太宗亲自前往她家中进行慰问并赏赐粟帛等生活用品。唐玄宗时期，徐州有个名为王希夷的高龄隐士，在他七十多岁高龄之时，当地刺史（唐朝地方最高行政长官）前去拜访并向其询问为官之道。之后，唐玄宗东巡经过徐州等地的时候，王希夷已经九十六岁的高寿了，唐玄宗甚至派人把他请到行宫面谈，并封其为"朝散大夫"和"国子博士"。

5. 隋唐时期的"官员致仕"制度

在致仕官员的经济优待方面，据《唐会要·致仕官》记载，唐代五品以上官员致仕后给半禄并"终其余年"，其俸禄由致仕官员籍贯所在地或定居地的州府发放，但五品以下的官员致仕后只能享受四年的俸禄。然而，这一项规定到了唐玄宗天宝九载的时候又发生改变，朝廷下诏取消了致仕官员俸禄的高低之限："五品以下致仕官，并终其余年，仍永为常式。"到了唐德宗时期，致仕官员的待遇又得到进一步提高，建中三年九

---

① 宋敏求. 唐大诏令集 [M]. 北京：商务印书馆，1959：460.

月和贞元四年四月，朝廷两次颁布敕令："致仕官给半禄料。"① 所谓的"料"，指的是除了致仕官员的俸禄之外，朝廷额外给予的食料津贴。

在致仕官员的生活关照方面，唐德宗时期，尚书膳部郎中孔述睿致仕，按照先例，其致仕不应给予公乘（公车返乡），但因"德宗优宠儒者，特命给而遗之"。《唐会要》记载，唐开元五年十月十四日敕："致仕官应物，令所由送至宅；三品以上，并听朝朔望。"唐穆宗规定："仍委所在长吏，岁时亲自存问，兼致羊酒。"长庆三年四月，礼部尚书孔戣致仕，"帝仍委派长吏，岁时亲自存问，并送羊酒米粟到府第"②。

在致仕官员的政治优待方面，唐朝的官员致仕后除可拜授加官外，还可晋升一定的品位级别。③ 唐高宗永徽三年（652 年）十二月二十八日敕："功臣，贞观二十三年已来简退者，特宜同致仕例，其太原元从，及秦府左右，仍各加阶。"④ 唐玄宗天宝九载又规定："六品以下致仕官，四载之后，准各并停，念其衰老，必籍安存，岂限其高卑，而恩有差降。应五品下致仕官，并终其余年，仍永为常式。"⑤

6. 隋唐时期的养老法律保障制度

（1）隋唐朝时期的子孙不孝入罪制度

唐朝建立后，统治者总结汉魏以来的相关法律，颁布了中国古代真正意义上的国家法律——《唐律》，其以儒家的纲常伦理为理论基础，规定了许多保障老年人权益的法律条文。⑥ 在中国历史上，唐朝从法律的角度对"不孝"罪做出明确界定，把"孝道"的道德规范转化为法律规范，以法律性强制手段去迫使人们遵从孝道。《唐律》继承了隋朝的规定，将"不孝"列入开篇的"十恶"之中的第七位，如"善事父母曰孝，即有违犯，是名'不孝'"⑦。

首先，唐朝法律明确规定了子孙要尽到赡养老人的义务，维护老人的生存权利。《唐律疏议·斗讼律》记载："诸子孙违犯教令及供养有阙者，

---

① 王溥. 唐会要 [M]. 上海：上海古籍出版社，2006：739-753.
② 王溥. 唐会要 [M]. 上海：上海古籍出版社，2006：739-753.
③ 李岩. 中国古代尊老养老问题研究 [M]. 北京：中国社会科学出版社，2016：107.
④ 王溥. 唐会要 [M]. 上海：上海古籍出版社，2006：508-518.
⑤ 王溥. 唐会要 [M]. 上海：上海古籍出版社，2006：508-518.
⑥ 李岩. 中国古代尊老养老问题研究 [M]. 北京：中国社会科学出版社，2016：77.
⑦ 刘俊文. 唐律疏议笺解 [M]. 北京：中华书局，1996：61.

徒二年。"① 所谓的"供养有阙者"指的是"家道堪供，而故有阙者"，即有条件而不供养老人者要判处两年徒刑。《唐律疏议·户婚律》记载："诸祖父母、父母在，而子孙别籍、异财者，徒三年。"② 意思是如果曾祖父甚至高曾祖父在世，那么他仍是当家的家长，只要他不同意，六世或七世同堂的大家庭仍然不许分家，子孙遗弃长辈分家另过者要判处三年徒刑。唐朝用法律的形式来约束子女要履行赡养老人的义务，使老年人的物质供养和生活质量得到保障。

其次，唐朝法律还规定了不得虐待老人的条例。《斗讼律》规定："诸詈祖父母、父母者，绞；殴者，斩；过失杀者，流三千里；伤者，徒三年。……诸妻妾詈夫之祖父母、父母者，徒三年；须舅姑告，乃坐。殴者，绞；伤者，皆斩；过失杀者徒三年，伤者徒二年半。……诸妻妾殴、詈故夫之祖父母、父母者，各减殴、詈舅姑二等；折伤者，加役流；死者，斩；过失杀伤者，依凡论。"③ "依凡论"，即"依凡人法"处理。这就说明，对于父母及亲长的"不孝"行为，其判罪明显重于对其他人的犯罪行为，这是儒家道德在法律中得到强化的结果。

(2) 隋唐时期的老年罪犯刑罚宽宥制度

隋唐时期的法律对于老人的刑事犯罪仍然给予减免。《隋书·刑法志》记载："老小于律令当得鞭杖罚者，皆半之。其应得法鞭、杖者，以熟靼鞭、小杖。"④ 唐朝的法律规定了老年人享有比年轻人更优越的法律地位和法律权利。《唐律·斗讼律》规定，谋杀祖父母、伯叔父母及丈夫的祖父母、父母等尊者，皆斩；谋杀五服以内的长者，流二千里。然而，"尊长谋杀卑幼者，各依故杀罪减二等（徒刑三年），已伤者减一等（流三千里），如祖父母、父母故杀子孙，杖六十，徒一年。"⑤ 可以看出，唐朝法律对于长者犯罪判刑存在着明显的偏袒，规定了长者在法律上享有明显的特权，而幼者在法律上处于劣势地位。除此之外，唐朝的法律还根据老年犯罪者的年龄给予不同的刑罚豁免："年七十以上，十五以下，及废疾，犯流罪以下，收赎。八十以上、十岁以下及笃疾，犯反逆杀人应死者，上

---

① 刘俊文. 唐律疏议笺解 [M]. 北京：中华书局，1996：1636.
② 刘俊文. 唐律疏议笺解 [M]. 北京：中华书局，1996：936.
③ 刘俊文. 唐律疏议笺解 [M]. 北京：中华书局，1996：1561.
④ 魏征. 隋书 [M]. 北京：中华书局，1973：699.
⑤ 长孙无忌. 唐律疏议 [M]. 北京：中华书局，1983：327.

请，盗及伤人，亦收赎，余皆勿论。九十以上、七岁以下，虽有死罪，不加刑。"① 即凡是年龄在七十岁以上、十五岁以下，以及轻病残者，犯流罪以下的，适用赎刑。八十岁以上、十岁以下，以及重病残者，犯谋反、谋大逆和杀人罪应处死刑的，须上请；犯盗罪以及伤人罪，也适用赎刑，其他犯罪均不论处。年龄在九十岁以上、七岁以下，即使犯死罪，也不处刑。

（三）隋唐时期的养老服务机构

1. 学校

隋唐时期，统治者依然把学校作为养老的教育机构，同时在学校举办的乡饮酒礼也是养老教育的重要礼仪形式。唐代的乡饮酒礼还规定了老年人在仪式现场的待遇，一般六十岁以上的老人桌前摆三碗菜，七十岁以上的老人桌前摆四碗菜，八十岁以上的老人桌前摆五碗菜，九十岁以上的老人和作为主人的地方官是六碗菜，这种"正齿位"的礼仪形式在唐代被纳入官方钦定的典礼大典《大唐开元礼》中，具有忠孝的教化作用。

2. "悲田院"

唐代统治者把梁武帝所设立的"孤独园"更名为"悲田院"。"悲田院"这个名字也来源于佛教。佛教自从汉朝传入中国之后，流行着"三福田"之说，即供养父母的田（恩田）、敬奉佛祖和菩萨的田（敬田）和悲悯贫穷孤独和施舍救难的田（悲田）。因此，唐代把救济贫穷老幼的慈善机构命名为"悲田院"，又名"悲田养病坊"。"悲田养病坊"初创于武则天长安年间，起初政府派专员主持机构的运行工作，后来到唐玄宗时期，逐步确定为由政府监督、寺院主持和运营。唐武宗厌恶佛教，开始对寺院采取清算行动，因此将"悲田养病坊"改名为"养病坊"。至此，养病坊，再次变为官营的养老慈善机构。

七、宋元时期的养老文化

宋朝终结了五代十国的混乱和动荡局面，基本统一了中原地区。随着国家的统一，社会趋于安定，经济逐渐繁荣，百姓安居乐业。两宋时期朝廷在继承前代养老制度的基础之上，又大力发展并完善了养老制度。两宋时期的养老特色主要体现在家庭养老和社会养老两个方面，而家庭养老也

---

① 长孙无忌. 唐律疏议[M]. 北京：中华书局，1983：80-84.

可称为民间养老，社会养老也可称为官方养老，二者皆为当时的政府所重视。宋元时期的政府不仅重视民间的家庭养老发展，同时也极为重视官方的社会养老发展，设立了诸多的官办养老机构用以收养无法获得家庭养老保障的鳏寡孤独老人，从而实现了古代养老的全覆盖，对于后世明清时期的养老制度建立产生了积极的影响。

（一）宋元时期的养老思想

宋朝思想文化，是儒道佛三家思想相互融合的产物。① 在养老思想方面，儒家提倡"孝"，历代封建统治者都推崇儒家"以孝治天下"的政策，通过"孝"来达到教化百姓思想的目的，在思想、制度、机构、法律等许多方面都体现着儒家的孝道文化。同时，宋朝的佛教、道教思想也提倡"孝"，也从不同角度宣扬养老思想。

首先，在宋朝时期，儒家宣扬的是"天之所命，不能不然"的养老思想。宋朝时期，儒家文化迎来了新的发展，形成了对后世影响极深的儒家学说体系——"理学"。理学又分为两派，其中一派是以程颢、程颐兄弟和朱熹为代表的"程朱理学"，另一派是以陆九渊以及明代的王阳明为代表的"陆王心学"。但总的来说，程朱理学对中国文化产生更大的影响，到南宋时期发展到高峰。程朱理学的养老思想将"孝"视为"天理"，认为孝敬父母乃是天命，是每个人都没有办法逃避的，正所谓"孝弟者，天之所以命我而不能不然之事"。② 因此到了宋朝，儒家文化将养老思想由人事上升到了天命，即告诫世人赡养父母成了子女的绝对义务，子女不可违背天命。在程朱理学的指引下，子女将孝事父母视为天命，更加尽心侍奉父母。

其次，在宋朝时期，道家文化宣扬的是"始知百行，惟孝惟源"的养老思想。先秦时期的道家文化极其反对儒家文化所宣扬的"孝道"思想，老子更是将人际关系的不和谐归结于"孝慈"。而魏晋南北朝时期的道教虽然在人生价值取向上与先秦时期的道家文化思想保持一致，即认为人应该顺应自然、摆脱世俗的束缚，但是在养老思想方面，道教思想却发生了很大的改变。由道教经典书目《太平经》中的"大慈孝顺"和"孝悌始

---

① 曹源. 宋代养老思想及措施研究［D］. 武汉：华中师范大学，2015.
② 朱熹. 朱子全书外编：第六册［M］. 严文儒，校点. 武汉：华中师范大学出版社，2010：613.

学化善"可以看出，道教思想深受儒家思想的影响，十分倡导孝文化。[①] 并且道教在不断发展壮大的过程中，其养老思想也在不断地发展丰富，更是将生活中的行为与"孝"联系在一起，将食素、禁欲、安分、行善看成对父母尽孝，正如《洞玄灵宝八仙王教诫经》中的"食肉饮酒，非孝道也；男女秽慢，非孝道也；胎产尸败，非孝道也；毁伤流血，非孝道也；偷劫窃盗，非孝道也；好习不善，讲论恶事，非孝道也"。可以说，宋朝时期的道教养老思想与儒家文化很相似，但与儒家不同的是，道教将赡养父母与神佑鬼惩联系起来，提出养父母、尊孝道会受到神仙保佑，不尊父母、泯灭孝道则会被恶鬼缠身万劫不复。在一定意义上来说，道教的养老思想丰富了养老思想的表现形式，同时也对"孝"的思想进行了强化。

最后，在宋朝时期，佛教文化宣扬的是"孝顺至道，孝名为戒"的养老思想。值得注意的是，中国佛教学者会以儒家伦理思想来阐发孝道，从而有别于印度佛教伦理观念。这主要体现在：第一，孝是宇宙的根本。《佛说盂兰盆经疏》开头就说："始于混沌，塞乎天地，通人神，贯贵贱，儒释皆宗之，其唯孝道矣。"即认为孝道是既超越时空又遍于时空，不受人神、阶级、派别限制的宇宙的普遍真理和伦理规范。北宋契嵩禅师引《孝经》文说："夫孝，天之经也，地之义也，民之行也。"即认为孝行是天经地义，是人们应有的德行。同时契嵩禅师又宣扬戒孝合一："夫道也者，神用之本也；师也者，教诰之本也；父母者，形体之本也"，即父母赐予了每个人躯体和生命，人们应该孝顺父母，以报答父母的生育之恩，敬养父母是天经地义的。南宋虚堂和尚说："天地之大，以孝为本"，"以孝为本，则感天地、动鬼神"，这是依据《孝经》观点和中国"天人合一"的思想来阐扬孝道的意义。第二，孝为世俗社会和佛教的主旨，是儒者成圣的基础，是佛徒得道的根本。第三，孝为戒的宗旨。契嵩禅师曾说："夫五戒有孝之蕴"，"夫孝也者，大戒之所先也"，其认为戒中有孝的蕴涵，大戒应以孝为先，将戒与孝合二为一。第四，修福不如行孝。僧人康僧会曾说，"布施诸圣贤，不如孝事其亲"，认为应把"孝事其亲"置于"布施圣贤"之上，强调孝亲比布施更为重要，这是中国佛教与印度佛教很大的区别之一。第五，三年心丧。印度佛教认为人生无常，亲人之死也不应过分悲伤，以致影响修持，但契嵩禅师却说："三年必心丧，静

[①] 曹源. 宋代养老思想及措施研究［D］. 武汉：华中师范大学，2015.

居修我法,赞父母之冥",即僧人父母去世,不必如俗人那样遵礼着丧服,而是要以心服丧,静居修持,超荐先亡。

(二) 宋元时期的养老政策制度

1. 宋元时期的"济老赈贫"制度

宋朝统治者依然延续着历代统治者"济老赈贫"的养老措施,选择在一些特殊的日子彰显对老年人的关怀,赐予老年人一些生活上的用品,但是与宋朝之前的朝代相比,宋朝的物质赏赐发生了一些变化,物质赏赐的性质由之前对全国老人的施恩向赈济倾斜。宋朝针对老年人的物质赏赐有所削弱,尤其是到了北宋中期以后,物质赏赐对象主要是六十岁以上的经济条件不好的老人。① 《续资治通鉴长编》记载:宋太宗雍熙元年(984年)十二月下诏赏赐帛给予京城九十岁以上的老人,"召京城耆耋百岁以上者凡百许人至长春殿,上亲加抚慰……各赐束帛遣之"。端拱元年(988年)四月,宋太宗又下令赐物于京城中的高龄老人。淳化四年(993年)二月,宋太宗"赐京城高年帛,百岁者一人加赐涂金带。是日,雨雪大寒,再遣中使赐孤老贫穷人千钱、米炭",即朝廷不仅赐予高龄老人帛,而且每位百岁老人还可以额外获赐涂金带,对于城中的孤老、贫老每人赏一千铜钱和粟米、柴炭,从而帮助他们度过严冬。元祐二年(1087年)十月,"耆老年八十以上者,人给酒食、茶绢,常加存恤"。由于宋朝的茶文化非常兴盛,统治者赐予茶叶给老人,在某种意义上是考虑当时老年人的生活习惯,通过赐茶使老年人感念朝廷的关怀。

元朝统治者是草原民族,秉承的观念始终是"贵壮贱老",但是在长期与汉族的交往中,也逐渐接受了汉族传统的尊老养老思想。元朝军队进入南宋都城临安时,元世祖忽必烈下诏安抚临安居民,其中一条是对"鳏寡孤独不能自存之人,量加赡给"②,由此可见,元朝统治者此时已开始采用前朝的尊老养老习俗。

2. 宋元时期的"举孝廉"制度

在以"孝"选拔人才方面,宋朝沿袭了汉朝以来的成例,设立了冠以"孝悌"为名称的人才选拔科目"孝悌廉让"和"孝悌力田"。"孝悌让"与"孝悌力田"最大的区别就是"孝悌廉让"有人数比例的限制,

---

① 曹源. 宋代养老思想及措施研究 [D]. 武汉:华中师范大学, 2015.
② 宋濂. 元史 [M]. 北京:中华书局, 1976:175-196.

而"孝悌力田"虽然没有人数的限制但却有年龄的限制。宋朝"举孝廉"的具体操作办法是地方每五千户分配一个"孝悌廉让"的举荐名额，也就是说每五千户推荐一个孝子去做官。而"孝悌力田"科目的选人也主要看孝德孝行。宋初开宝八年（975年），朝廷下诏全国各级地方政府调查、遍访"孝悌力田""奇才异行"等文武人才，但是以这种考核方式获得官职的人员的年龄必须限制在二十五岁至五十岁之间。在宋朝，不经任何考试就直接由朝廷授予孝子官职是一件经常发生的事情。例如，延州县人罗居通以其孝悌之事直接被朝廷任命为延州主簿；龚明之"孝行节谊"闻名乡里，这件事被参知政事钱良臣知道后，特向朝廷申请，破格授予龚明之"宣教郎"的职位；孙宝著侍奉母亲以孝顺知名，朝廷闻知此人后，特别赐予孙宝著进士及第，后来任杭州、衢州两地的官学"教授"。此类官场拔擢用人事例，不须另行考试，由地方官员直接举荐奏闻，本人的孝德孝行表现是被荐举奏闻的唯一理由。同时，对于已经跻身官场的现职官员，若孝悌品行突出者也往往获得升迁。①

3. 宋元时期的"赐官爵"制度

北魏孝文帝将赐予老年人官爵看作一种表达政府恩宠老人的方式。到了隋唐，对于高龄老人一般是给予官职，赐爵的方式逐渐被淘汰。宋朝对长者赐予官爵也是帝王的一种赏赐行为，虽然赐予老年人的官爵没有实质性的权力，也没有真正官爵的待遇，但是赐予官爵象征着老人荣誉和政治地位的提高。但相比唐朝赐官标准仅为年满七十岁，宋代的标准要高得多。② 宋太宗端拱元年（988年）诏令："民年七十以上有德行为乡里所宗者，赐爵一级。"③ 大观元年（1107年）下诏："民百岁男子官，妇人封，仕而父母年九十官封如民百岁。"④ 宋高宗绍兴二十九年（1159年）在太后八十寿诞庆典之际，下诏："庶人年九十、宗子女若贡士以上父母年八十者，皆授官封。"⑤

4. 宋元时期的"官员致仕"制度

在经济优待方面，宋朝给予致仕官员的待遇，一般给予半禄，特殊贡

---

① 梁盼. 以孝侍亲——孝与古代养老 [M]. 北京：中国国际广播出版社, 2014：28.
② 曹源. 宋代养老思想及措施研究 [D]. 武汉：华中师范大学, 2015.
③ 李焘. 续资治通鉴长编 [M]. 北京：中华书局, 1977：178-187.
④ 洪迈. 容斋随笔 [M]. 北京：中华书局, 2005：64-65.
⑤ 李心传. 建炎以来系年要录 [M]. 台北：台湾文海出版社, 1980：5877.

献者给予全禄。例如，宋朝晁迥历任刑部、兵部侍郎和礼部尚书，因其文采颇佳、见解颇深，真宗甚是喜爱他，"真宗北征时，晁迥任右谏议大夫、翰林学士、知审官院，参与国史修订，后又升迁为尚书工部侍郎。此间，曾出使契丹，回来后有《北庭记》上奏，国史修成后，提升为刑部侍郎。当时朝廷正修礼文之事，诏令多出自晁迥之手"。晁迥是宋真宗赵恒信赖的大臣，因此"给全俸致仕"。① 宋真宗时期，"冬十月戊午，延恩殿道场，帝瞻九天司命天尊降。己未，大赦天下，赐致仕官全俸"②。此外，宋代明确规定了给予致仕官员赏赐的标准："差定赐文武致仕官帛数，大将军三十匹，将军、郎中二十匹，员外郎十五匹，率府副率、国子博士而下十匹，大理寺丞而下七匹。"说明此时对于致仕官员的赏赐已经有了制度上的规定。元成宗大德九年（1305年）又进一步规定："子幼家贫者，给半俸，终其身。虽年七十以上，精力未衰，才识可取者，录用之。"元顺帝时，"以宣政院使不兰奚，年七十致仕，授大司徒，给全俸终身"。③ 说明皇帝宠爱的官吏致仕后，依然可以享受全俸。

在政治优待方面，宋朝的官员致仕以后除了可以享受皇帝个人的"特恩"外，还可以享受加官晋爵的待遇，宋朝的官员致仕政策规定："令文武官带职致仕者，许仍旧职，上转一官。"④ 这条规定把晋升品级的待遇扩展至全体致仕官。

元代承宋代之制，"凡致仕官员，加之一官"，并于大德七年（1303年）朝廷下诏曰："内外官员，年至七十者，三品以下，于应授品级，加散官一等，令致仕。"⑤

5. 宋元时期的养老法律保障制度

（1）宋元时期的子孙不孝入罪制度

在儒家思想"以礼入法"的影响下，宋朝继承了前代的做法，将"孝"的思想写进法律，将不孝之罪列为"十恶"之一。据《宋刑统》记载，宋朝不孝之罪有二十余条之多，涵盖面很广，包括："父母在及居丧别籍异财""居父母丧而嫁娶""咒诅父母尊亲""残害尊亲死尸""告祖

---

① 脱脱. 宋史［M］. 北京：中华书局，1977：10086.
② 脱脱. 宋史［M］. 北京：中华书局，1977：152.
③ 宋濂. 元史［M］. 北京：中华书局，1976：2093-2108.
④ 徐松. 宋会要辑稿［M］. 北京：中华书局，1957：4155.
⑤ 宋濂. 元史［M］. 北京：中华书局，1976：2093-2108.

父母、父母""父母死不解官及诈言父母及夫死""夫妻妾媵相殴并杀"等等。并且,根据不孝之罪的严重程度也有着不同程度的惩罚,例如,"烧死尸者绞""詈祖父母、父母者绞""殴者绞,伤者皆斩""告祖父母、父母者绞",被列为"十恶"之一的谋杀父母尊长罪的执行力度更是严厉。

(2)宋元时期的老年罪犯刑罚宽宥制度

宋朝的刑法典《宋刑统》对于老年人犯罪的豁免范围和条件完全是根据《唐律疏议》来制定的。元朝的法律将老人刑事豁免权的年龄等级统一定为七十岁。同时,元朝的法律对老人的犯罪行为并非都给予豁免权,而是要根据老人的德行、犯罪类型和改过等情况进行综合分析、具体裁决。例如,对于倚老卖老、辱骂殴打当地官员的老人,要被杖打六十大板而且不能赎罪;强奸幼女的老人,也要杖打一百七十大板并且不能赎罪;对于制造假钞的老人也不会得到赦免。但是,七十岁以上的老人可以缴纳赎金之后免除杖击的刑罚。①

(3)宋元时期的老人赋役减免制度

天禧元年(1017年)宋真宗下诏:"父老年八十者赐茶帛,除其课役。"② 天圣元年(1023年)宋仁宗下诏:"赐城中民八十以上者茶帛,仍复其家。"③ 宋孝宗下诏:"不许差癃老疾病年六十以上之人。邑大事烦则置二尉。绍熙中,诏恩科人年及六十不差。"④ 到了元代,元世祖为了安抚百姓,笼络民心,采取中原传统的养老政策,在"侍丁"问题的处理上,考虑老年人由于年岁已高导致生活能力减弱需要有人照料,因此元世祖下诏:"老人年八十以上与免一子杂泛,使之侍养。"成宗时进一步诏令:"老者年八十以上,许存侍丁一名,九十以上存侍丁二人,并免杂役。"⑤

(三)宋元时期的养老服务机构

1. 宋元时期官办养老机构

宋元时期的官办养老机构,在中国历史上最为人称道。两宋时期,随

---

① 梁盼. 以孝侍亲——孝与古代养老[M]. 北京:中国国际广播出版社,2014:165.
② 脱脱. 宋史[M]. 北京:中华书局,1977:68-80.
③ 脱脱. 宋史[M]. 北京:中华书局,1977:68-80.
④ 脱脱. 宋史[M]. 北京:中华书局,1977:68-80.
⑤ 苏力. 元代社会对老年人的人文关怀[J]. 兰州学刊,2006(12):122-124.

着中国经济的繁荣和市民阶层的兴起,国家有了更强的财政实力兴办养老机构,此时的养老业也成为城市稳定和繁荣的一项重要公益事业。

宋朝统治者将前朝设立国家养老救济机构的做法进一步发扬光大。北宋初年,宋廷在首都开封府设置东、西两个福田院,专门用来收养和救济那些流落街头的老年人。到了英宗年间又增设南、北福田院,东南西北四个福田院每院各建房屋五十间,共有二百间,可收容一千二百人,福田院所有的费用支出皆由国家财政拨款。① 最初的时候,有资格入住福田院的老人有两种类型:一是贫穷无养的老人;二是有特殊和临时困难的老人。到了宋神宗时期,由于冬季天气寒冷,冻死的人屡见不鲜,很多底层人民需要得到救济,宋神宗审时度势,下令不再限制福田院的定额人数,让更多需要帮助的老人得以活命和生养。后来于宋神宗熙宁九年(1076年),全国范围内陆续出现了类似于福田院的机构,这些地方养老机构可以被看作福田院在外州县的延伸。

宋哲宗元符元年(1098年)又下诏,要求对鳏寡贫病孤独者"官为居养之"。诏曰:"鳏寡孤独贫乏不得自存者,知州、通判、县令、佐验实,官为居养之,疾病者仍给医药。监司所至,检察阅视。应居养者以户绝居,无户绝以官屋居之,及以绝财产给其费,不限月分,依乞丐法给米豆,阙若不足者以常平息钱充。已居养而能自存者,罢。"② 这条诏令成为另一个养老救济机构——"居养院"的创立依据,进一步推动宋朝养老公益事业的发展。关于居养院的收养标准,宋神宗时期规定以六十岁以上老人为限,到了宋徽宗大观元年(1107年),朝廷又将这一标准调整至五十岁以上。宋徽宗时期,居养院收养的老人每人每天可获得稻米一升、钱十文。除此之外,居养院对于高龄之人还有特殊照顾,"年八十以上,依条许支新色白米及柴钱,九十以上,每日更赠给酱菜钱二十文,夏月支布衣,冬月纳衣絮被"③。

在北宋养老机构的基础之上,南宋又创立了融救助与医疗为一体的综合性救助机构——养济院。宋高宗绍兴元年,江南绍兴府的官员下令让两名医官以及相关医辅人员为"养济院"的患者看病。南宋绍兴二年(1132年),朝廷下诏让临安府设置养济院,对贫民、鳏寡孤独者及乞丐进行救

---

① 梁盼. 以孝侍亲——孝与古代养老 [M]. 北京:中国国际广播出版社,2014:49-50.
② 李焘. 续资治通鉴长编 [M]. 北京:中华书局,2004:11976.
③ 徐松. 宋会要辑稿 [M]. 北京:中华书局,1957:6320.

助。当时，临安府与绍兴府的养济院隶属中央，其他地方则自行设立，隶属各地方政府。其中办得最好的养济院有绍兴、建康和临安三府。南宋赵汝愚曾捐钱在隆兴府创办了一所养济院，以使"四方宾旅之疾病者得药与食"，后其子赵崇宪又加以修复和完善，发展成为江西境内一所重要的慈善医疗机构。尤其值得关注的是，始建于北宋复建于南宋淳熙五年的"居安养济院"，据《嘉泰会稽志》记载："为屋六十有五，为楹三百有十，为室三十，长廊还础，对关列序，集癃老之无子妻、夫人无夫亲者，分处之。幼失怙恃，皆得舍焉。籍官民畴千六百六十亩，募民以耕，岁得米七百石有奇。旁著三廪，浚二井，庖舍、蔬圃、食用毕具。又立僧坊，主其供给，病给医药，死给椟，入丛冢以葬。"此时的居安养济院不仅是收养鳏寡老人的机构，而且还为收养的老人提供了养、医、葬全方位的服务，其规模之大、设施之齐全是首屈一指的。① 养济院成为老者有所养、病者有所医、死者有所葬的多功能综合性慈善机构。②

2. 宋元时期民办养老机构

北宋中后期，民间慈善事业逐步兴起，尤其到了南宋中后期，江南的民间慈善组织蓬勃发展达到了一个历史的高峰，其显著标志就是出现了宗族家族慈善组织——义庄。义庄最早由北宋仁宗时期范仲淹在苏州建立，当时范仲淹购买良田千余亩，以其收入来赈济贫困、孤寡及遭遇灾荒与不测事件的族人，使其衣食无忧，婚嫁丧葬都能获得资助。范氏义庄包括义田、义学和义宅三个部分。义田，以所得租米为族人提供赡养；义学，为族内子弟提供教育；义宅，为族中鳏、寡、孤、独、废疾者提供衣食住。③ 范氏义庄规定，族中人男女每人每月可获得米三升，五岁至十岁的孩子每年可获得半匹布，十岁以上的人可得一匹布，娶妻可以获得二十贯钱，嫁女则得十贯钱，族中老农民不分贫穷与富足，都得到义庄经济上的供养。义庄遵循了中国民间"差序格局"递推的福利关照规则，充分发掘了家族中的社会资本，以普惠性家族福利的方式向老者施以赈济。④ 与官方微弱的、应急型的济贫养老相比，义庄对老年人的福利保障更加稳定、实际，

---

① 王昆. 我国机构养老的模式转换研究 [D]. 长春：吉林大学, 2008.
② 胡玉. 影响深远的宋代医药卫生保障机构 [N]. 中国中医药报, 2017-11-08 (8).
③ 卞国凤. 范仲淹宗族福利思想研究 [D]. 长春：吉林大学, 2004.
④ 干咏昕. 中国民间互助养老的福利传统回溯及其现代意义 [J]. 今日中国论坛, 2013 (7): 160-162.

因而宋朝的义庄也成为民办养老机构的典型代表。南宋扬州知府楼王寿购买五百亩良田在宁波设置楼氏义庄，对楼氏宗族中老无所依者提供援助。南宋孝宗乾道四年（1168年），绍兴知府史浩捐出自己的工资收入创办绍兴义田，用以救济当地包括老人在内的各种贫穷之人。孝宗淳熙五年（1178年）六月，吴兴（今湖州）的地方粮食官员张体仁，捐米五百石收养和救济老人。元代义庄的赈济方式则比较灵活，例如当时淮安路（今江苏淮安市）桃源县陈氏义庄，就采取赠送与借贷两种方式相结合来扶助老者；庆元路（今浙江宁波市）的黄氏义庄，主要以赠送的方式来资助老人；江西省吉水县的一个义庄，主要以低价出售义庄的大米来善待老人；徽州休宁的鲍氏义庄，以无息贷款的方式来援助孤寡老人。

八、明清时期的养老文化

明朝初期，明太祖朱元璋极力推行"以孝治天下"的政治理论，大力提倡孝道。明代的养老思想不仅继承了前代的传统，还在前代的基础上有了一定的延伸，与前代的养老思想相比，明代养老思想最大的特点就是"孝"与"义"并重。纵观中国古代史，清代是中国古代社会养老体系最为完善，同时也是发展最为成熟的时期，其养老制度对于当今养老问题的解决仍具有借鉴意义，清代养老机构最大的特色在于政府主导的社会养老机构（养济院、普济堂）和民间互助型社会养老机构（义庄、同善会）并重。

（一）明清时期的养老思想

先秦时期，"孝"已经被视为基本的道德伦理规范，儒家文化的"孝敬父母、亲丧自致、以礼事孝、忠孝合一"思想形成了儒家孝道体系的主要内容，而儒家经典《孝经》更是被世人看作至高无上的道德准则。秦汉以后，"孝"的含义和孝道思想不断被继承与发扬并为历代统治者所重视。[1] 较前代的养老思想而言，明代"孝养"思想的发展与进步之处在于注重将"孝"与"义"结合。《明史》中的《孝义传》就是旨在宣扬以"孝亲"为核心的伦理道德。例如，《明史·孝义传》记载了一个叫刘谨的人，他的父亲因犯法而被贬云南。他当时只有六岁就问家人："云南在哪里？"他的家人向他指了指西南方向，他便朝着西南方向跪拜了几下。

---

[1] 徐艳红. 明代养老研究［D］. 武汉：华中师范大学，2015.

当他到了十四岁的时候便坚定地说："云南虽然相距万里之路，但天下哪有没有父亲的儿子啊？"于是他便不顾一切地前往云南。之后，刘瑾见到了他的父亲，他们相拥而泣。他的父亲因患有恶疾，刘瑾便向官吏请求自己代父亲受役。但是，当时的法律明文规定了必须十六岁以上才能代替父亲受役，刘瑾当时还是未成年人不能代其父亲，于是刘瑾回家带着他的哥哥再次前往云南代父亲受役。最终他将父亲接了回去，一直奉养到其寿终为止。①

（二）明清时期的养老政策制度

1. 明清时期的"济老赈贫"制度

自汉代以来，每当在节日庆典或抚恤救济的时候，朝廷经常会临时赐予老人粟帛等物品。但从明朝开始，这种"济老赈贫"的方式发生了变化，明太祖朱元璋提倡用一种由国家保障的、经常性和终身性的养老方式来取代临时性的"济老赈贫"方式。于是，在社会经济秩序已经从元末明初的战乱中初步恢复的情况下，朱元璋于洪武十九年（1386 年）和二十年（1387 年）连续两次颁发诏令，宣布实行孤贫老人终身养老制度。② 洪武十九年的诏令规定："今特命有司，存问高年，优恤无告，鳏寡孤独、废疾残疾者，收入孤老，岁给所用，使得终天年。"并颁布一系列详细规定，其中与养老、优老有关的规定有："凡民年八十、九十而乡党称善者，有司以时存问。若贫无产业年八十以上者，月给米五斗、肉五斤、酒三斗。九十以上者，岁加帛一匹，絮一斤。其有田产能自赡者，止给酒肉絮帛。……鳏寡孤独不能自给者，悉蠲其差徭。"③ 在这个诏令中，明太祖规定了国家养老的具体措施：民间老人八十岁以上并且贫无产业者，由国家供养终身，每月按期供给米和肉；九十岁以上老人，每年还给予衣帛并免除他们的赋役。这一养老制度虽然有一些限制性的条件，例如还没有包括全体老人，但它的颁布象征着一种由国家保障的、经常性和终身性的养老方式的实行，较之于明代以前对老人的临时性物质救济措施有较大的改善和一定的突破。④

然而，清朝建朝以来，朝廷就不再对老人的养老问题给予终身保障，

---

① 张廷玉，等. 明史 [M]. 北京：中华书局，2012：1129-1139.
② 李岩. 中国古代尊老养老问题研究 [M]. 北京：中国社会科学出版社，2016：55-56.
③ 王圻. 续文献通考 [M]. 杭州：浙江古籍出版社，1988：360.
④ 李岩. 中国古代尊老养老问题研究 [M]. 北京：中国社会科学出版社，2016：55-56.

大体上又恢复到宋代以前的做法，即对某一年龄以上的老人给予临时性的物质或荣誉赏赐，以示皇帝的恩典和关怀。如康熙皇帝曾下诏，老人年满百岁时，由各地官府颁给"升平人瑞"的匾额，甚至还可以为寿星在通衢大道建立牌坊使众人得以赞叹和景仰。雍正皇帝又进一步颁发诏旨规定，满百岁的老人由朝廷赐予白银三十两，如果超过一百一十岁，加倍赐予六十两，满一百二十岁加两倍赏赐。但由于超过百岁的老人在当时已属稀罕，因此，清朝的养老制度并没有为广大老人带来实惠。

2. 明清时期的"举孝廉"制度

明朝初期，科举制度存在严重的徇私舞弊问题，朱元璋为了巩固政权实心求贤，将科举制度暂时罢废，在大约十年间朝廷就以"孝悌力田"和"孝廉"的科目来推荐人才和官员。据历史记载，仅通过孝悌察举而不经科举考试，由普通布衣做上朝廷重臣的现象十分常见。例如，沈德四在洪武十三年（1380年）以孝悌之名被表彰推荐，当上了中央的礼仪官"太常赞礼郎"。洪武十四年（1381年）朱元璋在农村基层设立里甲制，而里长选拔的依据就是"孝悌力田"科目，里长的重要职责就是教化百姓，以"孝"和"善"作为美德。

清朝统治者将汉朝选拔官吏及人才的"孝廉""贤良方正"科目合并为一个考试科目"孝廉方正"，"孝廉方正"是除了科举之外的又一个选拔官员的形式，它的设立是清朝重视孝道、强调"以孝治天下"理念的体现。① 雍正元年（1723年），皇帝下诏在全国广泛推举"孝廉方正"，暂赐给六品顶戴，以备召用。然而，通过"孝廉方正"方式步入仕途的人常常受到通过科举考试正轨方式进入仕途的人的歧视，对此，雍正皇帝给予了严厉的批评。乾隆元年（1736年）及乾隆五年（1740年），吏部再次对府州县保举"孝廉方正"的方式、要求、程序等做了严格的规定。至此，清代以"孝"选拔人才的"孝廉方正"制度就完全成熟了。

3. 明清时期的"赐官爵""赐匾额"制度

明朝初期，朱元璋为了表达对凤阳老家和南京城人民的感激与尊崇之情，特下令对这两地八十岁以上的老人赐爵"里士"，九十岁以上的老人赐爵"社士"，这两种爵位都能位居当地县令。最初的时候，这项制度只

---

① 梁盼. 以孝侍亲——孝与古代养老[M]. 北京：中国国际广播出版社，2014：31.

在这两个特殊的地方施行，后来逐步扩展到全国各地。①

清朝帝王还将未能考上进士的老举人视为"场屋中之人瑞"，因此也赏给他们相应的头衔，百岁以上的老举人赏"国子监司业"官衔，九十五岁以上的老举人赏"翰林院修编"官衔，九十岁以上的老举人赏"翰林院检讨"官衔，八十岁以上的老举人赏"国子监学正"官衔，七十岁以上的老举人赏"国子监助教"官衔。同时，乡试（省级科举考试）不能中举的老者，八十岁以上的赏六品京官衔，七十岁以上的赏七品京衔，六十岁以上或不到六十岁但经体检确认为衰老的赏予八品京衔。② 除此之外，乾隆三十七年（1772年），原任兴汉镇总兵的金梁，其母亲杨氏年届百岁，获得御笔匾额。乾隆四十五年（1780年），原四川副将马诏蛟的母亲年过百岁，也荣获御笔匾额。嘉庆十四年（1809年），原直隶总督郑大进的夫人江氏活到一百岁，朝廷赠予她"百岁坊"，同时还加赐各种荣誉物品。在古代，皇帝赏赐的物品具有神圣不可侵犯的权威，尤其是皇帝亲自书写的匾额更是象征着一个人或家族的荣誉证书，代表着某种特权。

4. 明清时期的"存问制"

明清时期，皇帝亲自要求地方官员存问老人的事迹很多。洪武十九年（1386年），明太祖下诏命令地方官员慰问当地八十岁以上的普通百姓和退休官员。永乐七年（1409年）明成祖朱棣出宫巡狩的时候，下令礼部派遣使者存问沿途州县的老人，并且赐予八十岁以上的老人酒肉，加赐九十岁以上的老人丝帛。宣德十年（1435年），明英宗刚刚继位就大赦天下，其中一项重要内容就是要求各级地方官员要对八十岁以上的老人加以"存问"。万历十年（1582年），朝廷下令派遣中央官员到各地区拜访和慰问长者。

清代统治者甚至将地方官员存问老人的制度列入法律中。《大清律例》规定，老人九十岁以上者，地方官员要不时对其存问。

5. 明清时期的"官员致仕"制度

到了明清时期，随着专制主义君主集权制的进一步发展，统治阶级内部矛盾加剧，一些权臣未来得及致仕便被免官削籍或者戴罪归田了，故致

---

① 梁盼. 以孝侍亲——孝与古代养老 [M]. 北京：中国国际广播出版社，2014：34-35.
② 梁盼. 以孝侍亲——孝与古代养老 [M]. 北京：中国国际广播出版社，2014：35.

仕官蒙恩获赏者更是寥寥无几。① 同时，朝廷对致仕官员的慰问活动也逐渐减少了，明代文徵明在《出京言怀》一诗中写道："白发萧疏老秘书，倦游零落病相如。三年漫索长安米，一日归乘下泽车。坐对西山朝气爽，梦回东壁夜窗虚。玉兰堂下秋风早，翠竹黄花不负余。"反映了官员致仕后的凄凉场景。

在"官员致仕"制度上，明朝除了继承前代制度外又有新发展，一般加官进秩。洪武十二年（1379年）朝廷下令，内外官员致仕，"三品以上仍旧，四品以下者，各升给与告敕"②。洪武二十九年（1396年）九月，朱元璋"召致仕武臣二千五百余人入朝，大赉之，各进秩一级"③。明宪宗时期的名臣谢迁，原为少詹事和内阁大学士（俱五品），而致仕时则加少傅、太子太傅（俱从一品散衔）。嘉靖时期的夏言以尚书（正二品）致仕，加少保衔（从一品）等。明朝时期的官员致仕是否要加官升级没有明确的制度，完全取决于皇帝的临时裁决和恩赐。但是，清朝官员致仕制度最大的变化就是致仕官可以保留原来的官品，使其继续享受任职期间的荣誉与俸禄。乾隆二年（1937年）十月兵部议复："绿营军政年老官内，如从前曾经出兵效力者，准其原品休致，仍令其子弟一人入伍食粮，如无子弟，给予守粮一分，以终养赡，从之。"④ 乾隆十年（1745年）又规定，甄别武官中的年满千总，"其弓马汉仗平常而年力渐衰者，俱准以原品休致"⑤。

6. 明清时期的养老法律保障制度

（1）明清朝时期的子孙不孝入罪制度

首先，法律完全剥夺卑幼者支配家庭财产的权力用以保障老者和家长的特权。《大清律例·户律》规定："凡同居卑幼，不由尊长，私擅用本家财物者，十两，笞二十，每十两加一等，罪止杖一百"。同时，又在《刑律》中特别规定："有服卑幼图财谋杀尊长尊属，各按服制依律分别凌迟、斩决，均枭首示众。"⑥ 这既是对谋财害命者的制裁，更是对不尊老行为

---

① 李岩. 中国古代尊老养老问题研究［M］. 北京：中国社会科学出版社，2016：102.
② 龙文彬. 明会要［M］. 北京：中华书局，1956：819.
③ 张廷玉. 明史［M］. 北京：中华书局，1974：18-26.
④ 清朝通典［M］. 杭州：浙江古籍出版社，1988：2157.
⑤ 清朝文献通考［M］. 北京：中华书局，1984：5422.
⑥ 大清律例［M］. 天津：天津古籍出版社，1993：236-247.

的最大威慑。其次,清代法律对于子孙另立门户、分离财产有严格的惩罚制度,"凡父母祖父母在,子孙别立户籍,分异财产者,杖一百。""若居父母丧,而兄弟别立户籍分异财产者,杖八十。"但须祖父母、父母亲告才予以追究,而丧父母者要"期亲以上尊长亲告"①,这表明当家长去世后,近亲中与父母平辈的尊长可以代行家长权力,这一规定突出体现了家族范围内的尊老原则。最后,对官吏渎职尊老养老的行为要严惩。《大清律例》中的"收养孤老"条例规定:"凡鳏寡孤独及笃疾之人,贫穷无亲属依倚,不能自存,所在官司应收养而不收养者,杖六十,若应给衣粮而官吏克减者,以监守自盗论。"②从而明确规定了官办"养济院"救济孤贫老人的社会职责以及地方官府的行政领导职责,如发现未能尽职者,追究刑事责任,要打六十大板。

(2) 明清时期的老年罪犯刑罚宽宥制度

明清时期的法律同样对老年罪犯的刑事案件责任作出一定的宽大处理。明孝宗弘治十七年(1504年),由刑部、大理寺、御史台的联合奏书中,规定年龄在七十岁以上老人,如果犯死罪者,可减免为充军;应判流放以上刑罚者,可以财物赎罪。③清世祖顺治三年(1646年),朝廷又下诏进一步减轻对老人的处罚,"诸年七十以上,十五以下,及废疾,犯流罪以下者……罪止,杖笞",并且"增定老幼笃疾重犯分别请旨,收赎例凡八十以上十岁以下及笃疾者,犯杀人死罪,拟奏取自上裁",如果仅是犯盗窃罪或伤人罪则可以用钱财赎罪。雍正九年(1731年)朝廷又规定,流放中的犯人如年龄超过六十岁,可以不再服刑,而进入官府举办的养济院养老并由国家给予口粮。④

(3) 明清时期的老人赋役减免制度

明朝对于老人赋役减免的做法纳入了法律的范围,使得宋朝以前的临时性或间断性减免赋役逐步改变成为政府优待老人的制度性做法。⑤ 明太祖朱元璋在洪武元年(1368年)发布诏令:"民年七十以上,一子复",即民间老人年满七十岁以上者,可以免除其家庭中一个成年男子的各种杂

---

① 大清律例 [M]. 天津:天津古籍出版社,1993:78.
② 大清律例 [M]. 天津:天津古籍出版社,1993:79.
③ 李岩. 中国古代尊老养老问题研究 [M]. 北京:中国社会科学出版社,2016:72.
④ 张廷玉. 清朝文献通考·刑十五 [M]. 杭州:浙江古籍出版社,2000:6728.
⑤ 李岩. 中国古代尊老养老问题研究 [M]. 北京:中国社会科学出版社,2016:65.

泛差役，以便对老人奉养，并且"命从征士卒老疾者许以子代，老而无子及寡妇，有司资遣还"①。明宣宗宣德十年（1435年）下诏："文武官年未及七十，老疾不能任事者，皆令冠带致仕，免其杂泛差徭。"明成祖和明英宗时期，朝廷也先后下诏多次重申减免老人赋役的措施。

清朝顺治皇帝在其登基诏书中也有规定，全国军民中凡有年满七十岁的老人，准许免除家庭其中一个成年男丁的差役。清朝的《清会典》也规定"年七十以上者，免其丁夫杂差"。在赋税方面，雍正皇帝时期开始实行摊丁入亩政策，这一制度的实行，减轻了无地、少地农民的经济负担，促进了人口增长，有利于社会经济的发展。

（三）明清时期的养老服务机构

1. 养济院

基层出身并且经历丰富的明朝开国皇帝朱元璋，深刻了解基层民众特别是鳏寡孤独废疾者的疾苦，"昔吾在民间，目击其苦。鳏寡孤独饥寒困踣之徒，心常恻然。今代天理物已十余年，若民有流离失所者，非惟昧朕之初志，于代天之工亦不能尽"。于是朱元璋在洪武元年（1368年）传旨各州府："鳏寡孤独废疾不能自养者，官为存恤"（《明太祖实录》），并于洪武五年（1373年）令天下郡县设立孤老院，之后没多久，孤老院就更名为"养济院"。朱元璋诏令天下郡县设立养济院的举措成为明清养老慈善事业发展史上的一个重要的里程碑。明政府对于养济院的收养对象有明确规定："民之孤独残病不能生者，许入院。"之后，明代的养济院制度就逐步得以确立。同时，为保障"养济之政"的推行，朱元璋还将其载入国家最重要的法律《大明律》中："凡鳏寡孤独及笃疾之人，贫穷无亲属依倚，不能自存，所在官司应收养而不收养者，杖六十；若应给衣粮而官吏克减者，以监守自盗论。"从而为养济院的管理提供了法律依据。

清朝的养济院设于州县一级，是由官府拨款经营的收养鳏寡孤独的慈善机构，它一般只收养本籍的孤老，在乾隆初年还规定了各省应收名额，清代的养济院亦直接秉承了明代的传统。

2. 同善会

明朝中后期，由于地方官员的疏懒和胥吏的贪污腐败问题日益严重，致使明政府的官方救助机构徒有其表，对贫民阶层的生活已没有太多的实

---

① 张廷玉. 明史[M]. 北京：中华书局，1974：8-18.

际性保障，且养济院、惠民药局等又奉行"原籍地救助主义"，对四处流散的异乡贫人而言并无意义。与此同时，明政府也并未积极主动地改善或者制定新的长期性社会救济政策。加之随着商品经济的发展，社会生活中僭越礼制、藐视尊卑、金钱至上等思想观念也严重动摇着统治阶级"明尊卑，别贵贱"的等级制度的根基。在此情形下，一些怀有忧国忧民之心的地方精英人士希望通过慈善救助组织来重建他们理想中的社会秩序。于是，明朝末期大臣杨东明于万历十八年（1590年）在其家乡河南虞城设立了同善会，这是学界公认的最早建立的民间慈善组织。最初的同善会组织还明显受到民间互助会的影响，诸如民间婚丧会、告助会等，但其独特的内涵形式已初步彰显出后世同善会的基本特征，即由地方精英人士无偿捐资以助贫弱。

虞城同善会成立以后，很快得到一些东林党人的关注，在高攀龙、钱一本、陈幼学、陈龙正等人的热心活动下，同善会由河南逐渐传至长江三角洲地区并辐射至全国范围，对明末民间慈善组织的建立起到了良好的示范作用。① 但是，与杨东明在河南所初创的同善会明显不同，江南地区的同善会脱离了结社讲学劝善的初级水平，朝着专业化慈善机构的道路大步迈进，此时江南的同善会开始采取会员制，每个会员都捐款，作为机构的经费来源，其目的非常明确，就是要救济各种老、病、饥寒之人。② 在江南地区众多的同善会中，由东林党人士陈龙正所创立的嘉善同善会尤其值得一提。陈龙正，字惕龙，浙江嘉兴府嘉善县人，生于万历十三年（1585年），崇祯七年（1634年）中进士。陈龙正长期生活在江南地区，热衷于从事当地的各项公益事业，特别是慈善事业。崇祯四年（1631年），陈龙正与乡谊，同时也是大善人的士绅丁宾共同在其故乡嘉善县创立嘉善同善会，因地制宜、有针对性地为本地的老年人等弱势群体提供力所能及的帮助。同善会的组织者被称作"主会"，是由同善会成员们推举品行高洁、管理得当的人来担任，主要负责同善会的日常运作。据陈龙正《几亨全书》的相关记载，嘉善同善会分别于每年的二月、五月、八月、十一月举行四次集会。由于同善会的办会宗旨和目的是全民向善，即便是一般的穷人也能因为行善而给自身带来好运气，甚至改变自己的命运。因此，同善

---

① 王海云. 明清之际江南地区民间慈善事业流变探析 [D]. 西安：陕西师范大学，2019.
② 梁盼. 以孝侍亲——孝与古代养老 [M]. 北京：中国国际广播出版社，2014：70-71.

会力求将富裕之家和普通人家都吸纳到同善会群体之中,从而扩大同善会的救助范围。同时,陈龙正还在嘉善县同善会的章程中明确了救济对象的先后顺序:首先是孝子、节妇,其次是贫老病苦之人。还规定了不予以救济的五类人:一是年纪轻轻、好吃懒做的赤贫者;二是曾经在衙门中做过小吏,油水很多,但后来奢侈享乐败家的人;三是有能力化缘的僧人和道士;四是屠户;五是败家的子孙。① 用道德的标准来区分该被救济与不该被救济的人,以此来宣扬孝义人伦,从而说明嘉善县的同善会不仅从事物质上的救济事业,更是从道德、风纪和伦理上劝善世人,维护一方的社会安定与和谐。

3. 普济堂

普济堂,最初是为补充养济院而产生的,其大多数系地方绅衿集资捐助创建,属于民间社会性质的慈善机构,到后来也带有民办官督的色彩。清朝最早建立的普济堂产生于康熙五年(1666年)的江西袁州,而产生深远影响的却是康熙三十六年(1697年)捐资兴建于广宁门外的"京师普济堂",该堂主要收养外地来京的孤贫残疾者,冬施粥,夏施茶。这一慈善举动引起京城内外很大反响,康熙四十四年(1705年),顺天府把此事上奏皇帝,康熙帝亲赐御书"膏泽回春"的四字匾额以示表彰。从此以后,普济堂从民间慈善机构开始转为官办。② 之后,雍正皇帝决定每年拨给普济堂白银一千两用于救济孤贫老人。雍正之后的历代皇帝都对普济堂予以特别照顾,每年对普济堂的拨款也就成了惯例。嘉庆初年开始,北京顺天府派官吏轮流管理普济堂,完全成为官办的救济慈善机构。③ 根据清代地方志的记载,当时扬州的普济堂设置齐全,一般有诊脉处、储药房、制药房、供奉神农像的药王堂,同时还有一栋两层楼高的建筑,专门用来收容老弱患者。普济堂内都是经过挑选的医术精湛的医生,他们轮流值班,为各种患者服务,由城里药铺的刀工专门负责制药,医师与药师都会得到一定的薪酬。普济堂内储备了各种中药材,而且还有负责到各地收购药材的人。贫民可以在中午前就诊并取药,如果是老病无依的人还可以住在普济堂内,有专人管理其吃药和基本饮食。如果患者死在普济堂内,还

---

① 梁盼. 以孝侍亲——孝与古代养老[M]. 北京:中国国际广播出版社,2014:72.
② 李岩. 中国古代尊老养老问题研究[M]. 北京:中国社会科学出版社,2016:215.
③ 周家楣,缪荃孙. 光绪顺天府志[M]. 北京:北京古籍出版社,1987:12.

有人为其收殓并埋葬在义冢。①

4. 义庄

义庄经历宋、元、明、清四朝逐渐发展壮大，成为古代民间养老的代表性组织。清代苏州等地的乡绅富户所建立的义庄，一般都是以宗族为依托，但又有着自己独立的组织形式和经营运作模式。首先，义庄都有一个管理机构，设有专门的主管人员，正职叫"庄正"，副职叫"庄副"，还另设"司庄"二人，这些义庄的管理者都有各自的职权范围，内部管理相对独立。其次，清代苏州也有相当一部分义庄在救济族人的同时，开始突破宗族的界限，对一定范围内的社会救济担负起责任。清代苏州义庄虽是非营利性组织，却要与普通的田产一样，向国家上缴赋税，是国家的一种稳定的税源。因此，清代苏州义庄不仅是一种慈善公益组织，而且是国家重要的财政来源。②

第二节 中国养老文化之精髓

通过梳理中国养老文化的历史发展脉络，不难发现，自先秦开始，中国古代在养老思想理念、养老政策制度、养老服务机构等各方面就已经形成了一套比较完整、具有中国特色的尊老养老文化体系。独特的中国养老文化是在以儒家文化为核心、儒释道有机融合的中华传统文化的基础上而产生的宝贵成果。剖析中国古代养老文化的精髓，能够为解决我国当代养老公益事业面临的困难与挑战，提供思想支持与制度启示。

一、养老思想理念

与西方现代的养老文化相比，中国古代养老文化的最独特之处就在于其思想理念。传统的孝道思想与"老吾老以及人之老"的互助养老思想不仅是中国古代养老文化的精髓、中国优秀传统文化的缩影，更是中华儿女集体智慧的结晶，不仅蕴含着深刻的人生哲理，同时也蕴含着优秀的人生观、价值观，对当今社会老龄化问题的化解起到至关重要的作用。中国古

---

① 梁盼. 以孝侍亲——孝与古代养老 [M]. 北京：中国国际广播出版社，2014：58.
② 梁盼. 以孝侍亲——孝与古代养老 [M]. 北京：中国国际广播出版社，2014：64-70.

代养老文化,不仅深刻塑造了尊老、敬老、孝老的精神,同时也塑造了"忠孝两全""家国一体"的爱国情怀,深远地影响着当代中国人的精神面貌。

(一)孝道

当代许多年轻人的养老责任感普遍较薄弱,因"养老"问题引发的家庭矛盾频繁发生,欺老、虐老、弃老的惨剧时有上演,"养老"问题一直高居中国社会舆论的风口浪尖。这些问题的根源,均在于孝道思想的缺失。

几千年来,深厚的中华传统文化造就了我国以孝道文化为载体的养老文化,历代帝王为了维护社会的稳定与国家的繁荣,将养老事业作为一项重要的国家战略加以实施,大力推广孝道文化,历代明君均视"孝"为国家繁荣昌盛的根基,普通百姓也因特立独行的孝举而流芳千古。"孝"既是儒家伦理道德的核心思想,也是中国养老文化的核心思想,更是中华民族区别于世界其他民族最大的文化特质。因此,解决当今中国社会的"养老"问题既要依靠经济发展提供物质保障,又要依靠中华优秀传统文化的精华提供精神支撑。通过汲取中华优秀传统文化中的"孝"文化精髓,借鉴西方国家养老体制的闪光点,建立符合中国国情的养老体制,才能解决现阶段中国的"养老"问题。

1. 孝道的发展历史

作为中国传统文化中不可或缺的元素之一,孝道文化的发展绝对不是一蹴而就的,而是经历了漫长的发展和演进过程。总的来说,孝道的发展主要经历了四个阶段。

(1)先秦时期孝道的形成和确立

殷商时期,"孝"字的出现,标志着孝道伦理道德观念的初步形成。殷人把祖先视为喜怒无常、令人惧怕的鬼神,他们对祖先的祭祀更多的是一种宗教意义上的祈求,并没有更多的伦理内涵。到了西周,统治者积极致力于礼乐政刑上的建设,有关"孝"的观念才得到发展,孝道伦理道德体系逐步建立起来。周代金文出现了若干个不同体式的"孝"字。人们依然对祖先进行虔诚而隆重的祭祀,与殷人不同的是,周人对祖先的祭祀不仅仅是一种宗教行为和政治行为,更多包含着对祖先的敬仰和追念等血缘亲情。值得注意的是,西周的孝道观念在祭祀祖先的含义上又添加了奉养父母的新意义。祭祀祖先是贵族的特权,奉养父母是平民的义务,使得孝道观念向着"子德"的方向发展，并逐渐取代祖先祭祀，成为后世孝道道德的主要内容。

到了春秋时期，孝道思想得到了进一步发展，但是这一时期的孝道思想并没有形成系统的理论体系，而是尚处于"民俗阶段的孝道"。在"礼崩乐坏"的时代背景下，家族势力以至于个体小农家庭在社会上逐渐处于越来越重要的位置，社会发展要求进一步完备孝道。战国时期虽出现了百家争鸣，但以儒家之孝为集大成者，直接决定了系统孝道观的形成。① 面对社会的动荡和社会秩序的混乱，孔子立足于传统的思想观念，提出了自己的理论观点，构建了"仁"学理论，"孝"开始走向伦理道德规范，并在思想理论中丰富和发展了孝文化的内涵。

战国时期，诸子围绕着"孝"的问题进行了激烈的争论，"子思学派"在孔子孝论的基础上，提出个人尽孝双亲之后才有资格要求自己的子女孝敬自己，并认为"孝"应当是内心真挚的情感，是仁德的体现，在一定程度上丰富了"孝"的内涵，也进一步推动了"孝"的政治化。孟子一派阐述了"仁"和"孝"的关系，论证了"孝"存在的合理性，注重孝道的推行和实施。《孝经》关于"孝"的论述更为具体，使孝道更加理论化、体系化，孝道作为一种伦理道德规范更容易为人们付诸实施。至《孝经》成书时，儒家的孝道在伦理内涵上已丰富完善，并实现了伦理和政治的紧密结合。

（2）汉魏"以孝治天下"的推广

两汉时期，统治者在吸取了先秦灭亡的经验教训后，在治理国家时加强了道德的教化，这为孝道的确立创造了条件。汉武帝"罢黜百家，独尊儒术"，提出了"以孝治天下"的治国纲领。至此，孝道文化开始走上了中国的政治舞台，并被纳入官方道德体系之中。为了将孝道伦理应用于实践，培养百姓的"孝"观念，汉代采用了各种"重孝"和"劝民尽孝"的措施和方法，就连皇帝也特别重视孝道，汉代皇帝谥号多以孝为尊，如孝惠帝、孝文帝、孝景帝、孝武帝等，皇帝谥号都带孝字，这是先秦时期所没有的现象。② 除此之外，汉代还以孝道作为选拔官吏的标准，由皇帝亲自学习、讲授《孝经》，使得《孝经》在汉代受到了前所未有的重视。

---

① 刘怡然. 中国传统孝道研究 [D]. 南京：南京师范大学. 2007.
② 陈晓丽. 中国传统孝道文化的变迁及时代价值 [D]. 兰州：兰州商学院，2012.

汉初设立的"孝悌力田"考试科目，是孝道政治化的开端，随后，又把家庭孝悌作为"治国平天下"的出发点，孝道由家庭伦理扩展成为社会伦理、政治伦理。

（3）唐宋"移孝作忠"及元明清"二十四孝"的推广

隋唐时期，国家依靠孝道思想去规范社会百姓。"孝悌力田"科目的设置是当时孝道文化的典型代表。国家会为尽孝道者给予一定程度的褒奖，有的由当地地方官府表彰，有的可以通过地方举荐上报朝廷，有的还受到皇帝亲自嘉奖和恩典，君王赐予一些官职、赏赐一些物品、赐予牌匾、免除赋税劳役等，更有甚者载入史册永久流传其光荣事迹。在家能孝于父母者，必定能够忠诚于国家。这些都反映了当时人们遵从孝道思想的一面。① 宋朝统治者也采取了全面宣传孝道文化思想的方式。"冠冕百行莫大于孝"（《宋史·孝义传》），在宋朝，国家对于孝道的行为极为推崇，每逢孝子产生，国家都会不遗余力地进行推广。到了元明清时期，统治者为了建立一个良好的道德秩序，同样将"孝"作为正确的价值观导向，对社会、个人和家庭进行引导。元代郭居敬编写的《二十四孝》成为传播孝道思想的重要著作，书中历代二十四个孝子的行孝故事成为人们学习的典范，将传统的孝道发展到极致。

（4）近代孝道的批判与变革

近代社会，随着中国现代化步伐的加快和西方文化的渗透、入侵，民主、自由、科学的思想开始萌芽，崇尚自由的舆论开始在百姓中传播开来。一大批仁人志士开始怀疑并批判家族制度与孝道，传统的孝道文化受到了严重的打击。受到严厉批判的传统孝道文化开始洗去多年的封建专制性，并开始向新型孝道文化转变。

2. 孝道的内涵

我国最早记录"孝"字的著作是《尔雅》。《尔雅》对"孝"的解释为"善事父母为孝"，即孝顺的表现就是赡养和顺从自己的父母。② 汉代贾谊的《新书》对"孝"解释为"子爱利亲谓之孝"③，强调儿孙等晚辈要对前辈爱护、尊敬并且做有益于前辈的事情，这就算得上孝顺。东汉许慎在《说文解字》中对"孝"诠释为："善事父母者，从老省、从子，子

---

① 孟丽媛. 中国传统孝道文化及现代建构［D］. 沈阳：沈阳师范大学，2017.
② 王世伟. 国学经典导读：尔雅［M］. 北京：中国国际广播出版社，2011：185.
③ 贾谊. 新书［M］. 北京：商务印书馆，1937：252.

承老也。"① 许慎认为,第一,从"善事父母者"这一层面理解,"孝"字是对生命意义的肯定和发挥,因为每个人"身体发肤,受之父母,不敢毁伤,孝之始也"②。因此,子女要回报父母的生命造化之恩,要尽心尽力地照顾父母、侍奉父母。第二,"从老省,从子"这一层面的意义在于解释"孝"字的结构特征,"孝"字最早出现在甲骨文上,从"孝"字的结构来看,"孝"上部为"老",下部为"子","从老省"是说"孝"字是由"老"字省去右下角的形体,保留它的上半部分,它像老人佝偻着脊背、拄着拐杖的情形,本意即指"老人";"从子"是指老人膝下有"子"才为"孝",所以"孝"字的下面是一个"子"字,意为在下面的子女要搀扶、侍奉上面的老人,这是"孝"字最本原的含义。③ 第三,"子承老也"这一句话表达了"孝"字更深层次的内涵,强调子女尽孝不仅要从物质方面奉养父母,而且还应该继承父母没有完成的心愿。同时,"子承老"还有将家族血脉代代相传、不断延续的含义,这也印证了《孟子·离娄上》所说的:"不孝有三,无后为大",子女有责任也有义务将自己的血脉延续下去。许慎对"孝"字三层含义的解释,也被后世学者所认可。

孔子紧紧围绕"善事父母"这一核心内容,丰富和发展了孝道文化的内涵,创建了以"仁"为核心观念的儒学体系,用"仁学"的观点重新解释了西周时期的"礼",为孝道找到了人性论的依据,完成了孝道从宗教到道德、从宗教伦理到家庭伦理的转化。

3. 孝道的内容

按照内容划分,中国文化的孝道主要由"养亲""敬亲""侍疾""遂志""诤谏"以及"孝慧"六个部分组成。

(1)"养亲"

《礼记》曰:"乐其耳目,安其寝处,以其饮食忠养之。"意思就是,在父母身体健康之时,要依照父母的需要,关注他们的衣食寝处,让他们常得安乐。在饮食方面,要让他们吃得舒服、健康、喜欢。而对于如何"养亲",从古人留下的遗训中可以看出。《二十四孝》中所提到的鹿乳奉亲、卧冰求鲤、怀橘遗亲等范例所体现的就是在生活方面为父母提供充足

---

① 许慎. 说文解字 [M]. 天津:天津市古籍书店,1991:124.
② 十三经注疏·孝经注疏 [M]. 邢昺,疏. 上海:上海古籍出版社,2009:4.
③ 涂爱荣. 中国孝道文化的历史追寻 [J]. 学术论坛,2010,33(9):156-159.

的保障。《曲礼》云:"子事父母,问衣燠寒,疾痛苛痒,而敬抑搔之。"子女伺候父母的时候,重点是在其穿着,天冷了给他们穿暖和一些,天热了给他们穿凉快一些,时常问问他们身上的衣物是否合适,问清楚以后再根据他们的需要给他们换衣服。如果父母感到疼痛就给他按摩,如果父母感到痒就给他搔痒。"出入,则或先或后,敬扶持之",与长辈出门的时候,就要走在他们前面或后面搀扶着他们。"问所欲而敬进之",问他们想吃什么,然后恭恭敬敬地送上。

中国人讲究的"孝道"是非常合情合理的,只要礼做到了,让父母心情愉快,就是最大的孝顺。"养虽不备,可也",虽然照顾得不算周到,只要能让父母心情舒畅也算是尽孝了。相反,若"富贵而无礼,不如贫贱之孝悌",即使大富大贵、位居高官,但是没有尽到礼数,没有做到礼顺心和,还不如匹夫的孝悌,也不配称为孝子。从而可知,"养亲"与富贵贫贱并没有必然的关系,真诚与敬意才是判别孝子的重要条件。

(2)"敬亲"

"敬亲"强调子女不仅要从行动上孝敬父母,更要在精神上表示尊敬。子游问孝,子曰:"今之孝者,是谓能养。至于犬马,皆能有养,不敬,何以别乎?(《论语·为政》)""养"仅仅强调了动物的本性,如果孝道仅仅是赡养父母,就与人养狗、养马等一样别无二致,那么,人与动物最大的区别即精神层面的差异便无法体现。"孝子之至,莫大乎尊亲",养老是孝道的基本要求,敬亲才是孝道的本质。从现代意义上讲,"敬"体现在保证父母物质基础上的精神涵养与尊重,在传统礼教中所映射出的诸多敬老规范,也是传统伦理道德中儒家"仁"的思想升华。①

(3)"侍疾"

侍疾,是指在父母身体欠佳时对他们的照顾。老人年迈容易身体抱恙,生病时极易心理脆弱,因此"侍疾"是孝道的重要内容,同时也是检验子女孝心的试金石。常言道"积谷防饥,养儿防老",父母年轻时身强力壮,不需要子女付出过多的精力,然而,当父母年迈之后,积劳成疾,久病床榻,子女要做的就是及时为父母寻医看病、悉心照顾,帮助他们尽快康复,多给予父母物质和精神上的关怀。

---

① 于晓丽.中国传统孝道文化的内涵及其传承(3260)[J].智库时代,2019(29):289,291.

司马光在《涑水家仪》中倡导："凡父母舅姑有疾，子妇无故不离侧"，即在老人生病的时候，儿子媳妇若没有重要的原因不能离开老人身旁，并且子女还应当"亲调尝药饵而供之"。同时，"父母有疾，子色不满容"，在父母生病之时，由于子女时刻担忧其病情，从而不能表现出满脸笑容的样子。

（4）"遂志"

"遂"就是顺从完成之意，"志"就是志向之意，"遂志"就是顺从父母的心愿、完成父母的志向。

《礼记》有言："孝子之养老也，乐其心不违其志。"乐其心，让父母心里感到快乐，他想做的事情你都做到了，他让你做的事情你没有违背，这就是孝道。要做到顺从父母，首先就要了解父母的心愿是什么、父母希望我们做什么事情。通过归纳古人的遗训，父母对于子女的心愿大概有以下几项。

第一，父母希望子女都能够健康。在《论语》中，孔子答孟武伯问孝的时候说："父母唯其疾之忧。"父母最担心的就是子女的健康。《孝经》云："身体发肤，受之父母，不敢毁伤。"我们的身体是父母给予的，我们不能毁伤，如果毁伤了身体，父母一定会伤心至极，可见父母最大的担忧是子女的健康。

第二，父母希望子女安全。子女的安全是父母最牵挂的事情，甚至重于健康，因为健康问题还有机会进行调理，但如果安全问题危及生命，就没有弥补的余地了。所以子女要注意人身安全，不要身陷险境让父母担心。《礼记》曰："一举足而不敢忘父母，是故道而不径，舟而不游，不敢以先父母之遗体行殆。"我们在举手投足间都要首先想到父母会担忧我们的安全，走路的时候要习惯走大路而不走小路，渡河的时候要坐船而不游泳，不能拿父母给予的身体做危险的事情。《礼记·曲礼》曰："为人子者，不登高，不临深。"作为子女，不应当攀登高峰或靠近深水域，因为这些都是危及生命的行为。《礼记》曰："父母存，不许友以死。"父母不在了，我们可以为朋友两肋插刀，但若父母还健在，就不要为朋友拼命了，这样会让父母难过。

第三，父母希望子女贤德。《洞灵真经》言："事君不敢不忠，朋友不敢不信，临下不敢不敬，向善不敢不勤，虽居独室之中，亦不敢懈其诚，此之谓全孝。""全孝"是所有孝中最完备、最顶级的孝。中国伦理讲究的是君仁臣忠，对待国家首领要忠诚以待，对待朋友要讲求诚信，对待部下、晚辈要尊敬。向善修行要勤快，即使独处一室也不敢放弃诚实，这才是贤德、全孝。

第四，父母希望子女顺从他的意愿。《礼记》曰："子如孝者敬者，父母舅姑之命，勿逆勿怠。"只要是长辈下达的命令，孝敬的儿子和媳妇，不敢违背也不敢懈怠。司马光在《涑水家仪》中提道："凡子受父母之命，必籍记而佩之，时省而速行之，事毕则返命焉。"当子女接受父母的命令之时，就将父母交代的事情记录下来并带在身上，当事情完成之后要及时回去向父母复命，让父母放心，这都是顺从父母的表现。

除了要顺从父母的意愿之外，子女还应当继承和完成父母的志向，光宗耀祖，奉献社会，即"孝志"。《孝经》有言："立身行道，扬名于后世，以显父母"，意思就是要用自己的德行去奉献社会，然后扬名于后世，让所有社会人士感受到自己出色的成就来源于父母的养育教诲，那就是一种大孝显亲的表现，也就是所谓的"光宗耀祖"。"孝志"延伸到家庭之外就是"忠"。每一个父母都望子成龙、望女成凤，对自己的儿女充满了期待，如果儿女为社会、国家、民族做出一定贡献，那么父母不仅会因为儿女的成果而享有盛誉，同时还会因为儿女秉承了自己的志向而开心。中国文化中的"孝"不单单指的是孝敬父母，上升至公民层面就是爱国、敬业、诚信、友善。若一个人能在家庭中做到孝养父母之身、孝养父母之心、孝养父母之志，那么在社会上必然能做到热爱自己的祖国，尊敬自己的工作，以诚信友善待人。因此，"忠孝不能两全"其实是一种误解，忠本身就是孝。

（5）"诤谏"

人非圣贤孰能无过，父母并非圣贤，所以难免会犯错，如果父母有错误，也不能一味地顺从父母，要学会向父母"诤谏"。如果父母有错却坚持不改，子女可以不听从，避免陷父母于不义。《荀子》曰："孝子不从命有三：从命则亲危，不从命则亲安，孝子不从命乃衷；从命则亲辱，不从命则亲荣，孝子不从命乃义；从命则禽兽，不从命则修饰，孝子不从命乃敬。"也就是说，若听从父母的意思去做就会招致父母危险，不听从就安全，那么可以不顺从父母的意思；若顺从父母的意思就会给父母招致羞辱，不从命就会给父母带来荣耀，那么不顺从父母是合乎道义的；若顺从父母的意思就会变成禽兽，不从命就会变得有修养，那么不顺从父母就是最好的敬意。正如"从道不从君,从义不从父",要合乎道义,对的才听从,不对的不听,这才是孝道。但是,子女在诤谏的时候要注意自身的态度,不能对父母大声疾呼,不能疾言厉色地命令、责骂甚至辱骂父母,正所谓诤谏有诤谏之道。《礼记·内则》记载:"父母有过,下气怡色,柔声以谏。谏若不入,起敬起孝,说则复谏。"也就是说,即使父母本身有过错,子女也应该轻言细语地劝说父母,如果父母不听劝告,要更加尊敬父母、孝顺父母,让父母感动,等父母心情好的时候再次劝说。从而可知,劝说父母是一个相当辛苦而漫长的过程。

(6)"孝慧"

"孝慧"就是孝父母之慧。孝子要圆满地实行孝道,必须自己不断地学习圣贤教诲,不仅提高自己的精神层次,还要帮助父母提高心志和智慧,才能使父母获得圆满的幸福。父母退休以后一般都比较清闲,甚至感到寂寞或空虚,作为儿女,我们应该积极引导父母学习,使其精神有所寄托,获得圣贤智慧,消除"怨、恨、恼、怒、烦"等情绪。孝父母之慧是孝的最高境界。

(二)互助养老文化

互助精神,是人类社会能够赖以生存的最基本的行为之一。而互助养老文化,就是孝道文化与互助文化这两种优秀文化相结合的实践与传承。

"互助"是中华民族传统美德之一,"互"起源于结绳记事时代,"互"作为象形字,本身就是一种绞绳用的工具,后来引申为互相的意思。《康熙字典》和《说文解字》都将"助"归类为力部,强调了力的使用,助人自助都需要付出一定的力量。因此,互助文化、互助养老文化在数千年的历史中有着丰富的理论基础。儒家文化提到的"人不独亲其亲,不独子其子,使老有所终,壮有所用,幼有所长,鳏寡孤独废疾者皆有所养""老吾老以及人之老,幼吾幼以及人之幼""出入相友,守望相助,疾病相扶持,则百姓亲睦"等思想都反映了我国悠久的互助文化传统。孔子认为,在理想的大同社会中,人们不仅要关心自己的亲人,还要为社会上的弱者提供帮助,从而使贫穷的老年人得到赡养而安度晚年,使儿童得到照顾教养而健康成长,使残疾者以及没有家庭的人们得到社会救济。墨子更加明确地主张超越血缘和家庭关系的互爱互助精神,在墨子的观念中,人间"三患"分别是"饥者不得食""寒者不得衣""劳者不得息",解除之道取决于由"国家之富""人民之众""刑政之治"组成的"三务",核心是超越血缘关系的"兼相爱，交相利"，此乃天下不幸者能够老有所养、孤有所依的根本。

中国古代的互助养老模式，主要是基于共同血缘关系的宗族互助养老，宗族互助养老也是影响最广泛的互助养老实践。在宗法制度下，社会结构以宗族作为基本单位，每个社会成员依据血缘关系确定各自在家族中的位置，因而，宗族式的大家庭成为养老的基本单元。① 宗族是中国古代社会以血缘关系为纽带的社会组织形式，宗族互助养老就是依赖于亲友互助对宗族内无依无靠的老人给予物质照顾和必要的生活照料，包括宗族内部的贫困救济、抚恤幼孤、丧葬救助、家族赡养、养老义庄、血亲捐献的"族田"和"义田"等，因而传统的互助养老文化仍然是基于传统的家族文化。在家族文化中，养老资源的调配、养老活动的范围、养老活动的内容、代际之间的情感交流以及各类养老互动仪式，都局限在家族范围之内，主要行为决策掌握在"家长"或族长手里。②

从周代开始，我国民间就开始进行了宗族互助养老实践的探索。《周礼》记载："异居而同财，有余则归之宗，不足则资之宗。"③ 宗族的大家庭通常由多个小家庭组成，在长期的生产生活中，大家相邻而居且财产共享，赡养宗族成员的活动通常是通过家族互助的方式来进行，而家庭也是老人们进行养老的基本单位。

战国时期，孟子将孝文化推广到广义社会生活领域，提出了"出入相友，守望相助，疾病相扶持""老吾老以及人之老，幼吾幼以及人之幼"等互助思想，宣扬"推恩及人"，为后世的宗族互助养老演进奠定了一定的思想基础。

在汉代，一些宗族组织逐渐平民化，民间互助养老的实践也进一步增多。据《四民月令》记载："是月也，冬谷或尽，椹麦未熟，乃顺阳布德，振赡穷乏，务施九族，自亲者始。"④ 此外，两汉时期，民间存在着一种以"单"为名的地缘型互助组织，尽管这种组织不见于正史记载，但是在

---

① 文丰安. 农村互助养老：历史演变、实践困境和发展路径 [J]. 西北农林科技大学学报（社会科学版），2021，21（1）：105-113.
② 赵炯. 制度文化增权视角下农村互助养老的历史变迁、制度困境及对策优化 [D]. 西安：西北大学，2019.
③ 丁鼎.《仪礼·丧服》考论 [M]. 北京：社会科学文献出版社，2003：184.
④ 王勇. 论汉代下层民众的互助活动 [J]. 中国社会经济史研究，2009（01）：11-15.

传世的汉代印章中留有记录。其中，致力于养老防老的互助组织在"单"字前冠以"长生""长寿""益寿""长寿千岁""千秋乐平""长生安乐"等字样，说明古代的互助互惠精神和敬老举措在两汉时期的邻里生活中已显露。

南北朝时期，西北地区有不少以"社邑"为名的民间社团，最初的成立目的是集资铸造佛像，其中以中年妇女结成的"女人社"最为典型。唐五代时期，"女人社"得到了进一步发展。近年来在敦煌和吐鲁番等地均发现了大量的女性社邑的社约文书，记载了尽管社邑最初成立的目的是集资铸造佛像，但是，随着时间发展，社邑也发挥着结社互助的重要作用。其中，有一个"女人社"规定，凡是社内成员及其亲属去世需要举丧的，入会者要像自己亲人去世时一样悲伤，并带着食物奔走辛劳、协助办理祭祀酒席，以彰显社团凝聚力。

唐朝的农社将临近的农户组织成为一个较统一的整体，其内部成员之间在发生困难时大家互相帮助，其作为民间互助养老实践的载体，更是得到政府的鼓励。[①] 另外，唐朝时期的"侍老"制度也是一种互助养老的方式，该制度规定若高龄老人无人在家照顾，需要配备相应的"侍丁"作为专门的照料人，可以从街坊邻里挑选相应的人照顾，这也是鼓励民间互助养老的方式。

宋朝的"义庄"是中国古代社会宗族互助养老实践非常典型的例子，除范氏义庄的互助养老外，苏州吴县的《济阳义庄规条》也规定"贫老无依，不能自养者，无论男女，自五十一岁"起，开始获得义庄援助。宗族互助养老方式使农村老人们在抵抗老年风险方面的能力得到增强，从而促进了社会的稳定。但由于当时条件的限制，社会参与度不高，养老水平受到了家族经济状况的制约，存在一定的历史局限性。

清朝的"姑婆屋"和"太监庙"也为一些特殊群体提供了互助养老的场所。民间自发建立的具有互助性质的"太监庙"就是为了让太监年老退休时群居于此，相互扶持和照顾，避免孤单寂寞。广东一带为"自梳女"专门设立了"姑婆屋"，先预交一定的费用，通过缔结金兰等方式互助互帮，以实现其老有所养的目的。

---

① 文丰安. 农村互助养老：历史演变、实践困境和发展路径[J]. 西北农林科技大学学报（社会科学版），2021，21（1）：105–113.

工商行会组织互助养老，则是中国历史上出现比较晚的一种互助养老模式。清朝时期，社会上出现了工商行会的互助组织，个别行会要求加入的会员缴纳一定的会费，对年老失业的老人给予钱粮照料，这就是所谓的行会互助性质的养老模式。例如，咸丰六年，苏州估衣业所对年老失业又无依无靠的同行可以给足衣食；19世纪末期的"洋布工会"，只要工友持续缴纳会费达五年以上，年满六十岁可以逐年领取一定的救助。①

二、养老政策制度

中国自古都是农业大国，历代帝王尤为重视农业的生产与社会的稳定。一方面，年轻人需要不断汲取老年人的农业生产经验才能提高农业生产效率；另一方面，家庭是社会的基本单位，家庭的稳定是国家稳定的前提。作为一家之主的老年人在调解家庭矛盾、促进家庭和睦方面发挥着重要的作用，从而也对国家的稳定起到不可估量的作用。老年人对于家庭、社会和国家而言具有宝贵的价值，因而备受历代帝王的重视。正因如此，历代朝廷在物质经济保障、政治保障、法律保障、社会福利、礼仪风俗等方面建立了一系列较为完善的养老政策制度以保障老年人的生产生活。

（一）养老物质经济制度

早在西周时期，政府就制定了"抚恤养老"的政策，定期为贫穷老人提供粮食、拐杖等生活必需品，最大限度地提高其生活质量。西周还建立了一套较为完整的养老保障行政系统，设置了专门的养老保障行政管理人员，其中，地官司徒的主要职责就是赡养老人、赈济穷乏、扶助贫困。到了汉朝时期，政府多次对"三老"赐予钱、酒肉、帛等生活用品，不仅旨在提高老年人的生活质量，更是为民间百姓树立尊老敬老的表率，向天下宣扬尊老敬老的优秀传统。尤其是汉文帝颁布了中国历史上第一条国家明确给予老人物质赏赐的行政法令——《养老令》，其明确规定了养老的具体标准、举措并且追责到人，使得以往政府给予的养老物质补贴由非正式制度升级为正式的行政法规。魏晋南北朝时期，尽管社会相对动荡，但当时的政府依然投入了大量的财政支出用于救济贫困的老年群体，保障他们的生活质量。唐朝凭借其雄厚的经济实力和财政实力，频繁地在节日和庆

---

① 南金花，李秀芳，刘建军，等. 古代社会养老思想与实践［J］. 合作经济与科技，2021（1）：162-164.

典上对全国老人给予各种物质上的照顾和关怀。与前代相比，唐朝的物质补贴待遇有了显著提高。北宋初期，物质赏赐的主要对象是八十岁以上的老人，而北宋中期以后，物质赏赐的主要对象是六十岁以上、经济条件不好的老人。明朝以前，朝廷对于老年人的物质补贴制度是以不定期、临时性的诏令颁布，赐物的时间没有固定的标准。到了明朝以后，明太祖朱元璋就提倡用一种由国家保障的、经常性和终身性的养老方式来取代临时性的"济老赈贫"方式，从此，朝廷对于老年人的物质补贴制度就转变成了一种定期性、终身性的制度。

历代王朝通过制定和推行一系列养老物质经济政策制度以最大限度地提高老年人的物质生活质量，对中国当代的养老政策制度产生了极为重要的影响。中国古代的养老物质补贴政策大体具有以下几点特征：

第一，养老物质补贴的资金投入水平与朝代的经济实力和财政实力有着密切关系。例如，唐代之前的各个朝代，皇帝颁布养老诏令的受惠范围普遍非常狭窄，大都局限于"三老五更""国老庶老"等社会地位较高的老人或皇帝巡幸之地的特殊老人。但是到了唐朝，尤其是唐玄宗后期，养老物质补贴的受惠范围得到了极大的扩大。唐朝养老物质经济补贴范围的扩大与其强大的经济实力有着密切关系。尽管经济实力和财政实力是影响养老物质补贴的重要因素，但古代政府始终将养老作为国家治理的重要战略政策。例如，北魏王朝虽处于中国历史上相对分裂动荡的时期，国家的经济实力和财政实力并不算很强，但是北魏历代统治者依然重视养老问题，尤其是孝文帝在财政紧缺的情况下依然尽可能地节约不必要的财政支出用以提升老人的生活质量。

第二，养老物质经济政策的规定逐渐明确，养老政策的落实情况更加得到重视。例如，西汉时期，皇帝只是简单地在养老尊老诏令中规定下赐老人布帛粟米等物品，在赐物的数量以及老人的年龄等方面很少有具体详细的规定，而到了唐朝尤其是唐玄宗时期，相关的养老规定逐渐明确，诏令不仅详细规定了享受赐物的老年人的性别、年龄、赐物的数量、授予官爵的级别等标准，同时还注重养老诏令的落实情况，有时候朝廷还会要求地方官员亲自将所赐物品送到老人家中。北宋时期，政府明确将八十岁以上的老人作为养老物质补贴的对象，之后，北宋政府又将这一标准调整至六十岁。

第三，中国养老物质经济政策由非正式制度逐渐发展为正式的、经常性和终身性的养老制度。西汉以前,政府颁布的养老物质补贴诏令都是非正式、不定期的制度,到了汉文帝时期,朝廷直接颁布《养老令》明确给予老人物质赏赐。到了明朝,明太祖朱元璋提倡用一种由国家保障的、经常性和终身性的养老方式来取代临时性的"济老赈贫"方式,至此中国古代养老物质补贴制度就转变成了一种定期性、终身性的制度。

(二)养老政治制度

历代王朝通过实行"存问制",设置"三老五更","赐官爵""赐御笔匾额""赐几杖"等政策使高龄老人获得精神上的满足感、愉悦感,从而更好地利用老年人多年积累的经验和才干发挥其对社会的宝贵价值,同时也能宣扬尊老敬老的社会风气。

1. "存问制"

在中国古代,皇帝和君主都代表着国家,因此皇帝对长者的存问预示着国家对老人的尊重与厚待,对社会起到很强的示范和引导作用。早在西周时期,周天子在定期巡视各诸侯国的时候,首先要存问的就是该地区德高望重的老者。唐朝则是中国历史上很好地践行"存问制"的朝代,明清时期皇帝亲自要求地方官员存问老人的事迹也很多。

2. "三老五更"制度

"三老五更"制度最早起源于西周,周代的"三老五更"制度对后世的养老文化产生深远的影响,成为后世朝廷养老敬老举措的一个蓝本。历代的"三老五更"都能够享受物质、政治、礼仪等方面的各种优待。汉朝以前只有乡三老,刘邦称帝后又增加了县三老。汉朝的"三老"拥有极高的政治地位,统治者需要争取其拥护和支持,进而达到稳固统治秩序的目的。

3. "赐官爵"制度

"爵位"原本是中国古代皇族、贵族的封号,用以象征身份等级与权力的高低,但历代朝廷通过"赐爵"赋予老人一定的社会地位,表达对老年人的尊敬和优待,彰显尊老养老的优良传统,并起到示范引导作用。东汉明帝开创了以爵位恩赏老人的先河。[①] 魏晋南北朝时期各朝代也大都继承了东汉赐予老人荣誉爵位的做法,孝文帝更是把赐予爵位的范围由"三老"扩展至所有老人,这是中国古代提高老人政治地位做法的进一步发

---

① 范晔. 后汉书 [M]. 北京:中华书局,1965:96.

展。唐朝继承了汉朝、魏晋南北朝以来的做法，对老人给予赐爵的待遇，尤其值得关注的是，唐朝还向高龄妇女赐予官爵，反映了唐朝女性政治地位的提高，这是中国古代其他朝代所没有的。宋朝同样延续了前朝授予老人官爵的做法。明太祖朱元璋为了表达对凤阳老家和南京城人民的感激与尊崇之情，特下令对这两地八十岁以上的老人赐爵"里士"，九十岁以上的老人赐爵"社士"，位居当地县令。清朝政府赐予百岁以上的老举人"国子监司业"的官衔，赐予九十五岁以上的老举人"翰林院修编"官衔，赐予九十岁以上的老举人"翰林院检讨"衔，赐予八十岁以上的老举人"国子监学正"衔，赐予七十岁以上的老举人"国子监助教"衔。

由此可知，从两汉到明清，尽管各朝代对于老人赐予的官爵的名称、范围等内容都发生了很大的变化，但都是中国古代尊老敬老的体现，表达了统治者对于老人在政治地位上的特别关照。

4. "赐几杖"制度

在中国古代，"几杖"不仅是方便老人行走的工具，更是一种极高政治地位和特权的象征。周天子为了表达其对年长之人的崇拜之情，为德高望重的长者量身定制了"王杖"，持"王杖"者在社会上能够享有各种优待条件，周天子还专门设立了赐予"王杖"的行政官员"伊耆氏"。东汉时期的王杖不仅是一种精神激励，更赋予了持有王杖者相应的政治和经济上的特权，而且，东汉对王杖的形制也有了非常具体的要求——长九尺，顶端雕刻一只鸠鸟，取"鸠鸟不噎"的祥瑞之义，寓祝老人长寿安康，因此"王杖"又被称为"鸠杖"。魏晋时期，景帝赐予名士山涛母亲藜杖，成为景帝尊老敬老的象征。唐代"赐几杖"制度的做法和规模是中国古代历史上最可称道的。

5. "赐牌匾"制度

中国古代的御笔匾额，是皇帝所赐之亲笔题字匾额，具有神圣不可侵犯的权威。古代帝王通常将亲自所写的御笔匾额赠予年长的王亲贵族或有功之臣，象征着国家授予有功长者至高无上的荣誉称号和政治地位。乾隆、嘉庆皇帝，就多次给百岁老人御笔亲书匾额。

由"存问制"、设置"三老五更""赐官爵""赐几杖""赐御笔匾额"等对老年人的关怀政策可知，我国古代养老文化不仅重视在物质层面对老年人"体养"，还重视在精神层面对老年人"色养"，通过提高老年人的政治地位使其获得精神上的满足感和愉悦感，让其真正感受到"老有所用",调动并增强其社会责任感和使命感,充分运用其多年积累的社会经验来回馈社会。同时,提高老年人政治地位的政策还能向社会宣扬尊老敬老的社会风气和优良传统,这也是中国古代养老文化的特色之处。

(三)养老法律保障制度

法律是对社会生活和人们行为的一种强制手段,任何政策制度一旦上升到法律的高度,都会具有很大的执行力和社会效果。广泛性的社会养老需要以道德的普遍遵守为基础,而道德的普遍遵守需要以一定的律法为保障,即道德法律化。也就是说,社会养老的有效实施,不能仅仅依靠孝道等理念发挥社会教化作用,也需要政府制定有效的法律法规来保障老年人的合法权益。中国历代朝廷均以"孝"这一养老、敬老道德标准作为其治国安民的依据,并建立起一套较为完备的法律体系以保障其孝道理念的实施。历代朝廷建立起的养老法律保障体系主要包括子孙不孝入罪、老年罪犯刑罚宽宥等内容。

1. 子孙不孝入罪

孝道本身属于道德范畴,而历代的统治者都极为重视孝道,通过提倡孝道来实现政权的长治久安,并将孝的道德理念转化成法律规范,迫使人们遵守孝道理念,因而"不孝之罪"在历朝历代都要受到法律的严惩。在当今中国,不孝行为频繁发生,学习并利用古代孝道文化中的精华,对整合道德和法律有着重大的借鉴意义。

早在先秦时期,孝道观念已经形成,古人就将不孝不友视为罪大恶极的行为。虽然此时法律制度尚未形成体系,但政府对于不孝行为仍会有严厉的惩罚。夏朝,不孝老人者依律要判以重罪,直至处以死刑。《周礼》有很多西周时期重孝以及设刑惩罚不孝的记载。春秋战国时期的法律对于不孝行为的严惩力度进一步加大,《资治通鉴·秦纪》中记载,战国时期魏襄王制定"大宪之法",规定:"子弑父,臣弑君,有常不赦。"《孝经·五刑》也记载:"五刑之属三千,而罪莫大于不孝。"《公羊传》亦有记载:"不孝者,斩首枭之。"

到了秦汉时期,孝文化逐步法律化,但具体罪名还未确定。尽管秦朝统治者崇尚法家思想,但是并未将孝道观念舍弃。秦朝在宣传孝道观念的同时也对不孝行为进行法律上的惩罚。汉朝是一个重孝的朝代,从而汉朝"孝入律"的内容较前代而言更为系统和具体,是对前代"孝入律"内容的深化。首先,在"不孝罪"方面,汉朝比秦朝做出了更为严格的法律规定，对于不孝者的惩罚也更加严重。例如，在秦、汉法律中，同样都是殴打父母之罪，秦律的惩罚是"黥为城旦舂"，汉律的惩罚是"弃市"，显然汉律的惩罚更为严厉。① 其次，与秦律相比，汉律对于不孝罪行的描述更加详细而具体。在汉代的贼律、具律、户律、告律、徭律等律令中均体现了"不孝罪"的内容。并且，在"不孝罪"方面，汉律的行为主体由"子"扩展至"奴婢"和"妇"；保护的对象也由"父母"扩展至祖父母、（假）大母、主母、后母、岳父母、兄、姊以及他们的同产（同母所生者）；犯罪行为也由"殴"扩展至"贼杀伤""牧杀""殴詈""辱骂父母"；惩罚措施也包括枭其首于市、城旦舂（城旦，是对男生进行筑城的苦力刑罚；舂，是对女人进行舂米的苦力刑罚）、鬼薪白粲（一种男犯上山砍柴、女犯择米的徒刑）、弃市、耐为隶臣妾、赎黥、赎耐、罚金四两等。

到了魏晋南北朝时期，虽乱但乱中有孝。原本游牧民族没有"不孝罪"产生的土壤，鲜卑部落时期，游牧经济要求民众体魄强健，所以鲜卑风俗"贵少贱老"，家长并没有特殊的地位和权力，家庭内并不如农耕民族那样建立起宗法伦常秩序，也就不存在"不孝罪"等需要侵犯家长的罪名。魏晋南北朝时期，政局动荡，统治者想稳定内部的政局，更是需要提倡忠君，而忠君是孝的结果、是孝的发展，因此，统治者传承了汉代"以孝治天下"的治国理念。北魏律例规定"大逆不道腰斩，诛其同籍，年十四以下腐刑，女子没县官。害其亲者，轘之"②。"害其亲者"紧接在最重要的"大逆不道罪"之后，北魏统治者开始对杀害尊亲的行为加以处罚，这是对鲜卑旧俗的重大改革，旨在建立家族宗法秩序。同时，北齐律规定了"重罪十条"，其中，"不孝罪"位列第八条。

到了隋唐时期，罪名入律，刑罚法定，量刑明确。隋朝将"重罪十条"演变为"十恶"制度。"不孝"重罪位列第七。违犯"十恶"重罪之人，遇赦不能免刑。纵观整部《唐律》，与"不孝"相关的条款在律文以及疏议中多达一百零七条，大约占所有条款的五分之一，其中，关于"不孝罪"的规定分别散布在《职制律》《户婚律》《斗讼律》《贼盗律》以及《诈伪律》。③ 此外，《唐律》依照罪行轻重，将不孝罪犯分别施以不同刑

---

① 弯丽. 秦汉"孝入律"问题研究［D］. 长春：东北师范大学，2017.
② 魏收. 魏书［M］. 长春：吉林人民出版社，1995：1674-1683.
③ 刘秋培. 唐律中"不孝"罪研究［D］. 哈尔滨：黑龙江大学，2019.

罚,具体包括笞刑、杖刑、徒刑、流刑、加役流刑以及死刑,处罚程度较重,足以说明唐朝统治者采用法律手段维护孝道、严惩不孝之人的坚定决心。在《唐律》中,"不孝罪"的类型一般可分为侵害尊长的人身权利、侵害尊长的财产权和违背孝亲敬长的伦理道德三种。唐朝以后,"不孝罪"的罪名固定,不同的只是量刑。唐朝作为中国古代法制发展的顶峰,是中国古代法律发展史上的明珠,唐朝的法律具有承前启后的地位,特别是《唐律疏议》是各代立法的集大成者,直接影响了后世法制的发展,是后世立法的典范。因此,唐朝以后的朝代都沿袭了《唐律》的规定,"不孝罪"的罪名没有再改变,只是在量刑上各个朝代有所不同。①

在中国古代社会,"孝"对稳定个体家庭、发展小农经济、稳定社会秩序、维护封建皇权的统治,确实起到了很大的作用。"移孝作忠""不孝入罪"对于维护皇权统治也有积极作用。②

当今社会子女对父母的不孝行为时有发生,传统孝道观念受到了巨大的冲击,所以,我们要继承古代孝文化的精髓之处,倡导尊老、敬老的传统。

2. 老年罪犯刑罚宽宥

老年罪犯刑罚宽宥制度大致萌芽于西周,初步形成于春秋战国,理论化于汉朝,法典化于唐朝,之后为历代法律所承袭,并使之内容不断补充与完善。中国古代宽宥老年人犯罪行为的规定作为一项重要的法律制度,始终贯穿于中国古代社会各王朝的法律当中。它不是一个孤立的存在,涉及老年人的立法比如"家长权""亲亲相隐""存留养亲"等条款与之相互补充,一起构成了中国古代所特有的尊老、敬老、养老、宽宥老年人犯罪等完整的法律体系。③

早在西周时期,就已经有了关于老年罪犯刑罚宽宥的制度,法律根据犯罪主体的行为能力有区别地予以定罪量刑。例如,《周礼·秋官司寇》规定:"凡有爵者,与七十者,与未龀者,皆不为奴。"这是根据现有研究可以证明的中国刑法史上关于刑事责任年龄的最早规定,同时也是世界上有关刑事责任年龄和刑事责任能力的最早规定,其对后世的立法有着深远的影响。先秦学术著作《管子·戒第二十六》记载了春秋时期的齐国对于

---

① 熊珍桂. 浅析中国古代不孝罪[J]. 法制博览, 2017 (29): 227.
② 张功. 秦汉不孝罪考论[J]. 首都师范大学学报(社会科学版), 2004 (5): 12-19.
③ 唐杨静. 论中国古代老年人犯罪之宽宥制度[D]. 苏州:苏州大学, 2012.

老年人刑罚宽宥的相关规定："老弱勿刑，参宥而后弊。"即老弱不处刑，犯罪者经过三次宽赦以后再治罪。战国时期的《法经》是在总结春秋各国成文法的基础上所制定的中国历史上第一部成文法典，首次将年龄和犯罪情节作为定罪量刑的重要依据："罪人年十五岁以下的，罪高三减，罪卑一减。年六十岁以上的，小罪情减，大罪理减。"[①]

汉朝是中国古代老年罪犯刑罚宽宥制度及其理论的丰富时期，汉朝修改了秦朝的律法，废除了以身高作为刑事责任能力判断的标准，直接规定以年龄大小作为确定有无刑事责任能力的依据。[②] 西汉中期以后，随着儒家思想向社会各个方面渗透，对于老年人的体恤与宽宥制度也在不断增加。汉成帝时期，又进一步将刑事责任年龄放宽到七十岁，并规定除非首谋罪、首恶罪和杀伤人等重罪外，否则不予惩罚。除此之外，汉朝的律法也有老年人在行刑中享有特殊待遇的相关规定，在狱治实践中逐渐形成一整套以"颂系"为主要内容的怜悯老年囚犯的措施，该措施经过历代的继承与发展，成为中国古代王朝实行"仁政"的重要组成部分。[③] 由于汉朝施行"以孝治天下"的治国理念，法律条令除了宽宥老年人之外，同样也宣扬孝道，其中一个突出的表现就是允许老年人的子孙代其受罪，在此情况下，官府一般都会酌情减轻对于该老年人的刑罚，甚至会赦免该老年人。[④]

与前朝相比，唐朝在老年罪犯刑罚宽宥方面规定得更为详细、具体，形成了一整套关于老年人犯罪以及承担刑事责任的完善的法律制度，其特点为[⑤]：第一，《唐律疏议》将老年人按年龄划分为七十岁、八十岁、九十岁这三个层次，相对而言，年龄越大减刑的幅度也就越大。第二，《唐律疏议》还规定，九十岁以上的老年人和七岁以下的儿童，如果是因为别人的教唆而犯罪的，仅需对教唆之人进行处罚，不需要惩处实施犯罪之人。第三，《唐律疏议》对于老、疾的判断是按事发时是否老、疾论，并不考虑犯罪时是否老、疾，也就是说，即使老年人在犯罪时并未老、疾，但只要事发时犯罪人符合了老、疾的标准，便享受与其他人相同的法律待

---

① 唐杨静. 论中国古代老年人犯罪之宽宥制度 [D]. 苏州：苏州大学，2012.
② 唐杨静. 论中国古代老年人犯罪之宽宥制度 [D]. 苏州：苏州大学，2012.
③ 唐杨静. 论中国古代老年人犯罪之宽宥制度 [D]. 苏州：苏州大学，2012.
④ 唐杨静. 论中国古代老年人犯罪之宽宥制度 [D]. 苏州：苏州大学，2012.
⑤ 唐杨静. 论中国古代老年人犯罪之宽宥制度 [D]. 苏州：苏州大学，2012.

遇。第四，《唐律疏议》对于共同犯罪案件的处罚也进行了具体的规定，体现了唐律对待老年人犯罪行为极为宽容，进一步放宽了与老年人犯罪相关的恤刑幅度，也反映了唐律对于复杂法律问题的高超处置能力。第五，与前朝的法律相比，唐朝法律对老年囚犯刑罚的执行过程则显得更为人性化。

中国古代关于老年人的刑罚宽宥制度，对于社会发展具有一定的积极影响，对于当今老年人犯罪问题的立法仍有借鉴意义。首先，有利于体现人道主义精神和以人为本的价值理念。其次，有利于缓解社会矛盾，稳定社会秩序。施行"仁政"是缓解社会矛盾、稳定社会秩序的有效途径，而在审判和狱治的过程中，给予老年犯罪者刑罚宽宥、恤老悯老，则是实施"仁政"的一种重要体现。但中国古代对于老年人刑罚宽宥的制度依然存在一些弊端，例如老年人未能享受完整的诉讼权利和做证资格等。

（四）养老社会福利制度

中国古代的养老制度不仅强调在经济物质、政治地位等方面对老年人进行物质和精神层面的直接赡养，还注重通过"举孝廉""官员终养"等制度来奖励孝子贤孙，给予其丰厚的社会福利，从而向社会宣扬孝道理念和尊老敬老的风气。家庭养老是以血缘关系为纽带、依靠家庭成员负担赡养老人义务的一种养老方式，也是我国古代养老的主要方式。在我国几千年的传统社会中，自给自足的自然经济占据了主导地位，家庭作为相对稳定的基本社会单位，承担了生产、生活、生育、教育以及保护家庭成员的职能。家庭在对弱势群体保护方面，尤其是对老人的赡养方面，起着不可替代的作用。因此，"举孝廉""官员终养"等福利制度则更加激发了子女主动承担赡养父母的主动性，发挥了家庭养老的重要作用，弥补了国家养老和社会养老的不足。

（五）养老礼仪风俗制度

自上古时期，历代王朝就已经开始运用"养老于学校""乡饮酒礼"等各种不同的敬老、养老礼仪风俗来表达尊敬老年人之意，提高老年人的社会地位，向社会传递孝悌伦理道德观念，宣扬尊老敬老的社会风气与实施政治教化，进而达到稳固尊卑贵贱的社会秩序和统治地位的目的。

在古代中国，礼仪教化是政治教化的重要方式，中国古代的政治教化仪式表现出培育理想人格、维护政治统治、稳定社会秩序和促进文化传承的价值功用。这种寓教于"时"、寓教于"情"、寓教于"行"、寓教于"境"的教育方法,具有很重要的现代启示性。① 尤其是在传统的"乡饮酒礼"宴会上,虽然很多百姓并不知道孝悌文化的深刻含义,但是百姓以宾客的身份亲临庄重而亲切的宴会,能够鲜明直观地通过老年人所享受的优厚待遇感受到尊老敬老的浓厚气氛,自然地萌生出对老人的尊重爱戴之情和承担赡养老人的责任感。

三、养老服务机构

在中国古代,尽管家庭养老是社会的主流和常态,但毕竟在解决养老问题上存在着养老资源不足、子女养老负担过重等弊端,而国家养老、机构养老则成为家庭养老的重要补充形式。为了解决社会养老问题,保障老年人的生活质量,历代朝廷大体都设置了相应的养老服务机构。除了政府官办的养老机构之外,中国历史上也存在着不少的民办养老机构,这些民办养老机构成为官办养老机构的补充。总体而言,魏晋南北朝时期至唐朝时期,中国的养老机构主要由政府官方主办;到了宋元时期,官办养老和民办养老共同发挥重要作用;再到明清时期,民办养老居于非常重要的地位。不管是官办养老机构还是民办养老机构,都有其时代特征,值得我们今天的养老机构借鉴。

(一)官办养老教育机构——学校

在古代中国,学校不仅是供养"三老五更"、致仕官吏的地点,同时也是养老文化的教育机构。先秦时期,国家一般把退休的朝廷命官供养在学校中,使之为学生们和政府提供咨询或教育。从夏代之前的部落政权"有虞氏"开始,人们就开始将国老和庶老安排在不同层次的学校中供养。每年秋季都会在庠学举办一次以尊老敬老为主题的乡饮酒礼活动。自汉朝之后,乡饮酒礼开始成为尊老敬老固定的重要仪式并在各地学校举办,其目的就是要强调尊卑长幼之义,教育人们时刻不要忘记养老重任。北魏太和十一年(487年),在学校举办乡饮酒礼的重要目的被描述为"导以德义,以期父慈子孝、兄友弟顺、夫和妻柔"。隋朝政府明文规定,全国的学校每年都要举行一次乡饮酒礼。唐朝自建立起就特

---

① 胡元林,司忠华. 中国古代政治教化仪式及其社会功能 [J]. 湖南科技大学学报(社会科学版),2020,23(4):167-174.

别重视民间的礼仪教化，而乡饮酒礼则是实现其教化作用的重要手段。因此，贞观六年（632年）唐太宗下诏，要求地方官员每年亲率老人，在各地的学校举行乡饮酒礼，建设以敬老爱老为核心的和谐基层社会，这种仪式在唐朝又称为"正齿位"。开元六年（718年）唐玄宗下旨，确定每年十二月各地学校要操办乡饮酒礼仪式。宋代把乡饮酒礼称为"鹿鸣宴"，"鹿鸣宴"在唐代"正齿位"的基础上，进一步普及更基层的地方，地方官员也更加主动地举办乡饮酒礼的典礼，以购置土地、财政拨款、多方筹措等各种方式来保证仪式的经费开支。明太祖也特别看重乡饮酒礼的社会教化功能，洪武五年（1372年），朝廷诏令全国各地的学校作为此项活动的举办地，并规定每年的正月和十月作为两次固定的时间点，地方官员要与学校的教育官员一起率领年老的知识分子和士大夫汇聚在当地学校举行盛大的酒会。①

（二）官办养老救济机构

1. 南北朝官办养老救济机构——"孤独园""六疾馆"

中国古代第一个官办正式养老救济机构创设于南北朝时期。南北朝时期的养老机构大多具有宗教慈善的背景，"孤独园"与"六疾馆"等养老救济机构大多由皇室成员创立，其经费主要来源于政府，佛寺的慈善救济经费也来源于政府。出现这种现象的原因主要在于当时的统治阶层普遍信佛，譬如梁武帝及其宗室诸人都是虔诚的佛教徒，他们拨付了大量的资金用于佛教事业，使得佛教寺庙的经费十分充足，而这些经费中很大一部分就用在了养老慈善事业上。除此之外，政府还划拨一部分税收用以资助佛教的慈善事业。②

2. 唐朝官办养老救济机构——"悲田院"

唐代把梁武帝的"孤独园"更名为"悲田院"，又名"悲田养病坊"。悲田养病坊初创于武则天长安年间（701—704年），朝廷设置悲田使，管理其事务，并把它纳入国家救济措施之列，史书载称"国家矜孤恤穷，敬老养病，至于安庇，各有司存"。不过由于悲田养病坊置于佛寺中，悲田使对悲田养病坊仅行监督之权，具体事务仍由寺院主持。至此，唐朝悲田养病坊确立了"寺办官督"的管理模式。之后，唐玄宗又下诏明令悲田养

---

① 梁盼. 以孝侍亲——孝与古代养老［M］. 北京：中国国际广播出版社，2014：41-45.
② 梁盼. 以孝侍亲——孝与古代养老［M］. 北京：中国国际广播出版社，2014：48.

病坊负责收容乞丐，以官置本钱收利的方式给予补助维持其运作。因源于佛教的悲田养病坊兼具收容乞丐的社会救助功能，唐政府也加强了对它的监督与管理，改归由官府主持办理，渐渐淡化了它所具有的宗教性民间慈善组织色彩。肃宗至德二年（757年），长安、洛阳两京各置"普救病坊"，其名冠以"普救"二字，反映了中唐后期朝廷面临着因战乱引发的严重流民问题，悲田养病坊的作用与影响也由此进一步扩大。

3. 宋朝官办养老救济机构——"福田院""居养院""安济坊"

宋朝时期，上至皇帝、宰相，下至地方官员，对于养老公益事业都十分重视，先后创建了"福田院""居养院""安济坊"等多种类型养老救济机构，甚至不惜为了养老救济机构的发展而占用其他经费，例如国防经费。宋朝官办养老救济机构的普遍创建，不仅体现了宋朝高度发达的社会经济文化，同时也充分体现了宋朝深刻的人道主义思想。

4. 明朝官办养老救济机构——"养济院"

明朝开国皇帝朱元璋下令在各郡县设立一系列养老救济机构——养济院，以保障社会弱势群体的基本生存权利。可以说，这些养济院使得孤老生有所处、病有所医、死后有棺有墓，免除了他们的后顾之忧。朱元璋诏令天下郡县设立养济院的举措，成了中国养老慈善事业发展史上一个重要的里程碑。

5. 清朝官办养老救济机构——"普济堂"

普济堂最初属于民间社会性质的慈善机构。由于清朝政府考虑普济堂广泛而深刻的社会影响，便将普济堂从民间慈善机构转为官办。

（三）民办养老救济机构

1. 北宋至清末民办养老救济机构——义庄

义庄，最早由北宋仁宗时期范仲淹在苏州建立，经历了宋、元、明、清四朝，逐渐发展壮大，成为古代民办养老的代表性组织。

2. 明清时期民办养老救济机构——同善会

同善会，最早由晚明大臣杨东明于万历十八年（1590年）在河南虞城设立，之后逐渐辐射全国。随着时间的流逝，江南地区同善会逐渐呈现出有别于河南虞城同善会的特点。第一，河南虞城同善会既是施行救济的社会福祉团体，又是地方名士借之联络感情的亲睦会，而江南同善会只是施行救济，甚至承续并强化了救济各种老、病、饥寒之人的宗旨。第二，江南同善会对救济对象提出了严格的道德要求，体现了清代民间慈善活动的兴盛以及我国慈善公益事业的进步,这也是江南同善会区别于其他养老救济机构的独特之处。此外,同善会的组建模式、资金筹措、执行步骤等经验,值得后世的慈善组织借鉴继承。

综上,在中国历史中,无论是政府机构、宗教组织还是民间组织,对养老机构的发展都做出了不可磨灭的贡献。早在先秦时期,古人就已开创一系列"尊老敬老"举措,学校作为早期的养老服务机构,不仅是供养"三老五更"的地点,同时也是养老文化的教育机构。而制度化、组织化的养老机构最早出现于魏晋南北朝时期,此后在相当长的时间内,官方养老机构始终占据着中国养老事业的主导地位,民间慈善事业则以零星的私人救助、宗族救助、宗教救济的形式作为补充。直至明清之际,义庄、同善会等真正意义上的民间慈善组织才逐渐发挥重要的养老救济作用。相对于官办养老机构而言,民办养老机构的经费来源和慈善精神是崭新的,而且其在养老福利保障的效率性和稳定性等方面都要显著高于官办养老机构。因此,明清之际民办养老机构的萌发与兴盛,使其成为官办养老机构之外的一支重要力量,同时也象征着我国古代慈善事业达到了鼎盛时期。

第二章　中国养老公益之事业篇

　　我国正处于人口老龄化快速发展期，人口老龄化的形势非常严峻。人口老龄化的加剧将带来老年群体问题突出、家庭成员养老负担加重、经济发展负担加大等社会问题，这些问题对我国社会养老服务体系提出更高的要求，挑战着整个社会系统，因此，完善我国社会养老服务体系以应对严峻的老龄化挑战，已成为整个社会亟待解决的问题。

　　中国古代养老文化，是祖先为我们留下来的文化瑰宝和精神财富，我们应当深入挖掘中国古代养老文化的价值，从养老文化中感悟祖先的思想、汲取祖先的智慧，复兴中华优秀敬老文化，以解决当代养老公益面临的棘手问题，完善当代的社会养老服务体系。完善社会养老服务体系，是维持社会和谐发展的必然要求，是一项事关民生和国家发展的大事，是我国推进老龄化工作、实现积极老龄化战略目标的重要一环，对于推动新时代中国特色社会主义社会建设具有重要的战略意义。

　　本章在前文回顾古代养老文化的基础上，对当代中国养老公益事业的发展状况进行分析。

　　首先，从养老服务方式、养老服务内容和养老服务机制三个方面对中国养老公益事业的现状进行分析，并与典型发达国家的养老模式进行对比，探讨典型发达国家养老模式对中国的启示，以期在传承以孝道文化为特色的中国传统养老模式的基础之上，借鉴典型发达国家的先进养老模式，从而推动中国传统养老模式的转型与升级。

　　其次，以养老服务方式为研究视角，重点分析了当代家庭养老、社区养老、机构养老、心灵疗愈养老、智慧养老的概念、发展历程、现状等内容，从总体上把握我国当代养老服务方式的发展状况，为探究中国养老公益的未来发展对策奠定基础。

　　最后，剖析公益养老模型探索的典型案例——雨花敬老公益。"雨花敬老公益"以十年之功，默默探索中国养老公益文化及事业的发展之路，雨花斋、社区乡情中心、含山月养老机构、倾听陪伴、智慧敬老等都是"雨花敬老公益"对养老公益文化及事业探索的阶段性成果。通过剖析"雨花敬老公益"的居家养老有益补充模式、社区邻里互助养老模式、家庭互助式机构养老模式、心灵养老模式和智慧养老模式的思想理念与实践经验，为化解中国居家养老、社区互助养老、机构养老、心灵疗愈养老、智慧养老面临的困境提供启示。

第一节 中国养老公益事业的总体现状

社会养老服务体系，是在相关理念、政策、法律等养老服务机制的保障下，通过居家养老、社区养老和机构养老等多元方式，向全体老年人提供生活照料、经济援助、医疗保健、精神慰藉等养老服务内容的有机整体和综合系统。通过养老服务方式、养老服务内容与养老服务机制来分析社会养老服务体系的现状，有助于从总体上掌握中国养老公益事业的发展状况。

一、养老服务方式的总体现状

目前，我国社会养老服务体系建设的重心是以居家养老为基础、社区养老为依托、机构养老为补充，同时不断探索多种类型的养老服务模式。在地方实践的过程中，形成了"9073"社会养老服务格局，即"90%的老年人依靠居家养老，7%的老年人依靠社区养老服务，剩余3%的老年人依靠机构养老服务"[1]。

第一，居家养老方面。2008年全国老龄委办公室等十个部门联合发布的《关于全面推进居家养老服务工作的意见》对居家养老服务给出了政策表述："居家养老服务是指政府和社会力量依托社区，为居家的老年人提供生活照料、家政服务、康复护理和精神慰藉等方面服务的一种服务形式。"即居家养老服务就是政府和社会通过社区为居住在家的老人提供服务。同时，与社区养老和机构养老等其他养老服务方式相比，居家养老模

---

[1] 孙碧竹. 我国社会养老服务体系发展研究 [D]. 长春：吉林大学，2019.

式具有以下优点：首先，居家养老服务方式符合中国传统文化中尊老孝亲、敬老为本、敬老为先的传统理念，同时还能满足老年人不离家养老的需求，不改变老年人多年熟悉的生活环境、生活习惯和社交圈，让老年人能够在温暖的家庭中颐养天年。其次，居家养老服务方式还能缓解人口结构变化带来的养老压力。最后，居家养老服务方式可以在很大程度上节约社会的养老成本。

传统的居家养老服务存在供需双方信息交流不畅的问题，老年人的需求无法及时有效地传递出去，社区服务中心不能对老年人的需求立即做出反应，造成居家养老服务供给滞后。[1] 近年来互联网技术的蓬勃发展大大提高了居家养老服务的便捷性，将科技运用到居家养老服务的供给过程，提高了老年人获取服务的效率，较好地弥补了居家养老服务存在的供给滞后缺陷。目前，我国多省市已形成"互联网+养老服务"的服务供给模式。2013年，济南市成立了智能居家养老服务中心，在原先社区日间照料中心的基础上新增了实时健康监测、家政上门服务和心理健康辅导等内容。在健康监测方面，该中心不仅为社区内的老年人免费提供体检，还通过互联网技术将老年人的健康数据保存在云端，以便于医护人员及老年人的子女随时查看。

第二，社区养老服务方面。社区养老服务是指老年人住在家里或长期生活的社区里，在得到家人照顾的同时，由社区的相关组织承担养老工作或托老服务的养老方式。社区养老是居家养老的重要依托，具有社区日间照料和居家养老两大功能。[2] 与其他发达国家的社区养老服务发展历史相比，我国社区养老服务的发展历史较为短暂，从20世纪80年代后期至今也只有短短30余年的历史。尽管发展历史短暂，但我国的社区养老服务发展还是取得了不错的成绩。尤其自2011年国务院颁发了《中国老龄事业发展"十二五"规划》以来，我国的社区养老服务建设取得了显著效果。《2019年民政事业发展统计公报》数据显示，截至2019年年底，我国社区服务机构和设施就多达52.8万个，其中城市地区21.2万个，农村地区31.6万个，城市社区综合服务设施覆盖率92.9%，农村社区综合服务设施覆盖率59.3%；全国社区服务指导中心548个，其中城市地区534个，

---

[1] 孙碧竹. 我国社会养老服务体系发展研究［D］. 长春：吉林大学, 2019.
[2] 孙碧竹. 我国社会养老服务体系发展研究［D］. 长春：吉林大学, 2019.

农村地区14个；全国社区服务中心2.7万个，其中城市地区1.6万个，农村地区1.1万个；未登记的特困人员供养机构4312个；全国社区养老照料机构和设施6.4万个，其中城市地区3万个，农村地区3.4万个；全国社区互助型养老设施10.1万个，其中城市地区1.1万个，农村地区9万个；其他社区服务机构和设施10.6万个，其中城市6.9万个，农村3.6万个。①

第三，机构养老服务方面。养老机构，主要是指为老年人提供集中居住、生活照料、康复护理、精神慰藉、文化娱乐等服务的老年人服务组织，其主要服务对象是失能、半失能老年人。② 养老服务机构和设施根据服务对象的不同分为城市养老服务机构、农村养老服务机构、社会福利院、光荣院、荣誉军人康复医院、复员军人疗养院、军休所七类。2006年政府公布了《关于加快发展养老服务业的若干意见》后，政府及社会资本开始重视对养老服务业基础设施建设的投资。2017年，我国城市养老服务机构达到9618个，农村养老服务机构达到15006个，社会福利院达到1578个，光荣院达到948个，荣誉军人康复医院达到43个，复员军人疗养院达到37个，军休所达到1540个。③

二、养老服务内容的总体现状

《社会养老服务体系建设规划（2011—2015年）》将社会养老服务内容解释为为老年人提供康复护理、生活照料、紧急救援、精神慰藉和社会参与等养老服务；《中华人民共和国老年人权益保障法》第十四条将赡养人养老服务的内容解释为对老年人经济上供养、生活上照料和精神上慰藉以及照顾老年人的特殊需要。

下文将从生活照料、经济援助、医疗保健以及精神慰藉四个方面论述养老服务内容的发展现状。

第一，养老生活照料方面。根据中国老龄科研中心在2010年开展的"中国城乡老年人口状况追踪调查"的数据，分城乡和地区来看，农村和

---

① 中华人民共和国民政部.2019年民政事业发展统计公报［EB/OL］.中华人民共和国民政部网，2020-09-08.
② 吴玉韶，王莉莉，孔伟，等.中国养老机构发展研究［J］.老龄科学研究，2015，3(8)：13-24.
③ 孙碧竹.我国社会养老服务体系发展研究［D］.长春：吉林大学，2019.

城市老年人对于各类养老服务项目都有着强烈的需求,但农村的养老服务需求率则更高;分地区来看,西部地区的需求水平明显高于东中部地区,尤其是西部农村地区养老服务项目的需求率普遍在50%以上,其中,西部农村地区对于上门看病的需求率最高为80.7%,最低的需求为上门做家务,其需求率也高达43.59%;东中部农村地区的需求率水平接近,其中需求最高的项目也是上门看病,需求率分别为63.3%和65.5%。[1] 此外,陆杰华和张莉基于2014年老年社会追踪调查数据认为,我国老年人照料需求模式仍然以家庭照料模式为主,但社会化的照料模式已被渐渐接纳,老年人选择社会化照料模式的比重自西向东逐渐增大。[2]

第二,养老经济援助方面。为了满足老年人日常生活、护理等养老服务的需求,政府对老年弱势群体提供适当的老年人福利。老年人福利通常包括高龄补贴、护理补贴和养老服务补贴三种类型。2010年,我国享受高龄补贴的老年人仅有576.4万人,然而,截至2018年,全国享受高龄补贴的老年人已达2972.3万人,增长了四倍多。[3] 我国护理补贴以及养老服务补贴的提供以现金、服务券、实物三种形式为主,全国大部分地方还是采取服务券的形式。2013年以来,享受护理补贴和养老服务补贴的老年人数量持续增长,2018年享受护理补贴的老年人74.8万人,比上年增长22.0%;享受养老服务补贴的老年人521.7万人,比上年增长47.2%[4],可见两项补贴的增幅都较大。除此之外,我国财政对养老福利资金的投入力度也在逐年增加,根据《中国民政统计年鉴(2019)》的数据,2010年我国老年人福利支出仅有16.6亿元,然而到了2016年已经上涨至261.2亿元,2017年上涨至293.9亿元,2018年更是上涨至370.1亿元。[5] 近年来,我国养老保障制度也在逐年完善,养老保险的覆盖范围也在逐年

---

[1] 孙鹃娟,杜鹏.中国人口老龄化和老龄事业发展报告2015[M].北京:中国人民大学出版社,2016:119-121.
[2] 陆杰华,张莉.中国老年人的照料需求模式及其影响因素研究——基于中国老年社会追踪调查数据的验证[J].人口学刊,2018,40(2):22-33.
[3] 中华人民共和国民政部.2018年民政事业发展统计公报[EB/OL].中华人民共和国民政部网,2019-08-15.
[4] 中华人民共和国民政部.2018年民政事业发展统计公报[EB/OL].中华人民共和国民政部网,2019-08-15.
[5] 中华人民共和国民政部.中国民政统计年鉴(2019)[M].北京:中国社会出版社,2019:723.

扩大。2017年全国城乡居民养老保险月人均养老金达到125元，比上年增加了8元，增长率为7%；同时，2017年全国城乡居民养老保险参保人均缴费达到282元，比上年净增长51元，增长率为22%。① 1990—2017年，我国城镇基本养老保险基金支出增长同样明显，2017年基本养老保险基金支出为38051.5亿元，是1990年基金支出1493亿元的25.4倍，是2000年基金支出2115.5亿元的18倍。基本养老保险基金支出占GDP的比重也在逐年增加，1990年为0.8%，到2017年为22.05%。②

第三，养老医疗保健方面。相比其他年龄段的人群，老年人的健康更需要医疗护理。随着老龄化程度的加剧，老年人群体对于医疗保健的需求不断上升，因此我国社会养老服务体系的建设增加了医养结合的新发展理念。医养结合实现了医疗服务与养老服务的有机融合，同时满足了老年人的医疗和养护需求，有效提高了养老服务质量。2017年全国建有老年医院2717家，床位数13.5万张；老年医疗护理机构中的老年临终关怀医院637家，床位数2.5万张，年底在院人数1.3万人，床位利用率为51.6%；社区卫生机构3.4万个，床位数21.8万张。③ 此外，由于老年人的护理需求不断上涨，康复医院、护理医院与护理站的数量也呈逐年上涨的趋势。截至2017年年底，全国建有康复医院合计552个、护理医院349个、护理站88个。④

第四，养老精神慰藉方面。很多老年人因患病或长期孤独生活而心理压力过大，性情古怪，生活方式刻板单调，容易产生抑郁孤寂情绪甚至有抑郁自杀的倾向，对老年人身心健康产生了较大危害，此时需要精神慰藉。近年来国务院相继发布了《关于加快发展养老服务业意见的通知》（2006）、《国务院关于印发服务业发展"十二五"规划的通知》（2012）和《关于制定和实施老年人照顾服务项目的意见》（2017）等政策法规，这些政策法规都提到了要注重老年人的精神慰藉。全国各地积极响应国家的政策法规，比如，青岛市通过政府与民间社会组织合作的方式向老年人提供精神慰藉服务，由社区街道提供用地、政府购买服务的方式提供活动经费，由社会组织走进社区为老年人提供心理咨询服务；上海市的社区开

---

① 孙碧竹. 我国社会养老服务体系发展研究［D］. 长春：吉林大学，2019.
② 孙碧竹. 我国社会养老服务体系发展研究［D］. 长春：吉林大学，2019.
③ 孙碧竹. 我国社会养老服务体系发展研究［D］. 长春：吉林大学，2019.
④ 孙碧竹. 我国社会养老服务体系发展研究［D］. 长春：吉林大学，2019.

展了很多老年精神慰藉项目，例如"心悦夕阳红"，主要通过政府购买私人心理咨询、社会组织开展公益性心理咨询服务、培养志愿者等方式为老年人提供相对专业的心理服务；苏州市依托上门服务的医护人员对老人进行精神慰藉，开设社区老年娱乐室和各种文娱活动，一方面加强老年人的社交能力、充实老年人的晚年生活；另一方面使得老年人在社交网络中相互慰藉得到自我认同感。①

三、养老服务机制的总体现状

完善的养老服务机制，能够协调养老服务对象、养老服务供给主体以及养老服务内容之间的关系，运用多种手段保障养老服务从生产到供给全过程的公平高效，进而提高整个体系的运行效率，最终实现满足全体老年人养老服务需求的目标。下面从养老法治建设、养老政策规划和养老理念转变三方面梳理我国养老服务机制的总体现状。

第一，养老法治建设方面。早在1954年我国颁布的《中华人民共和国宪法》就明确了公民的养老权利。例如，第四十四条规定"国家依照法律规定实行企业事业组织的职工和国家机关工作人员的退休制度，退休人员的生活受到国家和社会的保障"；第四十五条规定"中华人民共和国公民在年老、疾病或者丧失劳动能力的情况下，有从国家和社会获得物质帮助的权利"；第四十九条规定"成年子女有赡养扶助父母的义务"。1996年颁布的《中华人民共和国老年人权益保障法》又进一步从立法宗旨、家庭养老、社会保障、积极养老、法律援助五个部分对老年人相关的各种权益做出法律规范。2013年新修订的《中华人民共和国老年人权益保障法》则更加侧重于老年人的家庭赡养与精神慰藉，因此新增了社会优待、社会服务和宜居环境三大部分内容，以便于更贴合老年人的养老服务需求。2018年着重在养老服务方面对《中华人民共和国老年人权益保障法》进行了修订，深化养老服务"放管服"改革，推进养老服务发展。②

第二，养老政策规划方面。自我国进入老龄化社会以来，社会养老服务政策便随即进入了快速发展期，国家各部委陆续出台多项政策旨在支持和引导养老服务的发展。2000年国务院发布的《中共中央国务院关于加强

---

① 孙碧竹．我国社会养老服务体系发展研究［D］．长春：吉林大学，2019．
② 孙碧竹．我国社会养老服务体系发展研究［D］．长春：吉林大学，2019．

老龄工作的决定》首次提出社会养老服务体系的建设机制，明确"建立家庭养老为基础、社区服务为依托、社会养老为补充的养老机制"，提出要以社会化和产业化方式来发展养老服务业，养老服务的供给需要社会各方面的力量共同参与。2005年国家有关部门相继出台了《关于支持社会力量兴办社会福利机构的意见》《关于加快发展养老服务业的若干意见》等政策，旨在引导、鼓励社会力量参与养老服务，在全国开展养老服务社会化示范活动。2013年国务院出台的《关于加快发展养老服务业的若干意见》提出"到2020年，要全面建成以居家为基础、社区为依托、机构为支撑的，功能完善、规模适度、覆盖城乡的养老服务体系"的发展目标。2015年卫生计生委、民政部等九个部门联合出台《关于推进医疗卫生与养老服务相结合的指导意见》，提出医养结合的养老服务模式，要求建成一批兼具医疗卫生和养老服务资质和能力的医疗卫生机构或养老机构，从而提高居家养老的医疗服务水平。2016年《民政事业发展第十三个五年规划》提出，"十三五"期间要实现护理型床位比例不低于30%，同时指出了社区养老服务、农村养老保险制度和老龄工作发展纲要的制定工作。2019年国务院办公厅出台的《关于推进养老服务发展的意见》指出，要健全市场机制，持续完善居家为基础、社区为依托、机构为补充、医养相结合的养老服务体系，建立健全高龄、失能老年人长期照护服务体系，强化以信用为核心、质量为保障、放权与监管并重的服务管理体系，大力推动养老服务供给结构不断优化、社会有效投资明显扩大、养老服务质量持续改善、养老服务消费潜力充分释放。

第三，养老理念转变方面。我国社会养老服务体系在建设和发展的过程中，发展理念依据国家总体发展状况也发生了相应的转变，养老服务对象范围由"救济"到"普惠"、社会养老服务体系发展地位由"配角"到"主角"、养老服务供给主体由"一元"到"多元"转变。

首先，养老服务对象范围由"救济"到"普惠"转变。1949年新中国成立初期，国家百废待兴，社会生产力低下，社会发展仍然以经济建设为中心，人民生活水平较低，国家提供的养老服务仅仅是救济性和兜底性的，无力覆盖全体老年人。此外，在计划经济体制的背景下，养老服务对象主要覆盖两类：一是为企业员工建立国家、企业统筹统包的劳动保险；二是开展针对鳏寡孤独等困难老人的救济型养老服务。在此后的很多年内，我国养老服务供给一直以"救济""补缺"以及"配套"为主。

2011年《中国老龄事业发展"十二五"规划》明确提出,要发展"适度普惠型"的老年社会福利事业。2015年10月,党的十八届五中全会提出"共享"发展理念,该理念包含了"坚持发展为了人民、发展依靠人民、发展成果由人民共享,作出更有效的制度安排,使全体人民在共建共享发展中有更多获得感"的思想。[①]"共享"就是均等地满足所有老年人的养老服务需求,说明这一时期我国养老服务对象已经从重点老年群体向所有老年群体转变。

其次,社会养老服务体系发展地位由"配角"到"主角"转变。在新中国成立初期,社会养老服务并不是国家发展的重心,随着老龄化社会的来临,养老服务事业地位逐渐提高。1983年,国务院批准"中国老龄问题全国委员会"为常设机构,至此老龄工作有了正式的管理组织机构。1995年"中国老龄问题全国委员会"改名为"中国老龄协会",为国务院副部级事业单位,由民政部代管。2005年,全国老龄工作委员会办公室与中国老龄协会实行合署办公,全国老龄工作委员会下设办公室在民政部,以全国老龄工作委员会办公室的名义开展工作。至此,我国养老服务体系发展有了明确的政府管理部门,养老服务发展被纳入国家统一规划的系统。2007年,党的十七大提出了经济、政治、文化、社会建设"四位一体"的中国特色社会主义事业总体布局,其中"社会建设"就是以改善民生、重视老龄工作为重点内容。至此涵盖养老服务的社会建设工作被提到国家战略层面,从社会建设的整体出发,规划布局我国养老服务体系的发展。在老龄事业管理机构设置、社会建设纳入中国特色社会主义事业总体布局等方面完成后,养老服务发展地位发生了由"配角"到"主角"的转变。

最后,养老服务供给主体由"一元"到"多元"转变。我国养老服务经历了由家庭为供给主体,政府兜底鳏寡孤独、"三元"老人的供给模式,转变为由国家、市场、社会力量等多元化供给格局,实现了供给主体的"一元"到"多元"转变。1994年民政部门出台的《中国老龄工作七年发展纲要(1994—2000年)》,明确提出"坚持家庭养老与社会养老相结合的原则",这是国家迈出了支持"多元"主体参与社会福利的第一步。

---

① 新华社,中国共产党第十八届中央委员会第五次全体会议公报[EB/OL].新华网,2015-10-29.

2010年，十一届全国人大三次会议的政府报告再次强调"加强应对人口老龄化战略研究，加快建立健全养老社会服务体系，让老年人安享晚年生活"。①

四、典型发达国家社会养老模式对中国的启示

一些典型发达国家较早进入了老龄化社会，在社会养老服务体系发展方面有着丰富的经验。当前我国养老服务体系的建设，较多地借鉴了典型发达国家在社区居家养老服务、机构养老服务等方面的社会化思路，但是并未充分将这些国家的典型经验与中国的优良传统和社会经济环境相结合，造成了经验借鉴中的本土不适应性。将我国社会养老模式与典型发达国家的社会养老模式进行对比，可以较为清晰地了解中外养老公益文化的差异，有利于将发达国家养老模式与我国社会养老模式成功结合。与西方发达国家的养老模式相比，中国养老模式最独特的地方就在于以"孝道"为核心的思想理念，这是中华民族最重要的精神基因。因此，我们需要在以孝道文化为特色的中国传统养老模式的基础之上，借鉴典型发达国家的先进养老模式，推动中国养老模式的转型与升级。

（一）典型发达国家社会养老模式

1. 英国社区照顾养老模式

目前，"社区照顾"是英国一种较为成熟的养老模式，英国通过建立完善的法律体系和社会福利体系，采取养老社会福利和社区照顾相结合的形式，较为有效地解决了老年人的养老问题，成为其他国家借鉴和效仿的典型。20世纪50年代早期，在"反院舍化""去机构化"的潮流中，英国开始实行在社区层面为有需要的人群提供照顾及支援的"社区照顾"养老服务。由此，社区照顾成为英国推行社会服务的一种模式，并且在养老服务领域得以广泛应用。② 1989年英国政府颁布的《社区照顾白皮书》对社区照顾进行定义："社区照顾，指的是提供适当程度的干预和支持，使得人们能获得最大的自主性且掌握自己的生活。为了给照顾老人的家庭成员提供喘息照顾，为了给老人提供更广泛的日间照顾，通过团体之家和临

---

① 温家宝. 政府工作报告——在第十一届全国人民代表大会第三次会议上 [J]. 中国乡镇企业，2010（4）：4-16.
② 伏威. 政府与公益性社会组织合作供给城市养老服务研究 [D]. 长春：吉林大学，2014.

时收容所的形式来增加照顾范围,直至提供居家照顾。"① 同时,20世纪90年代末,英国颁布的《国家健康服务与社区照顾法令》进一步强调社区照顾的目标是在"自己的家或与家类似环境中供养老人"。由于英国的社区服务养老模式是在普惠型的福利制度之下执行的,社区照顾养老模式主要以政府公共财政为资金来源,通过提供津贴、补助金、免税等形式,为社区照顾养老模式提供全方位的资金支持,同时社区照顾的养老模式采用的是"经理人规划—主要工作人员运作—服务人员执行"的运行机制。② 英国社区照顾养老模式的优点在于:第一,减轻了大型照顾机构程序化的专业照顾所带来的与世隔绝的、缺乏人性化的生活环境等负面效应;第二,减少了福利国家沉重的社会福利开支;第三,强调和重视家庭和社区的支持,更加关注被照顾者的需求,让正式资源与非正式资源共同承担起赡养老人的责任。

2. 美国 PACE 养老模式

1997 年美国出台的《平衡预算法案》提出了 PACE 计划(全方位养老服务计划),这是在老年医疗保险和救助基础上发展起来的,由政府直接计划为体弱多病的老年人提供长期医疗救治与康复照料的居家养老创新项目。PACE 计划的项目经费主要来源于美国医疗保险和医疗救助,并由医疗保险中心或州政府负责监督 PACE 计划的服务质量。PACE 项目的优势在于:第一,适合到护理院居住的老人可以选择在社区里接受长期的医疗照料服务;第二,单一病例的诊治由多个科室专家组成的综合团队负责;第三,对成人日常健康中心提供的各种医疗服务进行整合和重新安排。从而可知,PACE 在很大程度上降低了医疗机构、政府和个人的成本。它的对象是那些需要护理院特别照顾但能够在社会生活的老年人。它成功地将老年人的短期医疗与长期照护结合起来,使高龄患病老人能够长时间在社区生活。

3. 日本新黄金计划的居家护理服务

日本作为老龄化率较高和老龄化速度较快的发达国家,早在 20 世纪 60 年代,社会养老服务就受到日本政府的高度重视。迄今为止,日本已形

---

① 张明,朱爱华,徐成华. 城市老年人社会服务体系研究[M]. 北京:科学出版社,2012:73-90.
② 伏威. 政府与公益性社会组织合作供给城市养老服务研究[D]. 长春:吉林大学,2014.

成了多层次的养老法律和政策体系、完善的老年护理保险福利制度、多元的养老服务主体以及丰富的养老服务内容。为了解决老年人护理的紧迫问题，日本政府于1989年制定了《高龄者保健福利推进十年战略》，即著名的"黄金计划"，该计划要求在建设、完善与老年人相关的各种公用设施中，各地方政府应发挥积极作用。这一时期，社会涌现出了大量的老年公寓、老年人活动室、老年人医院。为了进一步完善以家庭养老为中心的社会养老服务体系，黄金计划于1994年被重新修订，更名为"新黄金计划"。① 与"黄金计划"相比，"新黄金计划"则更加重视老年人的居家护理服务。此外，日本于1997年颁布了《护理保险法》，旨在通过社会保险为失去自理能力的老年人提供居家养老护理服务。居家养老护理服务包括"访问护理服务""日间护理服务"和"短期托付服务"等形式，其最大的优势在于：第一，注重家庭在养老服务及体系中发挥的作用，有利于家庭成员间的情感维系；第二，使传统家庭的护理功能社会化，把家庭成员从繁重的老人护理任务当中解放出来，有利于推进家庭护理、保健、医疗救治和养老福利的一体化。②

4. 新加坡政府导向型的社会参与和家庭照顾养老模式

新加坡自2000年进入老龄化社会开始，政府就极为重视养老问题，并将其列入国家重点战略计划。新加坡政府在宏观的公共服务规划、供给、监管等环节均处于强势支配地位，并且将中央公积金制度与亚洲传统敬老文化相结合形成了政府主导、社会组织参与、家庭照顾的居家养老特征。③ 在以政府为主导的养老体制下，新加坡政府在公共设施、养老服务体系、老年人就业、敬老文化、养老法律等方面都做出了令人瞩目的贡献。

第一，公共设施方面。新加坡政府致力于打造便于老年人就地养老的无障碍公共交通及社区环境，其养老设施非常完善，尤为注重人性化，是最适合老人居住的国家之一。例如，新加坡的多数公车均可以实现轮椅上下，司机和乘客会耐心帮助行动不便的老人上下车；政府出版并免费发放

---

① 田原. 日本城市社区养老服务的经验与启示 [J]. 当代经济, 2010 (9)：40-41.
② 伏威. 政府与公益性社会组织合作供给城市养老服务研究 [D]. 长春：吉林大学, 2014.
③ 伏威. 政府与公益性社会组织合作供给城市养老服务研究 [D]. 长春：吉林大学, 2014.

《不要摔倒》小册子，让老人及子女重视跌倒可能造成的严重后果，提高防范意识；每座组屋都为老人和儿童设立了活动区，并设有食阁和公车站，屋主下楼就可以吃饭，从家门口到车站均建有封顶的绿色廊道，方便居民雨天出行，也大大减少了老年人滑倒的事故；新加坡的建屋局已经开始测试"居家老人智慧警报系统"，该系统可监测年长者的日常活动，并在老人摔倒等意外发生时能及时通知看护者。

第二，养老服务体系方面。自20世纪90年代，新加坡政府着手从养老金、医疗、护理、就业、子女、城市规划、基础设施等多个维度全面建设老龄化社会保障网络，逐步建立起社会养老服务体系，尤其是按照老年人的不同需求和支付能力提供收费合理的医疗和护理服务，并着力推广"乐龄"养老。"乐龄"是新加坡对60岁以上老人的特别尊称，寓意着老年生活能够安乐祥和。新加坡鼓励"乐龄人士"老有所为，通过就业与社会保持互动，以保持良好的心态和体魄。"乐龄公寓"和临终护理，是贯穿新加坡养老制度的核心。乐龄公寓是新加坡自1998年开始推行的居家养老模式：公民卖掉持有的大房子套现，一部分钱用来购买乐龄公寓，另一部分作为养老金之外的补充资金。目前，乐龄公寓已成为新加坡实现"老有所居""老有所养"的重要方式。除购买公寓需支付低廉的房价外，为老人提供的各项设施、服务均免费。同时，在新加坡政府财政和社会捐助的支持下，以HCA慈怀护理中心为代表的临终护理体系完全免费。HCA慈怀护理中心是一家慈善机构，为病症末期患者提供舒适的服务，专业的多学科综合治疗团队为患者提供临终关怀，并且上门探望患者及其家属。看护团队由医生、护士、社会工作者、顾问和经过培训的志愿者组成。不论患者年龄、种族、经济状况甚至国籍，只要身在新加坡，即使是来新加坡看病的外国人，如被医生定性为末期患者，寿命少于一年，均可到HCA慈怀护理中心享受免费临终关怀服务。

第三，老年人就业方面。新加坡政府解决老龄化的工作思路，逐渐从"解决人口老龄化所带来的社会问题"转向"社会如何协助老年人解决他们所面对的问题"，关注重点变为如何帮助老年人继续就业。2007年新加坡成立的"人口老龄化课题部长级委员会"首要工作就是帮助老年人就业，以确保他们晚年实现经济独立、生活无忧、实现自我价值、为社会继续做贡献。

第四，敬老文化方面。新加坡政府大力宣传传统的敬老文化，倡导老人与子女住在一起,由子女提供养老照顾。

第五,养老法律保障方面。新加坡于1994年颁布了《赡养父母法》,从而新加坡成为世界上第一个对赡养父母立法的国家,同时,政府对于与父母同住的年轻子女提供购房优惠政策以及经济补贴等经济援助。

除此之外,新加坡政府还鼓励和倡导社会力量参与养老服务,各类社会组织如社区组织、宗教团体、宗乡会馆共同承担养老责任,各种慈善基金用于救济贫困孤寡老人、改善护理中心设施和提供综合护理服务,它们在养老服务中都发挥着重要作用。同时,对于社会的养老机构,政府还提供了资金和政策上的支持,政府在养老设施的建设上提供高达90%的建设资金,对养老机构各项服务的运作成本提供相应的津贴和实行"双倍退税"的鼓励政策,政府还允许国家福利理事会认可的养老机构面向社会募捐。

(二) 中国与典型发达国家社会养老模式之对比

1. 典型发达国家的养老模式以社区居家养老为主

综上所述,目前典型发达国家大多采用的是社区居家养老模式。一方面,社区居家养老模式结合了家庭养老和机构养老的优势,既能够让老年人选择在自己熟悉的家中养老,又能够向社区内的各种养老服务机构寻求照料、护理和精神慰藉等专业化的养老服务;另一方面,社区居家养老模式能够有效地解决家庭养老模式人力资源不足、子女照料护理的时间和精力有限的弊端,同时又能够有效地缓解传统机构养老模式过度程序化、缺乏人性化服务的负面效应。因此,社区居家养老模式是一种经济高效的社会养老服务方式,从而备受发达国家的青睐。

现有典型发达国家的社区居家养老模式可以从以下四方面分类。

第一,根据政府对社区居家养老管理层次和幅度的差异,典型发达国家的社区居家养老模式可分为福利型与监管型。其中,福利型社区居家养老模式的主要特点是,政府对于社区居家养老模式的运行与发展,不仅通过法律和政策手段进行规范和引导,还积极参与社区居家养老的基层组织建设,而非营利组织和中介组织只是起补充作用。英国、西班牙等欧洲国家多采用福利型社区居家养老模式。以英国为例,政府对于社区居家养老除了法律规范和政策扶持以外,还通过财政支付手段促进社区居家养老发展,内容包括建设社区居家养老设施、改造老年人住房、补贴老年人长期护理费用以及雇佣服务人员为老年人提供上门服务等。① 监管型社区居家养老模式的主要特点是，政府对社区居家养老模式进行法律规范、政策引导和运行监管，从而规范社区居家养老的运行和发展，但基层建设和服务项目由社会团体和中介组织依据商业化、市场化原则提供。监管型社区居家养老模式的典型国家是美国和日本。美国政府专门为解决老年人的福利问题制定了《美国老年人法》，这部法律集老年人福利之大成，是一部综合性的老人福利法，同时美国的社会养老服务又是以市场化的发展为导向，其社区居家养老模式中的服务项目能够满足老年人多元化的养老需求。日本也专门为老年人福利制定了《老人福祉法》《高龄社会对策基本法》和《介护保险法》等一系列法律法规，用以履行社区居家养老服务的监管职能。②

第二，根据政府对社区居家养老补贴覆盖范围的差异，典型发达国家的社区居家养老模式分为普惠型、重点型以及普惠重点兼容型。普惠型社区居家养老模式的主要特点是，政府通过投资、购买、补贴或社会保险等方式，对全体老年人提供低价或免费的社区居家养老。普惠型社区居家养老模式的代表国家是瑞典。瑞典不仅通过养老金制度为老年人提供稳定的收入，还面向全体老年人提供老年家政服务。当老年人日常生活不能自理时，只需提出申请，经过专门机构评估即可享受级别不同的老年家政援助服务。服务收费标准根据申请家政服务的老年人实际收入确定。重点型社区居家养老模式的主要特点是，政府仅为高龄、失能、低收入等特殊老年群体提供补助。重点型社区居家养老模式的代表国家是俄罗斯等。普惠重点兼容型，则兼具上述两种模式的优点。澳大利亚是普惠重点兼容型的典型代表，澳大利亚政府在向全体老年人提供社区居家养老帮扶的基础上，根据老年人经济状况和健康情况的不同，重点补贴高龄老人、失能半失能老人和低收入老人等特殊老年群体，以满足特殊老年群体的养老需求。③

第三，根据社区居家养老服务提供主体优先程度的差异，典型发达国家的社区居家养老模式分为家庭优先型和社会优先型。新加坡等东亚国家

---

① 邓大松，王凯. 日韩英美社区居家养老模式深度分析 [J]. 中国房地产（市场版），2017（6）：49-55.
② 张洋. 我国社会养老服务体系完善研究 [D]. 长春：东北师范大学，2016.
③ 邓大松，王凯. 日韩英美社区居家养老模式深度分析 [J]. 中国房地产（市场版），2017（6）：49-55.

是家庭优先型社区居家养老模式的代表国家，这是由于新加坡等国家深受中华传统敬老文化的影响，相对重视家庭在社区居家养老中的作用，所以相关法律法规确定了家庭在社区居家养老服务提供上的优先地位。而对于大多数欧洲国家而言，由于文化背景不同，子女缺乏赡养老人的意识，其法律规定社区居家养老主要由政府、社会团体和商业组织等主体提供，呈现出明显的社会化特点。①

第四，根据社区居家养老和医保制度联系程度上的差异，典型发达国家的社区居家养老模式分为相对独立型和医养融合型。例如，新西兰作为相对独立型社区居家养老模式的代表国家，尽管社区居家养老和医疗保险都作为社会保障体系的组成部分，但各自都拥有相对独立的制度体系与服务项目。德国作为医养融合型社区居家养老模式的代表国家，以医疗保险制度为依托，利用医疗保险为社区居家养老提供资金支撑，并将医疗护理作为必要服务项目引入社区居家养老，通过整合、优化医疗资源和养老资源配置，促进社区居家养老发展。②

2. 中国以"孝"为先的养老模式

中华民族有着悠久的孝敬老人、邻里互助的优良传统，传统的孝道文化对于我国社会养老模式的形成与发展产生了深远影响，从而形成了以"孝"为先的特色养老模式。

（1）孝道文化对我国养老模式的发展产生积极影响

《孝经》认为："夫孝，天之经也，地之义也，民之行也。"也就是说，孝道犹如天上日月星辰的运行，地上万物的自然生长，天经地义，是人们本有的自然的行为。因此，在我国的孝道文化中，赡养父母是子女无论何时何地都不可推脱的责任和义务。

那么在中国孝道文化中应当如何赡养父母呢？要想做到完整的孝，那就必须要做到孝父母之身、孝父母之心、孝父母之志、孝父母之慧。能做到孝父母身、心、志、慧，还不是完整的孝，在父母去世时还要悲痛，还要按时节庄重肃穆地祭祀祖先，只有这些都做到了，才算得上把孝做完整了。《孝经》曰："居则致其敬，养则致其乐，病则致其忧，丧则致其哀，

---

① 邓大松，王凯. 日韩英美社区居家养老模式深度分析 [J]. 中国房地产（市场版），2017（6）：49-55.

② 邓大松，王凯. 日韩英美社区居家养老模式深度分析 [J]. 中国房地产（市场版），2017（6）：49-55.

祭则致其严，五者备矣，然后能事亲。"① 孝子侍奉父母，平时的言行要表现出恭敬之态；服侍父母的饮食起居要表现出和悦愉快之态；父母生了病，要表现出忧虑之态；父母去世了，要表现出悲哀之态；祭祀先人，要表现出庄重严肃之态。做到以上这五点，在中国传统的孝文化中才称得上是完全意义上的敬养父母。②

古人还认为，"忠臣以事其君，孝子以事其亲，其本一也"，但凡尽孝之人都会忠君，所以历代统治者往往提倡"以孝治天下"，把推行孝道上升到国策。历代王朝颁布了大量有关养老的诏令，在物质经济、政治地位、法律保障、社会福利、礼仪风俗等方面形成较为系统的养老政策体系，从而也体现了中国古代以"孝"为核心的社会养老服务模式。

在物质经济方面。早在西周时期，政府就制定了"抚恤养老"的政策，对鳏寡孤独者定期发放粮食等生活必需品，从而最大限度地提高他们的生活质量。到了汉文帝时期，颁布了中国历史上第一条国家明确给予老人物质赏赐的行政法令，明确规定了养老的具体标准和举措，将以往的养老物质补贴由非正式制度升级为正式的行政制度。唐朝更是凭借其雄厚的经济实力和财政实力，给予老年人更多的物质赏赐，频繁在各种节日和庆典上对全国老人给予各种物质上的照顾和关怀，更是将养老政策的受惠范围，由"三老五更"和"国老庶老"扩展至"天下侍老"。到了明朝，朝廷用一种由国家保障的、经常性和终身性的养老方式来取代临时性的"济老赈贫"方式，将中国的养老物质经济制度转变成为一种定期性、终身性的制度。

在政治地位方面。历代王朝通过"存问"、设置"三老五更""赐官爵""赐御笔匾额""赐几杖"等提高老年人的政治地位，使其获得精神上的满足感、愉悦感，从而更好地利用老年人多年积累的经验和才干发挥其对社会的宝贵价值，同时也宣扬了尊老敬老的社会风气。

在法律保障方面。历代朝廷将孝的道德理念转化成为法律规范，对年老之人给予法律上的各种保障与优待。若子孙犯下"不孝之罪"必然要受到法律严惩；朝廷根据相应的情形给予老年罪犯适当的刑罚宽宥，根据老

---

① 邢昺.《孝经注疏》卷六《纪孝行章》[M]. 北京：北京大学出版社，1999：38.
② 王欢. 浅议传统与当代"孝道"文化的几点内涵之比较 [J]. 山西青年，2019（15）：294.

人的年龄与家庭经济条件等情况适当地减轻或免除其赋税徭役。

在社会福利方面。历代朝廷为了让老年人享受更多的社会关怀，宣扬"以孝治天下"的理念，同时为了让孝子贤孙成为社会的典型模范、引领关爱长者的社会风气，制定了一系列的社会福利政策，例如"举孝廉"制度、"官员终养"制度。

在礼仪风俗方面。"所谓平天下在治其国者：上老老而民兴孝，上长长而民兴悌"，平定天下的关键在于治理国家的人，在上位的人尊敬老人，老百姓就会孝顺自己的父母；在上位的人尊重长辈，老百姓就会尊重自己的兄长。因此，中国历代朝廷注重运用"养老于学校""乡饮酒礼"等各类敬老和养老的礼仪风俗来实现教化民众的目的。

（2）"民本""仁政""大同"等理念指导着我国古代养老实践

《尚书》曰："民惟邦本，本固邦宁"，人民是国家的根本，只有人民安居乐业国家才能得到长治久安；"德惟善政，政在养民"，最好的道德是能够在政治上有所作为，而政治最重要的是能够让百姓休养生息。周文王遵从先祖之法，推行仁政，秉承"笃仁、敬老、慈少"的理念，《周礼》记载"大司徒"的职责就是"以保息六养万民：一曰慈幼，二曰养老，三曰振穷，四曰恤贫，五曰宽疾，六曰安富"。周代朝廷要求官员辨明老幼废疾之人，尊重年高德劭之人，善待鳏寡老人，由"乡大夫"具体负责"老者"免除赋役等事项，《礼记》中就有"使老有所终，壮有所用，幼有所长，鳏寡孤独废疾者皆有所养"。由此可见，"民本""仁政"和"大同"等理念深深地影响着中国古代朝廷的养老政策。孔子认为，为政者应当"因民之所利而利之"，以民意为纲，施行仁政，重视民生问题，关怀百姓。孟子继承了孔子的"仁政"思想，也提出了君主应当有"民为贵，社稷次之，君为轻""国以民为本，社稷亦为民而立"的民本思想和政治理念，进而倡导君主施行仁政以保护百姓的利益。《孟子》记载："制民之产，必使仰足以事父母，俯足以畜妻子，乐岁终身饱，凶年免于死亡。"即英明的君主要保护老百姓的产业，一定使他们上能赡养父母，下能养活妻子儿女；年成好时能丰衣足食，年成不好时也不至于饿死。

古代优秀的养老文化，对当今中国养老政策的制定和养老服务体系的建设仍然具有重要的意义。在计划经济时期，我国嵌入社会经济的养老服务机制发挥了这些优良传统的作用。在城市，老年人的养老照料责任主要由家庭成员承担；在农村，基于公有制的人民公社，依托血（亲）缘、地缘，采用集体供养的方式，向孤寡老年人提供生活照料服务。① 目前，我国绝大多数老年人依然选择居家养老的模式。根据相关调查，选择居家养老照料方式的老年人高达65%，另有31%的老年人表示希望选择社区养老的方式，仅有4%的老年人接受机构养老。② 2006年全国老龄工作会议、2011年《社会养老服务体系建设规划（2011—2015年）》以及2012年新修订的《中华人民共和国老年人权益保障法》均多次重申我国要加快建立以居家为基础、社区为依托、机构为支撑，与人口老龄化进程相适应、与经济社会发展水平相协调的社会养老服务体系。当前，我国以居家养老为主体的多层次社会化养老服务体系已基本确立。根据国家养老服务体系的规划，居家养老将解决我国约90%老年人的养老服务问题。

众多研究也显示，居家养老是国际跟踪研究发现最人道的养老方式，一些发达国家在居家养老模式方面的丰富经验可以为中国提供一些启示。

（三）典型发达国家社会养老模式对中国的启示

1. 明确养老服务主体的划分

美国、英国、日本等国家的社会养老服务参与主体的责任分担非常明确，居家养老、社区养老以及机构养老的服务供给高度市场化，各种营利性和非营利性组织以及志愿者等扮演着养老服务直接供给角色。尽管政府没有直接参与养老服务的供给、组织和服务，但是在制定法律法规、制定标准、审核监督、资金支持、对养老服务供给主体的监管等方面承担主要责任。③ 在美国，养老院、护理院、康复院以及医疗机构等众多养老机构，不仅提供了满足老年人所需要的多方面的养老服务，还有力地推动了养老服务体系的发展。在英国，大部分的居家养老服务由营利组织提供，政府通过服务外包的方式向营利组织购买养老服务。④ 同时，随着市场化的改革，养老院也逐渐转向营利组织所有，政府和非营利组织只占有一小部分。由此可知，英国政府并不是养老服务的直接供给者，其角色仅仅是法规政策制定者、服务购买者和监督者。⑤ 在日本，政府仅仅承担制定养老

---

① 郑功成. 中国社会福利的现状与发展取向[J]. 中国人民大学学报, 2013, 27 (2)：1-10.
② 张洋. 我国社会养老服务体系完善研究[D]. 长春：东北师范大学, 2016.
③ 孙碧竹. 我国社会养老服务体系发展研究[D]. 长春：吉林大学, 2019.
④ 李长远. 社区居家养老服务的国际经验借鉴[J]. 重庆社会科学, 2014 (11)：21-27.
⑤ 孙碧竹. 我国社会养老服务体系发展研究[D]. 长春：吉林大学, 2019.

服务政策法规、监管养老服务机构、提供养老服务资金资助以及培养养老服务人才等责任,而养老服务的提供则由营利和非营利组织、企业以及家庭共同负责。

结合以上发达国家的养老服务主体划分的经验,我国养老服务也须进一步明晰各服务主体的功能划分、职责定位,只有保证分工合理,才能确保养老服务供给主体各司其职,促进我国养老服务体系的健康发展。通常而言,养老服务需求可以分为三类层次:基础型养老生存需求、普遍型养老需求和奢侈型养老需求。① 当社会养老机构无法满足基础型的养老生存需求时,政府有义务通过兴建公办福利院、购买养老服务以及提供养老补贴等方式,为生存困难的老年人提供无偿的服务,满足其基本的养老生存需求。对于老年人的普遍型需求,政府承担有限的责任,主要通过政府购买养老服务以及国家财政补贴等方式满足老年人的养老服务需求。对于老年人的奢侈型需求,政府就无须承担相应的责任,而是转由社会营利组织提供相应的养老服务。

2. 完善相应的养老法律法规体系

发达国家在老年福利事业发展过程中基本上都是立法先行,甚至每一次制度的调整和改革都是先制定法律,再组织实施,通过颁布一系列老年人福利法律制度,确立老年人福利服务制度的法治地位,使政策的具体实施有章可循、有法可依。② 美国的养老制度始终建立在法制的基础之上,从1935年开始,美国联邦政府就相继出台了《社会保障法》《美国老年人法》《老年人社区服务就业法》《补充保障收入法案》《医疗照顾保险法案》《食品券法案》等一系列与老年人生活密切相关的社会福利法案,将老年人的收入、健康、服务、居住、学习、娱乐等均纳入法制管理范围,为老人构建起较为完善的社会安全网。③ 发达国家的经验表明,虽然市场经济下不提倡政府直接提供或经营社会服务,但是这并不意味着政府的社会职能可以被削弱、养老财政支出可以被减少,如果立法不到位,政府的养老政策制度就难以被实施。同时,发达国家尤其重视老年人精神慰藉、老年监护、长期护理保险、社会照料、老年就业以及国家支持家庭养老等

---

① 孙碧竹. 我国社会养老服务体系发展研究[D]. 长春:吉林大学,2019.
② 张洋. 我国社会养老服务体系完善研究[D]. 长春:东北师范大学,2016.
③ 吕永久. 浅析美国养老制度及对我国的启示[J]. 中国老年保健医学,2011,9(3):94-95.

方面制度的健全与完善。① 我国也应该重视养老法律制度在这些方面的完善。

3. 建立专业的服务输送渠道

由于我国老年人口数量庞大、老龄化程度与经济发展之间的不平衡，加之受中国传统孝文化的影响，我国一开始便确立了社会养老服务体系要以居家养老服务为基础的建设方向。然而，正如前文所言，传统的居家养老服务存在供需双方信息交流不畅的问题，老年人的需求无法及时有效地传递出去，社区服务中心不能对老年人的需求立即做出反应，造成居家养老服务供给滞后的缺陷，因此专业的服务输送渠道对于提高居家养老服务的质量至关重要，在这一方面我国可以借鉴发达国家的养老服务经验，把居家养老模式打造成社区居家养老模式。首先，在养老条件相对完善的城市社区，充分利用现有的社区网络，培育养老助老社会组织，建立多元合作关系，拓宽服务输送渠道，助推社区养老服务的发展。其次，将科学技术加入社区养老服务供给，充分利用现代化信息技术，依托专业机构建立社区信息平台，更加快速便捷地满足老年人的养老需求。最后，养老服务的高效输送依赖于专业化的服务人才队伍，发达国家将大量的人力、物力、财力投入专业化养老服务人员的队伍建设，其养老服务人员不仅要接受专业训练，还要通过严格的资格审查和认定。尤其在德国，养老服务人员的培训费用高达运营费用的80%。② 再如，日本政府高度重视社会福利服务人才队伍建设，大力推行社会福利士、护理福利士等相关的职业资格证书制度，从事高龄者福利工作的人员都需要通过系统的专业学习并取得一定的技术资格。荷兰的社会福利机构实行严格的持证上岗制度，教育培训的教学大纲和教材实行全国统一，职业学校对学员的鉴定还包括责任心、敬业态度、自我情绪控制、对隐私的尊重等职业精神。③ 为确保我国老年人福利服务的可持续性，满足高龄、独居老人等的家政服务与护理保健等需求，我国必须尽快建立专业化的社会工作人才队伍。

4. 对养老服务进行有效监督与专业评估

专业且严格的养老机构监管机制以及老年人需求评估机制，能够保障

---

① 张洋. 我国社会养老服务体系完善研究［D］. 长春：东北师范大学，2016.
② 孙碧竹. 我国社会养老服务体系发展研究［D］. 长春：吉林大学，2019.
③ 张洋. 我国社会养老服务体系完善研究［D］. 长春：东北师范大学，2016.

养老服务从提供到输送到使用的整个过程的有效与公平。英国颁布的《国家黄金标准框架》将养老服务标准详细化、具体化，同时有专门负责评估、监督和管理养老服务机构的第三方组织。第三方组织能够从客观的角度对养老机构进行监督与评估，从而使监管更公正、评估更公平，有效地将养老需求与供给合理对接。然而，我国的社会养老服务体系发展较晚，其在建设过程中的监管多依靠政府的职能部门，缺少能够承担评估、监管等职能的第三方机构，以至于缺失对养老服务机构的评估、人才的评估以及老年人身体状况的评估，监督与管理方面也未形成一个较为完善的体系。[1] 所以，我国应积极推进第三方机构的建立与完善，以对养老服务机构进行专业评估和有效监管。

第二节　中国家庭养老事业

当前，我国已步入人口老龄化的快速发展时期，如何让越来越多的老年人安度晚年已成为摆在社会面前的重大课题。现阶段，我国主要有家庭养老、社区养老和专业化的机构养老这三种模式，其中家庭养老模式在我国已经有了几千年的历史。

在儒家文化和血亲观念浓厚的传统中国，家庭承担着主要的养老责任，家庭养老一直是最主要的养老方式。时至今日，中国养老事业的发展同样离不开家庭，但随着社会生产方式、人口结构和思想观念的转变，家庭作为社会的基本单元也发生了一系列变化，家庭结构日趋小型化、家庭代际联系日益松散，家庭伦理观念日趋淡漠，家庭养老功能逐渐弱化，传统的家庭养老方式受到了前所未有的挑战。在人口老龄化程度加剧的背景下，家庭是否依然能够承担起养老的责任，家庭应该如何承担养老责任，都成为社会的重要议题。

一、家庭养老的概念界定

家庭养老，是以血缘关系为纽带，依靠家庭成员负担赡养老人义务的一种养老方式，也是我国古代养老的主要方式。《诗经·小雅》言："父兮

---

[1] 孙碧竹. 我国社会养老服务体系发展研究 [D]. 长春：吉林大学，2019.

生我，母兮鞠我。抚我畜我，长我育我，顾我复我，出入腹我。欲报之德。昊天罔极！"其中阐述的"亲亲"之情构成了家庭养老的亲缘纽带。随着人类自我意识觉醒，古人的崇拜对象由神明变为了血脉相连的祖先①，奠定了家庭养老的稳固基础。在我国几千年的传统社会中，家庭作为基本的经济单位和相对稳定的社会单位，承担了生产、生活、生育、教育以及保护家庭成员的重要职能。作为家庭的精神核心，老年人对维护家庭的稳定起着重要的作用，家庭的稳定是实现国家稳定的前提条件。因此，在中国传统社会中，家庭也必然要承担起保护老人、赡养老人的责任。

家庭养老的内容主要包括：第一，经济保障。在传统农业社会中，除少部分退休官吏享有朝廷给予的俸禄外，绝大多数老人都需要依靠家庭成员的供养才能维系生活，供养的收入主要来源于农业生产。第二，生活照料。子女应当时刻照料老人的衣食起居，对生活不能自理的老人更应不离左右，侍奉老人洗澡、换衣、喂饭。在古代，还有"侍疾"的规定，子女要亲自为父母熬药端汤、尽心侍奉。第三，精神慰藉。在古代，把父母的精神愉快与否作为子女孝顺的考量标准，"孝子之有深爱者，必有和气；有和气者，必有愉色；有愉色者，必有婉容。"子女有义务使父母精神愉快、安享晚年。②

二、中国家庭养老的社会基础

中国传统的家庭养老模式是与农业社会的特点相适应的，其产生与发展有着深刻的社会基础。③

（一）小农经济的社会形态

自给自足的小农经济，是中国传统社会形态的基本特点，在一家一户自给自足的农业小生产中，家庭承担着生产、消费、分配、储蓄、生育、抚养、赡养等诸多职能，因而在传统社会中，与社会养老和机构养老等养老模式相比，家庭养老的成本较低。家庭养老可以利用家庭中的人力资源和亲密的人际关系，进行代际的分工合作，成年子女在家庭内可以兼顾农

---

① 刘爱敏.孝道探源［J］.兰州大学学报（社会科学版），2010，38（S1）：98-101.
② 刘艳艳.社会治理新格局视野下的社区养老服务创新研究［M］.长春：吉林大学出版社，2020：60.
③ 董红亚.中国社会养老服务体系建设研究［M］.北京：中国社会科学出版社，2011：38.

业生产与老人赡养，不仅可以节约养老成本还可以提高养老效率。此外，家庭作为农业社会的基本生产单位，聚集了一个人一生的劳动成果和财富积累，到了晚年，家庭自然成为人们的生活保障。再加上农业社会变迁速度缓慢，知识技术更新速度慢，老人在农业生产技术方面比年轻人拥有更丰富的经验，因而老年人在传统社会中备受尊重，拥有较高的地位。①

（二）相对封闭的社会结构

在传统农业社会中，社会流动较少，很多人祖祖辈辈都生活在家乡，人际交往关系较为简单，社会交往的对象主要是家人、亲戚、邻里。在同质化的社会环境中，一致的道德标准、价值观念对人的行为起到很强的约束作用，一旦出现忤逆不孝的行为，家庭、宗族、邻里、村落等力量就会发挥其作用，对父母不孝者在家族、村落中很难立足。② 因而，传统社会封闭的社会结构对于家庭养老模式起着规范作用。

（三）家族主义与孝道文化的影响

中国传统的价值观是"家族本位"或"家庭本位"，个人价值体现于家族、家庭价值之中。家族在传统社会中处于国家和家庭的中间层次，可以制订家族内带有普遍性和强制性的规范，进而约束家族内成员的行为，家族主义为传统养老文化和家庭养老模式提供了组织保障。③

三、古代家庭养老事业的发展

由于家庭养老是一种主要依靠具有血缘关系的亲属负担的养老方式，我国早就有"养儿防老、积谷防饥"的说法，即在我国传统观念中，赡养父母是子女无论何时何地都不可推脱的责任和义务。同时，儿子是家庭养老的主要负担者④，"养儿防老"的理念根深蒂固。宋代曾有人更直白地表明了生子的养老作用："父之所以生子者，为其生能养己，死能葬己也。"唐宋法律也明文规定："诸鳏寡孤独贫穷老疾，不能自存者，令近亲

---

① 刘艳艳. 社会治理新格局视野下的社区养老服务创新研究 [M]. 长春：吉林大学出版社，2020：61.
② 刘艳艳. 社会治理新格局视野下的社区养老服务创新研究 [M]. 长春：吉林大学出版社，2020：61-62.
③ 任德新，楚永生. 伦理文化变迁与传统家庭养老模式的嬗变创新 [J]. 江苏社会科学，2014（5）：11-16.
④ 任丽丽. 唐宋时期的养老问题 [D]. 石家庄：河北师范大学，2011.

收养，若无近亲，付乡里安恤。"① 也就是说，对于"鳏寡孤独贫穷老疾"这类不能独自生存的人，近亲应当主动承担养老责任，在没有近亲的情况下，应当由比较远的亲属承担赡养义务。除了儿子需要承担赡养老人的责任以外，古代家庭中承担养老义务的对象是比较广泛的，其一就是依靠女儿养老。《新唐书·列女传》描述：汴女李者，年八岁父亡，殡於堂十年，朝夕临。及笄，母欲嫁之，断发，丐终养。"②《旧唐书·列女传》亦记载出嫁女夏侯氏为了侍奉失明的父亲，与丈夫绝离，"以终侍养"，同时"兼事后母"③。其二就是依靠兄弟姊妹养老。《旧唐书》记载，裴守真不仅好好地侍奉母亲，而且"复事寡姊及兄甚谨"④。据《隋唐嘉话》记载，英公李勣"其姊病，必亲为粥"。其三就是依靠继子或养子养老。例如《吴再昌养男契》描述："百姓吴再昌……孤独一身，更无子息，忽至老头，无人侍养。所以五亲商量，养外甥某专甲男。"吴再昌因年老"无人侍养"，所以特意收养了亲外甥为嗣，从而防止年老无人赡养的问题。从而可知，无论是儿子还是女儿，抑或是继子、养子，都应当不遗余力地承担起家庭养老的责任。

在历代王朝中，唐朝是较为重视家庭养老的朝代，子女对于父母的赡养通常表现为事亲笃孝，在父母有疾之时，精心赡养和侍奉父母。唐朝著名宰相房玄龄的父亲生病，"父病绵历十旬，玄龄尽心药膳，未尝解衣交睫。父终，酳饮不入口者五日"⑤。其父亲去世后，房玄龄继续孝顺继母，"事继母，能以色养，恭谨过人。其母病，请医人至门，必迎拜垂泣"。武功人元让，不到二十岁就考中明经，因母亲有病，所以不求为官，"躬亲药膳，承侍致养，不出闾里者数十余年"。

中国历代王朝还通过立法的方式，对家庭养老予以保护，例如《唐律疏议》详细地记载了唐朝保护家庭养老的规定，不仅有效保障了老人的合法权益，还为惩罚子孙的不孝行为提供法律依据，从而保障家庭养老的顺利实施。

---

① 仁井田陞. 唐令拾遗 [M]. 栗劲，霍存福，王占通等编译. 长春：长春出版社. 1989：165.
② 欧阳修，宋祁. 新唐书 [M]. 北京：中华书局，1975：5821.
③ 刘昫，等. 旧唐书 [M]. 北京：中华书局，1975：5143.
④ 刘昫，等. 旧唐书 [M]. 北京：中华书局，1975：4924.
⑤ 刘昫，等. 旧唐书 [M]. 北京：中华书局，1975：2459.

四、现代家庭养老模式面临的挑战

（一）工业化使得传统家庭养老模式失去了赖以生存的经济基础

马克思、恩格斯曾指出："生产力与生产关系、经济基础与上层建筑的矛盾运动推动了社会形态的发展"，实质上，家庭结构的变迁也是由以上两对矛盾运动所决定的。传统农业社会中，土地是最基本的生产资料，家庭是最基本的生产单位和生活单位，家长掌握着家庭的生产资料和生活资料，从而子孙后代的生产生活需要依赖父母家长。不仅如此，农业生产是一种极其需要生产经验和生产智慧的工作，而老年人比年轻人积累了更多的生产经验和生活阅历，从而受到子女的尊敬与钦佩。所以，子女对父母长辈的"孝"既是来源于人类的自然天性，来源于对父母的感恩，又是源自社会、经济生活的基本要求。而统治者更是将孝道伦理同政治伦理相结合，提出"以孝治天下"的治国理念，为家庭养老打下了坚实的社会基础。①

然而，随着传统农业社会向现代工业社会乃至后工业社会转型，打破了传统农业社会自给自足的小农生产模式，打破了传统农业社会结构的封闭性，生产分工的发展又改变了人们的生活方式和谋生手段，弱化了人们对农业生产和家庭的依赖性。因此，大量的农村劳动力远离父母背井离乡进城打工，"代际分离"已成为现代工业社会的普遍现象。常年的异地工作不仅使得子女普遍缺少时间和精力照顾父母，还使得父母与子女之间的亲情关系逐渐变得冷淡，传统孝道的形式和经济制约作用逐渐衰弱。改革开放以来，市场经济效益与利益至上的观念对传统的孝道理念产生巨大的冲击，使得传统"孝"文化对子女养老义务的约束作用进一步削弱，导致子女不孝行为频繁发生，家族主义日渐衰落，邻里关系也日益冷漠，传统家庭养老模式的坚实基础开始动摇。②

（二）家庭结构变化使得家庭养老功能逐渐弱化

我国的家庭结构随着改革开放以来社会经济的转型而发生着变化。根据《中国统计年鉴》的资料，中国每户家庭人口数量1953年为4.33人，

---

① 程昱. 孝道视角下中国家庭养老问题及对策研究［D］. 大连：辽宁师范大学，2018.
② 刘艳艳. 社会治理新格局视野下的社区养老服务创新研究［M］. 长春：吉林大学出版社，2020：63.

1964年为4.43人，1982年为4.41人，20世纪90年代以后就下降到了4人以下，1990年为3.96人，2000年为3.44人，2010年更是降到3.10人，与第五次人口普查相比户均数降幅高达百分之十。家庭结构呈现出小型化、简易化的趋势。家庭结构的变化可能带来两个后果：一是削弱了家庭养老的能力。在"4-2-1"结构的家庭中，一双夫妻可能要同时赡养4至8位老人，增大了子女的养老负担，削弱了家庭养老的能力。同时，在社会转型的背景下，大量子女纷纷背井离乡，外出打工，导致外出务工子女的养老时间和精力普遍不足，难以对留守的老人进行日常照料；二是导致大量隔代家庭与"空巢"家庭出现，家庭成员之间的情感交流逐渐减少。[1]

城市化的发展与人口流动速度的加快，都促进空巢家庭的迅速形成。目前，在农村乡镇之中，空巢老人数量已达四千万，约占农村老年人的37%，而在福建、浙江、上海等大中城市，空巢家庭所占比率更是高达70%以上。空巢家庭的快速增加，不仅使得老人难以感受到家庭的温暖，同时也让子女难以及时了解到父母精神和情绪的变化，子女与父母之间的情感交流越来越少。

（三）现代化进一步动摇了传统家庭养老模式的基础

随着国际化、城市化、信息化的推进，传统家庭格局、居住生活方式和家庭伦理价值观都发生了巨大的变化，进一步动摇了传统家庭养老模式的基础。

首先，在家庭格局和生活方式方面。在中国古代社会，人们的生产生活极容易受到外界威胁，因此人们为了生存通常以血缘家族为单位聚族而居，形成复合式的家庭结构，以长为尊、相互扶持、养老育幼，成年子女自然应当承担家庭责任。然而，随着中国改革开放的深入发展、计划生育政策的实行、现代教育的兴起、西方价值观的冲击等导致：一方面，家庭结构小型化复合式家庭分散，许多子女与老年人异地生活，这种空间的阻隔无形之中增加了子女践行孝道的经济成本；另一方面，受到西方价值观和现代家庭婚姻观念的影响，许多家庭少子化和无子化的倾向越来越明显，尤其是在一些独生子女家庭中，家长对孩子的溺爱忽视了对其孝道伦理意识的培养，还有部分"丁克"夫妻要过所谓不被打扰的家庭生活，无

---

[1] 程昱. 孝道视角下中国家庭养老问题及对策研究［D］. 大连：辽宁师范大学，2018.

形之中摒弃了维系家庭养老模式的传承主体。①

其次，在家庭伦理价值观方面。中国传统社会是以"父子、君臣、夫妻、长幼、朋友"等人伦关系为基础的社会，传统社会的教育通过私学、官学、家训族规、风俗习惯等方式进行教化，从理论到实践、从思想动机到行为目的无不体现了核心价值观的实质即孝道，传统社会更是将家庭中的孝道教育放在了重要地位。孝悌之上尽几分心，便得几分学，家训族规将繁杂的伦理道德体系分化为多条细致入微的行为准则。这些行为准则，于不动声色之中一点一滴融入家庭成员的生活习惯，成为孝道教育传播的重要载体。② 然而，社会变迁使家庭伦理和代际关系发生变化。在社会层面，家族主义、家庭本位的价值观逐渐被个人主义价值观所取代；在家庭层面，家庭内部的代际关系由以父辈为中心向以下一代为中心转变，纵向的亲子关系被横向的夫妻关系所取代，"父为子纲"的伦理观念被抛弃，代际关系趋向平等③，从而使得家长在家庭中的权威地位以及家长对子女的约束能力大大下降，在某种意义上丢失了中国传统孝道文化值得传承的精髓。

第三节 中国机构养老事业

长期以来，我国社会普遍接受的是以"家庭养老"为核心的养老模式。但是，伴随"4-2-1"家庭结构的普遍出现、家庭劳动力人口的普遍减少与传统家庭养老模式的改变，子女赡养老人的负担不断加重，老人的日常照护需求产生巨大缺口，老年人高龄化、失能化、"空巢"化现象越来越普遍，给我国养老服务带来巨大压力。在家庭养老功能不断弱化、养老社会化进程有序推进的背景下，机构养老成为越来越多老年人的养老选择。

尽管我国养老服务机构无论在数量还是规模上均呈现出较快发展的趋势，但是养老机构服务能力不足的问题开始逐渐显现。一方面，养老机构

---

① 程昱. 孝道视角下中国家庭养老问题及对策研究［D］. 大连：辽宁师范大学，2018.
② 程昱. 孝道视角下中国家庭养老问题及对策研究［D］. 大连：辽宁师范大学，2018.
③ 刘艳艳. 社会治理新格局视野下的社区养老服务创新研究［M］. 长春：吉林大学出版社，2020：64.

床位数量不足，难以满足老年人的社会养老服务需求。截至2018年年底，我国有超过1.8亿老年人患有慢性病，患有一种及以上慢性病的比例高达75%，失能、部分失能老年人约4000万。然而，截至2018年年底，全国各类型养老服务机构近3万个，各类养老床位仅有746.4万张，养老机构床位也仅有392.8万张，养老机构床位缺口巨大。另一方面，我国养老机构服务质量普遍较低，不足以吸引有需求的老人年入住。当前养老机构存在着入住率较低、养老服务内容单一、养老服务意识不强、养老服务技能参差不齐等问题。因此，我国养老机构面临着前所未有的发展机遇的同时，也面临着巨大的挑战。

一、机构养老的概念界定

机构养老，是以社会机构为养老地，以老年人或者亲人自筹以及国家财政资助为主要经济来源，由社会福利院、养老院、敬老院等专业养老机构为老年人提供无偿或有偿的物质生活照料和精神陪伴与慰藉，从而让老年人有一个快乐晚年时光的一种养老方式。机构养老的概念着重强调以下三个方面：一是养老场所，机构养老模式的养老地点为各种养老机构，老年人需要离开原来的居住场所，以群体集中居住的方式迁移到新的场所；二是养老资源，机构养老可以集中资源，根据老年人的特点和需求，提供针对性服务；三是养老人员，机构养老不再以亲情为依托，承担养老照料责任的不是亲人而是专业的机构工作人员。

20世纪90年代之前，我国的养老机构指的是社会福利院、敬老院，它们属于社会福利机构。90年代中期以后，政府加大投入并颁布《关于加快实现社会福利社会化的意见》《关于加快发展养老服务业的若干意见》等政策文件，积极鼓励社会力量介入、开办各类养老机构，养老机构获得了较快发展，形式也趋向于多样化，出现了老年公寓、养老院、老年护理院等多种类型。[①] 具体而言，我国养老机构可以从如下角度进行分类。

首先，从机构所有制来看，养老机构可划分为公办养老机构、民办养老机构和公办民营性质的养老机构。公办养老机构又可分为国办、市办、社区街道办等，其服务对象一般为"三无"老人、"五保"等孤寡老人或

---

① 董红亚. 中国社会养老服务体系建设研究［M］. 北京：中国社会科学出版社，2011：103.

低于最低生活保障线的贫困老人,通常提供的是无偿或抵偿性的服务,而民办养老机构可分为企业办、个人办等。

其次,从接受老人的类型来看,养老机构可划分为只接收生活自理老人的养老机构、只接收失能老人或半失能老人的养老机构,以及二者兼收的养老机构。

最后,根据服务对象、服务内容等综合标准,我国养老机构包括托老所、老年公寓、老年护理院、敬老院、老年福利院和养老院。[①]

与社区养老和居家养老相比,机构养老更加具有社会化服务和专业化服务等优势。机构养老的主要特点如下。

第一,公益性。由于机构养老本身就具有社会化服务的定位,尽管养老机构包括营利性和非营利性的,但总体还是趋向于公益性质。从小的方面而言,人的一生都在为自己的小家奉献;而从大的方面而言,一个人在退休前不断为社会、国家贡献自己的力量,那么退休以后理应享受来自儿女和国家的照顾而安度晚年。另外,对于部分城市以及大部分农村地区,许多养老机构都在无偿或低收费提供养老服务,这无疑是一种公益性的体现。[②]

第二,服务性。"服务性"要求做到三个方面:"全人""全员"以及"全程"服务。在老年人住进养老机构以后,其衣食住行等基本生活需求必须得到保障,同时还要能够得到相应的医疗卫生保障、心理健康保障等"全人"服务。要想达到"全人"服务,自然少不了机构全体工作人员的共同努力,那么整个养老机构以及员工都秉持同一个目标,即为"全员"服务。对于进入养老机构的老人,他们很多都以此地作为人生的终点站,那么工作人员就应当有充足的心理以及行动准备,陪伴老人走完余生,即为"全程"服务。[③]

第三,竞争性。在机构养老日益趋向社会化的同时,如何使养老机构有效地满足老年人的养老需求、如何提升养老机构的服务水平成为不得不考虑的问题,引入竞争机制是提升养老机构服务专业化程度最有效的途径

---

① 全国社会工作者职业水平考试教材编写组. 社会工作实务(中级)[M]. 北京:中国社会出版社,2018:147.
② 谢丹. 哈尔滨市机构养老问题研究[D]. 长春:吉林大学,2017.
③ 谢丹. 哈尔滨市机构养老问题研究[D]. 长春:吉林大学,2017.

之一。目前,越来越多的民间资本进入了机构养老领域,竞争日益加剧。①

二、中国机构养老事业的发展概况

(一)新中国成立初期至改革开放前的公办机构养老模式

中国机构养老事业从古代就开始了,在第一章的养老服务机构部分已经论及,因此从新中国成立初期的机构养老模式开始论述。新中国成立初期,新生政权通过接管和改造国民政府遗留下来的救济院、劳动习艺所和教会办的旧慈善团体及救济机构,相继在城市地区创办了大批的救济福利事业单位,旨在解决社会上流离失所、无依无靠等各类人员的安置问题,对他们进行救济、教育和劳动改造,这类机构在当时被称为"生产教养院"。后来,生产教养院的收容对象逐渐明确为无依无靠的孤老残幼,工作内容也从改造和教育为主转向救济和教育为主,机构名称也逐步演变为养老院、儿童福利院、精神患者疗养院等。② 据统计,1949年至1955年间,全国成立了大批的养老院和生产教养院,收养了数以万计的"三无"老人。仅1956年收养安置的老人就达53万人。同时,1959年国家为了使养老机构的名称更符合福利救济的性质,去除了福利经济事业单位名称中的"教养"二字,统一称为社会福利院或养老院。到1959年,全国社会福利院或养老院达到379个,收养安置近6.5万老人;到1964年,全国社会福利院和养老院的数量达到了733个,收养老人接近7.9万人。③

由于中国城乡的二元结构,最初大部分的福利院建在城市地区,而我国大部分的孤老人口都集中分布在农村地区,为此,农村地区在实行"五保"供养制度之后也开始试办养老院。④ 1951年,国家内务部在全国推广南阳市唐河县通过自愿联合安置孤老残幼的办法,开启了农村敬老院的先河。唐河县按照双方自愿、先近后远、先亲后邻的原则,安置孤老残幼。被安置者将房屋、土地和财产带到安置者家中,统一经营和管理使用,由安置者负责被安置者的生养死葬,被安置者死后的遗产由安置者继承。唐河县的经验做法在全国推广后,到1953年,全国有50多万孤老残幼得到

---

① 谢丹. 哈尔滨市机构养老问题研究 [D]. 长春:吉林大学,2017.
② 刘艳艳. 社会治理新格局视野下的社区养老服务创新研究 [M]. 长春:吉林大学出版社,2020:67-68.
③ 孙炳耀,常宗虎. 中国社会福利概论 [M]. 北京:中国社会出版社,2002:234-241.
④ 王昆. 我国机构养老的模式转换研究 [D]. 长春:吉林大学,2008.

安置，保障了他们的生活。1956年年初，齐齐哈尔市拜泉县兴华乡办起了全国第一所敬老院，供养11位五保对象，之后，全国其他地方也开始陆续兴办敬老院。据统计，到1958年年底，全国共办起敬老院15万多所，收养300余万五保对象。尤其是到了20世纪50年代末，抗美援朝战争结束后，全国出现了大批的孤老军烈属，为了解决这些孤老军烈属的养老问题，政府又在全国范围内兴建了将近400多所烈属养老院。截至1964年，全国共办烈属养老院1496所，住院孤老军烈属达2.9万余人。①

然而，到了20世纪60年代，由于自然灾害频繁发生以及"文革"的影响，我国的养老事业受到了极大的冲击，许多社会福利院和养老院的工作都停滞不前，甚至一些福利院和养老院面临解散。截至1978年年底，全国的敬老院数量仅剩7175所，在院五保对象数量仅剩10余万人。②

在新中国建立至改革开放前这一时期内，中国的机构养老事业采用的是单一的公办模式，所有的福利院、养老院和敬老院的经费开支均由国家财政全额拨付，而这些养老机构的工作人员都属于事业单位编制，主要任务在于收养社会上的"三无"老人，最大限度地提高这些弱势老年群体的生活质量，因此，这类型的养老机构属于"收养"型的养老机构，是计划经济体制的产物，其最大的优势在于政府能够利用强有力的政治手段对社会福利资源进行统分统配，在生产力水平和经济发展水平较为低下的条件下能够较快速地将社会福利资源配置给所需之人，但其最大的缺陷在于养老机构公共费用增加，行政人员冗杂，行政效率低下，经营成本居高不下。③ 但总的来说，新中国成立初期至改革开放前这一段时期的养老事业，为日后机构养老模式的发展打下了坚实的基础。

(二) 改革开放前期公私并举的机构养老模式

改革开放初期，由国家承办的养老机构主要有两种形式：第一种是城市里的公办养老机构，这些公办养老机构基本都是我国20世纪50年代延续下来的福利院、养老院和敬老院等养老机构。这些养老机构的主要特点是创办的历史比较悠久，具有较为丰富的管理经验和专业化水平，此外，他们的经费大多来源于稳定的财政收入，还能享受一定程度的补助，因此

---

① 全根先. 中国民政工作全书 [M]. 北京：中国广播电视出版社，1999：1698-1700.
② 全根先. 中国民政工作全书 [M]. 北京：中国广播电视出版社，1999：1698-1700.
③ 王昆. 我国机构养老的模式转换研究 [D]. 长春：吉林大学，2008.

其硬件设施较为完善,服务收费也相对较低。但是,这些机构的工作目标往往由政府制定,收养对象也由政府指定,收养对象主要包括"三无"老人及军烈属,同时也收养一些有支付能力的老人。第二种则是农村乡镇集体开办的养老院,收养对象往往局限于"三无"老人,有能力自费的老人往往不包含在内。①

随着改革开放后市场经济快速发展,老龄化程度不断加剧,越来越多的老年人和老年人家庭都追求更高品质和个性化的养老服务,养老需求呈现出多层次、多元化特征。以政府为主导的单一机构养老模式已经难以满足老年人的养老服务需求,需要发展多样化的养老服务机构作为补充,形成覆盖范围广、高质量的养老服务体系。因此,城镇养老福利机构从计划经济体制下的国家包办包管,只收养"三无"老人转变为投资主体多样化、服务对象公众化、运行机制市场化的全新发展模式。②

第一,城镇养老机构由救济型向福利型转变。1979年11月,全国城市社会救济福利工作会议重申了福利机构的工作方针是"以养老为主,通过适当劳动、思想教育和文娱活动,使老人身心健康、心情舒畅,幸福地度过晚年"。这一原则随后被概括为"以养为主""供养与康复并重"。③

第二,城镇养老机构开始出现了社会福利社会化的过程。1984年,民政部在漳州召开的全国城市社会福利事业单位整顿经验交流会,提出坚持社会福利社会办的方向,面向社会多渠道、多层次、多形式地举办各种社会福利事业。1998年3月,为加快社会福利社会化的工作,民政部选择了13个城市进行试点。随后,国务院办公厅转发民政部等11个部门《关于加快实现社会福利社会化的意见》。社会福利社会化改变了福利机构的投资主体和管理运营格局,也就是说,除政府外,社会、个人都可参与兴办福利机构,出现了"公办民营""民办公助"等多种运营方式④,其优势在于打破了以行政命令为导向的传统运营模式,采用市场化的经营管理方

---

① 王昆. 我国机构养老的模式转换研究 [D]. 长春:吉林大学,2008.
② 董红亚. 中国社会养老服务体系建设研究 [M]. 北京:中国社会科学出版社,2011:57.
③ 刘艳艳. 社会治理新格局视野下的社区养老服务创新研究 [M]. 长春:吉林大学出版社,2020:68.
④ 刘艳艳. 社会治理新格局视野下的社区养老服务创新研究 [M]. 长春:吉林大学出版社,2020:68.

式，具有较高的服务效率、更为专业化的服务水平与更低的经营成本。社会化养老机构在保证原来服务宗旨的同时，由过去的主要面向"三无"老人提供无偿服务转变为面向有支付能力的老人提供有偿服务，即由"收养"型向"收费"型转变，主要表现为入住主体多样化、资金来源多样化、经营主体多元化、养老服务多样化和专业化。

第三，城镇养老机构的服务对象逐渐拓展。1979 年，在收养 20 世纪"三无"老人的同时，养老福利机构向社会孤老职工开放，开展自费收养。20 世纪 80 年代中期以后，这一进程大大加快，养老福利机构的服务对象扩展到了有需求的社会普通老人。① 截至 2010 年年底，全国共有城市养老服务机构 5413 个，床位 56.7 万张，年末收养老年人 36.3 万人。②

与此同时，改革开放后农村的养老机构也得到了快速的发展。

第一，农村养老机构确立了"依靠集体，文明办院，民主管理，养老敬老"的办院方针，坚持"入院自愿，出院自由"的方针。

第二，农村养老机构推动多层次办院，使五保老人就近入院。政府倡导社会各界参与敬老院建设，开展多层次办院，以实现乡乡镇镇有敬老院的目标。1988 年 7 月，民政部发出《关于支持和表彰个人办敬老院的决定》，并表彰 19 位义办敬老院的个人。1994 年，全国新建、扩建敬老院 3900 所，社会各界投入资金 4.8 亿元。截至 1994 年年底，全国共有敬老院 40509 所，收养五保对象 578323 人，有 1131 个县市实现了乡乡镇镇有敬老院的目标。③ 2006 年 7 月，民政部印发《关于农村五保供养服务机构建设的指导意见》，要求各级政府把五保供养机构建设纳入当地经济社会发展规划，一个乡镇建一所养老院，以满足五保对象集中供养需要。

第三，农村养老机构管理逐渐规范化。1997 年 3 月，民政部印发《农村敬老院管理暂行办法》，对敬老院性质、管理主体、资金渠道、院务管理、财务管理、生产经营、工作人员的选用、政策扶持等作出明确规定。2007 年，国务院颁布《农村五保供养工作条例》，进一步明确了农村五保

---

① 刘艳艳. 社会治理新格局视野下的社区养老服务创新研究 [M]. 长春：吉林大学出版社，2020：68.
② 董红亚. 中国社会养老服务体系建设研究 [M]. 北京：中国社会科学出版社，2011：56.
③ 董红亚. 中国社会养老服务体系建设研究 [M]. 北京：中国社会科学出版社，2011：59.

供养服务机构的具体职能和服务要求。

第四，农村养老机构拓展了服务对象。1989 年，全国有 1675 个敬老院开展自费收养，收养老年人 9000 多人，占收养老人总数的 2%左右。2000 年后，各地敬老院进一步对外开放，在完善基础设施的基础上开始为所有社会老人提供服务。①

（三）中国机构养老模式的现状

1. 机构养老政策现状

自"十三五"以来，从中央到地方都意识到养老问题的紧迫性，从而纷纷出台多项养老政策，加大对养老服务的引导和支持力度。2017 年，国务院发布《"十三五"国家老龄事业发展和养老体系建设规划》（以下简称《规划》）指出：以居家为基础、社区为依托、机构为补充、医养相结合的养老服务体系初步形成，养老床位数量达到 672.7 万张。同时，《规划》提出要对民间资本和社会力量申请兴办养老机构进一步放宽准入条件，加强开办支持和服务指导，落实好对民办养老机构的投融资、税费、土地、人才等扶持政策，鼓励采取特许经营、政府购买服务、政府和社会资本合作等方式支持社会力量举办养老机构。② 2017 年 8 月 21 日，财政部、民政部、人社部联合发布《关于运用政府和社会资本合作模式支持养老服务业发展的实施意见》，要求地方政府运用授权经营、资本金注入、土地入股、运营补贴、投资补助等方式对养老项目进行支持，允许社会资本投资建设养老机构和设施。2019 年 12 月，国家卫健委等部门发布了《关于印发医养结合机构服务指南（试行）的通知》，要求提高我国医养结合机构服务质量，规范医养结合机构服务内容等有关措施。2019 年 12 月，民政部发布了《关于加快建立全国统一养老机构等级评定体系的指导意见》，要求推动制订国家标准，规范评定程序，各地统筹实施本行政区域养老机构等级评定工作，提高我国医养结合机构服务质量，规范医养结合机构服务内容等措施。

在此背景之下，各地政府纷纷跟进，出台政策文件鼓励、扶持各类养老机构的发展。北京市出台《北京市街道（乡镇）养老照料中心建设资助

---

① 刘艳艳. 社会治理新格局视野下的社区养老服务创新研究［M］. 长春：吉林大学出版社，2020：70.
② 中华人民共和国国务院. "十三五"国家老龄事业发展和养老体系建设规划［EB/OL］. 中国政府网，2017-03-08.

和运营管理办法》，要求 2020 年除偏远山区乡镇外，每个街道（乡镇）建设一所养老照料中心，新建和改扩建项目每新增一张床位资助 2 万元（最高 300 万元）；按设备购置费总额的 50% 予以资助，最高资助额 150 万元；放开养老服务市场，预计 2020 年民营养老床位超 50%。上海市建立形成"3-2-1"三级老年医疗护理机构布局，以护理院、护理站、养老机构设置医疗机构为三大托底，老年医学专科和区域老年医疗中心为两大支撑，上海市老年医学中心为一大引领，按照户籍老年人口数 1.5% 的标准推进老年护理床位建设，其中医疗机构和养老机构设置的老年护理床位各占 0.75%。福建省发布《福建省加快推进健康与养老服务工程建设行动计划（2015—2020 年）》，确定 2017 年度健康与养老服务工程重大项目 158 个，续列项目 108 个，新增项目 50 个，总投资 543.5 亿元。[1]

但是，目前我国机构养老政策仍存在着滞后性问题，即一些问题在机构养老事业的发展过程中已经出现，而相应的养老政策却还未制定。例如，在民办养老机构土地性质转变方面，尚未规定由房地产开发用地改为养老机构用地的土地，其使用性质该如何改变。在行业标准方面，缺乏养老服务中的突发事故责任认定标准，养老护理分级鉴定标准和权威机构认定普通养老院等级划分标准，除"三无"老人以外的一般老人入住公办、公办民营、民办公助等享有政府资助的养老机构的进入标准以及补贴标准。政策的滞后导致机构养老在运营中遇到的问题无法得到有效解决。

2. 养老机构、设施、床位数量现状

在一系列机构养老政策的支持与引导下，我国养老机构、设施、床位数量都在逐年快速上升。截至 2019 年年底，全国共有各类养老机构和设施 20.4 万个，养老床位合计 775.0 万张，每千名老年人拥有养老床位 30.5 张。其中：全国共有注册登记的养老机构 3.4 万个，比上年增长 19.9%，床位 438.8 万张，比上年增长 15.7%。[2]

3. 机构养老服务的供需现状

（1）机构养老服务的需求现状

随着经济快速发展，人口老龄化的程度不断加剧，社会保障制度不断

---

[1] 刘艳艳. 社会治理新格局视野下的社区养老服务创新研究 [M]. 长春：吉林大学出版社，2020：71.
[2] 中华人民共和国民政部. 2019 年民政事业发展统计公报 [EB/OL]. 中华人民共和国民政部网，2020-09-08.

完善,"养儿防老"的理念逐渐发生转变,交通以及通信技术不断提高,老人与子女的空间距离不断加大,"空巢"成为一种普遍的老年家庭模式,传统的家庭养老已经难以满足老年人的养老服务需求,从而对机构养老的需求不断加大。① 此外,养老需求也呈现出多层次性的特点。老年人的养老服务需求通常可划分为日常照料需求、医疗服务需求、精神慰藉需求,体现了由低到高的需求层次,涵盖了生理以及心理方面的养老需求。②

第一,日常照料需求。日常照料需求是基本的养老服务需求,老年人对日常照料的需求逐渐增长。对于不具有完全自理能力的老年人而言,日常照料已成为生活的一部分,具有完全自理能力的老年人同样对于日常照料有着一定的需求。由于体力衰退、记忆减弱等身体原因,部分老年人难以独自完成家务活;由于菜市场距家较远,部分老年人的饮食难以保时、保质、保量;由于身患疾病、丧失自理能力,部分老年人还需要他人提供翻身、日常清洁等服务,还需要他人协助进行户外活动以帮助其身体康复。

第二,医疗服务需求。身体健康状况成为影响老年人晚年生活质量的重要因素。由于年龄的不断增长,老年人生理机能逐渐退化,患病的风险加大,对医疗服务需求与日俱增。影响老年人健康的常见疾病有心脑血管疾病、高血压、糖尿病、骨关节疾病等,这些慢性疾病都需要日常及时预防和悉心照料,因而老年人对于定期身体检查、按摩保健、陪伴就诊、提供药品、急病救援等服务有着较大的需求。

第三,精神慰藉需求。随着收入水平的不断增长,人们愈加注重对生活质量的追求,在满足基本的生理需求之外,精神文化需求也需要被满足。③ 陈坤以济南市城区为例,对机构养老服务的需求现状进行研究,发现济南城区的老年人对机构养老服务项目的需求呈现较为集中的特点,以生活照料、健康指导、中医保健、医疗服务为主。老年人的年龄、子女数、生活自理能力、慢性病患病情况、衰弱和抑郁程度,是影响老年人机构养老服务需求的主要因素。而随着年龄增长,身体逐渐衰弱,生活自理能力下降,严重的慢性病患病还会导致心理抑郁问题,老年人的心理健康

---

① 王莉. 从城镇居民养老需求看养老供给侧改革——以临潼区为例 [J]. 法制博览, 2018 (13): 227-229.
② 兰惠. 忻州市机构养老服务研究 [D]. 太原: 山西财经大学, 2019.
③ 兰惠. 忻州市机构养老服务研究 [D]. 太原: 山西财经大学, 2019.

问题同样需要被重点关注。因此，老年人需要借助养老机构的专业服务来弥补因生活自理能力下降带来的生活内容缺失。① 张欣洁以贵阳市为例，发现老年人不仅对生活照料服务有需求，对休闲娱乐服务、医疗护理服务也有强烈的需求，尤其是高龄老人、高学历老人、身体欠佳老人、自理能力欠佳老人和单位退休老人对休闲娱乐服务的需求具有多样性、个性化和层次性，而高龄老人、患病老人、自理能力缺失老人、子女较少探望的老人，最需要精神关怀服务。②

（2）机构养老服务的供给现状

养老服务机构，在提供专业化的养老服务方面发挥了重要的作用。但是，投资主体单一、缺乏竞争机制等问题导致养老服务机构发展缓慢，从而导致了在机构养老需求不断加大的状况下，机构养老供给情况的不尽如人意，无法很好地满足老年人对机构养老服务的需求。

刘阳阳、黄颖烽等在对广州市养老机构及床位数进行统计的基础上，认为尽管广州市养老机构数量、机构床位数以及每千名老年人所拥有的床位数均处于逐年增加的趋势，但增速缓慢，专业人员严重不足，现有养老机构供给能力远不能满足需求。③ 冯佩珊、许星莹等对广州市养老机构护理人员供需现状进行了分析，认为护理人员在质和量上均处于不足状态，护理人员数量短缺、专业化程度不高、素质低，并且人才流失情况严重，无法满足老年人养老服务的需求。④ 兰惠在对忻州市养老机构服务供给现状进行研究时发现，忻州市的养老机构多以政府主办为主，民间投资的养老机构所占的比例较小，民间资本参与的养老机构严重不足。同时，除忻州市城区养老服务机构的床位数相对较多以外，其他县区的床位数量较少，难以满足县区老年人口的养老服务需求。⑤ 陈坤在对济南市城区养老机构服务供给现状进行研究时发现，养老机构服务效率普遍较低，入住率是影响养老机构服务效率的主要因素，能够提供中医保健服务、营业年限

---

① 陈坤. 老年人机构养老服务需求与养老机构服务供给现状研究——以济南市城区为例 [D]. 济南：山东大学，2020.
② 张欣洁. 贵阳市机构养老现状研究 [D]. 贵阳：贵州财经大学，2017.
③ 刘阳阳，黄颖烽，秦良玉. 广州市机构养老供给能力的现状与问题 [J]. 中国医学伦理学，2018，31（5）：614-618.
④ 冯佩珊，许星莹，罗嘉盈，等. 广州市养老机构护理员供需现状及其分析 [J]. 经济师，2015（7）：44-45.
⑤ 兰惠. 忻州市机构养老服务研究 [D]. 太原：山西财经大学，2019.

较长的养老机构入住率较高。① 张欣洁在对贵阳市城区养老机构服务供给现状进行研究时发现，贵阳市养老机构床位使用率较低，尤其是民办养老机构存在大量床位闲置、资源浪费严重的现象。例如，北京第一社会福利院是全国标杆公立养老院，仅能提供 1100 张床位，排队登记的老人一度超过 1 万人，每年轮候只能入住几十位，上海市静安区公办民营的乐宁老年福利院仅有 167 个床位，位于繁华地段、环境优美、收费合理较受欢迎，但仅对静安区户籍老人开放，即便如此，有时候轮候入住的老人仍需排队几年。民办养老机构两极分化严重，高端民办养老机构条件较好但收费高昂，收费区间在 3000~8000 元/月不等，超出了许多老人的经济承受能力，而其他多数低端民办养老机构却由于政策扶持力度弱，设施条件简陋、服务专业化水平低、发展能力较差。当前，市场上处于两端的豪华型养老机构和设施简陋的养老机构较多，真正符合大多数老年人的中档养老机构所占份额较低，呈现两头大、中间小的"哑铃形"，直接导致大量老年人的养老需求得不到有效满足。此外，城乡之间、大城市与中小城市之间的养老资源分布不均衡的现象也很严重。以上证据表明，我国机构养老服务的供给存在着数量不足和分配不均。

4. 机构养老服务质量现状

机构养老服务质量，是体现机构养老发展水平的一项重要指标，关系老年人的健康状态以及精神状况。许多学者从不同的视角对不同地区的机构养老服务质量现状进行了调查研究。欧阳盼对长沙市民办养老机构的服务质量进行研究分析，认为民办养老机构的服务质量与老年人的期望之间存在较大的差异，服务质量有待提高。② 柳薇薇以贵阳市为例，对民办养老机构进行服务质量评价，认为贵阳市民办养老机构主要在服务设施设备、服务内容、服务专业性、服务主动性以及人性化服务程度等方面存在困境。③ 张欣洁在对贵阳市机构养老现状的调查研究中，发现养老机构对老年人的生活照料服务质量较高，但在休闲娱乐、精神关怀和医疗护理服

---

① 陈坤. 老年人机构养老服务需求与养老机构服务供给现状研究——以济南市城区为例 [D]. 济南：山东大学，2020.
② 欧阳盼. 民办养老机构服务质量评价研究——以长沙市为例 [D]. 长沙：湖南师范大学，2016.
③ 柳薇薇. 民办养老机构服务质量评价研究——以贵阳市为例 [D]. 贵阳：贵州大学，2019.

务方面尚有缺陷。① 尹惠茹对城市非营利性养老机构的服务能力进行评价，认为城市非营利性养老机构在职业资质和膳食服务两个方面服务能力较好，而环境与活动场地、康复服务和文化娱乐服务是其服务的短板。② 综合以上研究人员的调查研究结果，我国不同类型、不同地区的养老机构在服务质量上都存在相似的问题，即在日常照料、物质服务方面的服务水平较高，但在医疗服务、休闲娱乐、精神服务方面的服务水平过低，总体服务质量还有待提高。

养老机构服务水平的高低是影响其发展的重要因素，相对稳定和高素质的管理人员和护理人员队伍对于提高养老机构的服务水平发挥着关键作用。然而，护理人员总量不足、周转率高、专业化不足、男性护理员少等成为当前养老机构共同面临的现实问题，养老机构专业化人才匮乏尤其是护理人员缺乏成为制约养老机构服务水平的决定性因素。

5. 普通民众对于机构养老的接受程度现状

许多学者研究发现，目前普通民众对于机构养老的接受程度依然较低，机构养老并未成为一种被广泛接受的养老方式。谢丹发现，哈尔滨市区内的机构养老床位入住率仅仅达到50%。③ 陈坤发现，济南市养老机构的入住率差异较大，公办养老机构的入住率最高且之间并无显著性差异，但是民办养老机构之间的入住率差异却十分明显。④ 李文君等研究结果显示，洛阳市养老机构出现入住率不高的情况，其中30%的养老机构入住率在50%以下，50%的养老机构入住率在50%~90%之间。高岩对上海市机构养老的需求和供给情况进行调查，结果显示：位于郊区的社会办养老机构空置状况严重，有近25%的普通床位无人问津，即便是高档养老机构的入住率也仅为75%左右。民众对于机构养老方式接受程度较低的客观因素在于目前养老机构收费较高，超出了多数老年人的经济承受能力，而主观因素则在于中国传统文化中的"孝道"理念对于当今国人仍具有较强的约束力，不孝者往往要背负着巨大的舆论压力，而将老年人送往养老院养老通常被世人看成是"不孝"或"不敬"的行为。左冬梅等人的研究也表

---

① 张欣洁. 贵阳市机构养老现状研究 [D]. 贵阳：贵州财经大学，2017.
② 尹惠茹. 城市非营利性养老机构养老服务能力评价研究 [D]. 长春：吉林大学，2017.
③ 谢丹. 哈尔滨市机构养老问题研究 [D]. 长春：吉林大学，2017.
④ 陈坤. 老年人机构养老服务需求与养老机构服务供给现状研究——以济南市城区为例 [D]. 济南：山东大学，2020.

明，认同传统孝道观念的老年人对养老机构的入住意愿仅为不认同老年人的一半甚至更低，说明传统的孝道理念在一定程度上阻碍了中国老年人选择机构养老。①

第四节　中国社区养老事业

社区养老模式结合了家庭养老和机构养老的优势，成为当前较多老年人乐意选择的养老方式。社区养老，作为一种新型养老模式在应对人口老龄化挑战、缓解严峻的养老形势方面起到越来越重要的作用。

中国社区养老，起源于20世纪80年代兴起的社区服务。社区养老能充分发挥社区地缘优势，使老年人在熟悉的社区环境中接受照料，避免孤独感；有利于整合家庭、社会中的养老资源，减轻家庭养老负担，降低养老成本。社区养老服务的内容包括日常生活照料、医疗护理、精神慰藉等方面，具体形式有社区居家养老服务、社区志愿服务、社区互助养老等。②

享受社区养老的老人，多半居住在自己家里，或至少可以选择有一部分时间居住在自己家里，所以，社区养老与家庭养老有很大的交集，也称"社区养老"为"社区居家养老"。

一、社区居家养老

在中国社区功能日趋完善的背景下，社区居家养老逐渐兴起并成为最重要的养老模式。调研数据显示，有超过90%的中国老年人选择社区居家养老方式，选择机构养老的老人不足10%。社区居家养老模式既改善了家庭养老模式人力资源不足、养老服务方式缺乏专业化的局限，同时又克服了机构养老模式缺乏人性化照料的缺陷，将家庭养老模式和社会养老模式有机结合，依托社区载体，整合社区内各种养老资源，符合中国老年人的生活习惯，是对传统养老文化的创造性转化，也是对依赖机构养老的"辩

---

① 左冬梅，李树茁，宋璐. 中国农村老年人养老院居住意愿的影响因素研究 [J]. 人口学刊，2011（1）：24-31.
② 刘艳艳. 社会治理新格局视野下的社区养老服务创新研究 [M]. 长春：吉林大学出版社，2020：87.

证的否定"。①

(一) 社区居家养老的内涵

社区居家养老是一种以居家养老为基础,以街道社区服务中心为依托,以义务服务和便民利民网点为服务资源,以上门服务和日托护理为主要形式,使居家老人获得服务的社会化养老模式。② 这一概念溯源于20世纪60年代英国的社区照顾,经过二十多年发展走向成熟并日益完善,随后受到各国认同并效仿。③ 2001年《中国社会报》刊登的《构建社区居家养老体系》第一次在国内提到"社区居家养老"这个名词,继而学者们开始探讨社区的平台作用。可以说,社区居家养老是在中国已有的居家养老模式基础上得以形成,强调社区在养老模式运行中的整合作用的一种新型居家养老模式。④

"社区居家养老"虽然来源于中国传统的家庭养老模式,但又不同于传统的家庭养老模式。随着中国老龄化程度的加剧、传统家庭养老的演变,居家养老作为提高和保障老年人生活质量的有效方式而受到了社会各界的普遍关注。⑤ "社区居家养老"更加侧重于强调社区在养老过程中的整合作用,即依托于社区平台,将社会养老资源通过社区平台整合并分配给在家养老的老年人,既体现了对传统家庭养老和社区养老功能的补充和整合,又体现了以社区为养老资源联结的平台,协同基层政府、社区和家庭的关系,向老年人提供便利和多样化的服务资源。⑥

(二) 中国社区居家养老政策的发展历程

中国社区居家养老政策经历了萌芽、启动、形成和发展四个阶段。政府的养老理念经历了由家庭养老—家庭养老和社会养老结合—以居家为基础、社区为依托、机构为补充的养老社会化服务体系的转变。社区居家养老与养老设施相结合的政策内容也经历了从社区服务供给—居住环境适老

---

① 赵静. 城市社区居家养老模式下的居住福祉研究 [D]. 济南:山东大学,2019.
② 高秀艳,王娜. 社区居家养老产业发展的"钻石模型"分析——以沈阳市为例 [J]. 社会主义研究,2007 (6):106-109.
③ 高红. 城市老年人社区居家养老的社会支持体系研究——以青岛市为例 [J]. 南京师范大学学报 (社会科学版),2011 (6):42-47.
④ 赵静. 城市社区居家养老模式下的居住福祉研究 [D]. 济南:山东大学,2019.
⑤ 赵静. 城市社区居家养老模式下的居住福祉研究 [D]. 济南:山东大学,2019.
⑥ 同春芬,张健. 居家养老概念辨析 [J]. 社会福利 (理论版),2018 (1):9-13.

化—老年宜居环境建设的提升过程,逐渐迈向全方位、多样化、智能化的老年居住福祉的发展方向。①

1. 萌芽阶段——社区服务先于居家养老服务

由于受到小农经济的社会形态、相对封闭的社会结构、家族主义与孝道文化等诸多因素的影响,家庭养老长期在中国传统社会中占主导地位,从而儿孙赡养老年人的养老理念在中国人的心中根深蒂固。这一养老理念同样在中国的法律法规中明显体现出来,例如《中华人民共和国宪法》第四十九条规定:"成年子女有赡养扶助父母的义务";《老年人权益保障法》第十四条规定:"赡养人应当履行对老年人经济上供养、生活上照料和精神上慰藉的义务,照顾老年人的特殊需要。赡养人是指老年人的子女以及其他依法负有赡养义务的人。赡养人的配偶应当协助赡养人履行赡养义务。"《民法典》第二十六条规定:"成年子女对父母负有赡养、扶助和保护的义务。"然而,自改革开放以来,社会发生了巨大的变革,工业化和现代化的速度不断加快,打破了传统农业社会结构的封闭性,改变了人们的生活方式和谋生手段,大量的农村劳动力需要远离父母背井离乡进城打工,常年的异地工作增大了子女照料父母的时间和经济成本,使得子女没有足够的时间和精力照顾父母。同时,中国社会的家庭结构呈现出小型化、核心化的趋势,增大了子女的养老负担,削弱了家庭养老的能力。因此,仅仅依靠家庭养老模式已经不能满足中国老年人的养老需求。

从古代开始,中国社会就存在着"出入相友,守望相助,疾病相扶持,则百姓亲睦""人不独亲其亲,不独子其子,使老有所终,壮有所用,幼有所长,鳏寡孤独废疾者皆有所养"悠久的互助文化传统,以及基于共同的血缘关系的宗族互助养老模式和工商行会互助养老模式。20 世纪 50 年代,中国开展了社区服务,许多城市都建立了民间社区服务组织,在街道和居委会开展尊老爱幼、扶困助残的互助互扶活动。1986 年起,民政部就多渠道、多层次、多形式地开展社区服务工作,并且选择在经济相对发达的大中城市街道、居委会(社区)开展为老年人、残障人士等群体的服务活动,例如,为社区中有需要的老年人提供活动场地,并首次出现了老人日间照料中心的提法。②

---

① 赵静. 城市社区居家养老模式下的居住福祉研究[D]. 济南:山东大学,2019.
② 赵静. 城市社区居家养老模式下的居住福祉研究[D]. 济南:山东大学,2019.

2. 启动阶段——居家养老观念带动老年服务社会化发展

联合国于 1991 年通过的《联合国老年人原则》强调：老年人应尽可能地长期在家居住，并应按照每个社会的文化价值体系，享受家庭和社区的照顾和保护。在现实国情以及国际养老政策的影响下，中国传统的家庭养老理念也在逐渐发生着变化，尽管家庭养老理念的主体地位依然没变，但社会养老服务理念逐渐形成，老年人完全由家庭承担赡养义务的情况也在逐渐改变，社会化养老服务逐渐得到推广。尤其是随着老年社会保障制度的逐渐建立和完善，中国社区居家养老雏形开始启动，从单纯依靠家庭养老向家庭养老和社会养老结合转变，引导社区、社会组织和个人共同参与养老服务。① 1992 年，中共中央、国务院发布的《关于加快发展第三产业的决定》，明确提出"居民服务业"为我国第三产业的重点发展项目。此后，民政部等部门大力发展社区服务业，为我国社区居家养老政策的出台和实施奠定了一定基础。1993 年民政部等 14 个部委联合发布了《关于加快发展社区服务业的意见》，明确指出社区服务业要将"养老服务"作为主要内容。

3. 形成阶段——确立以居家养老为基础、社区养老为依托、机构养老为补充的发展方向

2000 年，国务院转发了民政部等十一个部门提出的《关于加快实现社会福利社会化的意见》，进一步明确了推进社会福利社会化的指导思想是以居家养老为基础、社区养老为依托、机构养老为补充的发展方向，这就是中国政府最早的社区居家养老政策。由此，自 20 世纪 80 年代发展起来的社区服务与居家养老紧密相连，社区成为居家养老的主要平台。在此之后，北京、上海、山东、江苏等发达地区省份陆续进行了不同形式的社区居家养老服务试点，各省份地区开展的社区居家养老服务项目范围广泛、各具特色，但大多为常规的生活照料和家政服务，服务项目较为单一，仍无法满足老年人多样化的养老需求。

4. 发展阶段——社区居家养老服务保障及老年居住福祉不断升级

2001 年 6 月，民政部启动了"全国社区老年服务星光计划"，该计划将发行福利彩票筹集到的福利金绝大部分用于资助城市社区老年人的服务设施、活动场所和农村乡镇敬老院建设，其主要目的在于建立社区老年福

---

① 赵静. 城市社区居家养老模式下的居住福祉研究［D］. 济南：山东大学，2019.

利服务网络，以弥补家庭养老的不足，改善社区老年人服务设施和活动场所，健全社区照顾服务。"星光老年之家"的功能通常包括文化娱乐、图书阅览、体育健身、医疗康复和老年课堂等基本服务项目，一些发达地区的"星光老年之家"还设置了专门的院舍助养、日间照料、入户服务、紧急救援、信息咨询等服务项目。由此，以社区为主体开展居家养老服务的模式在全国各地发展起来了。① 2008年，全国老龄委等九个部门发布的《关于全面推进居家养老服务工作的意见》，该意见全面推进社区居家养老服务工作，以满足老年人日益增长的服务需求。意见指出，基本任务是大力发展居家养老服务，坚持政府主导和社会参与，不断加大工作力度，积极推动居家养老服务在城市社区普遍展开，同时积极向农村社区推进。力争在"十一五"期间，全国城市社区基本建立起多种形式、广泛覆盖的居家养老服务网络，使社区居家养老服务设施不断充实，服务内容和形式不断丰富，专业化人士和志愿者相结合的居家养老服务队伍不断壮大，居家养老服务的组织管理体制和监督评估机制逐步建立、健全和完善。农村社区依托乡镇敬老院、村级组织活动场所等现有设施资源，力争80%左右的乡镇拥有一处集院舍住养、社区照料、居家养老等多种服务功能于一体的综合性老年福利服务中心，1/3左右的村委会和自然村拥有一所老年人文化活动和服务的站点。② 2011年9月，国务院发布的《中国老龄事业发展"十二五"规划》指出，应该重点发展居家养老服务，要求建立健全县、乡和村三级服务网络，积极拓展居家养老服务领域。③ 2011年11月，国务院办公厅印发的《社会养老服务体系建设规划（2011—2015年）》提出，改善居家养老环境，健全居家养老服务支持体系；扶持居家服务机构发展，进一步开发和完善服务内容和项目。④ 2016年，针对老年群体的养老特点和特殊需求，全国老龄委等25个部门联合发文《关于推进老年宜居环境建设的指导意见》，全面开展老年宜居环境建设，推动老年居住环

---

① 董红亚. 中国社会养老服务体系建设研究 [M]. 北京：中国社会科学出版社，2011：92-94.
② 中华人民共和国中央人民政府. 关于全民推进居家养老服务工作的意见 [EB/OL]. 中国政府网，2008-02-25.
③ 中华人民共和国国务院. 中国老龄事业发展"十二五"规划 [EB/OL]. 中国政府网，2011-09-23.
④ 中华人民共和国国务院办公厅. 社会养老服务体系建设规划（2011—2015年）. 中国政府网，2011-12-27.

境适老化升级，引入智慧健康养老产业和老年科技产品，不断提升社区居家养老服务质量和水平。①

（三）我国社区居家养老的案例

自党中央确定我国以居家养老方式为主、其他养老方式为辅的养老政策以来，各地都以此政策为核心，探索适合自身发展的社区居家养老模式。

青岛市是我国老龄化程度较高、对社区居家养老模式探索较多的城市；浙江省是我国社区居家养老模式实行最早的省份；香港是我国的特别行政区，较早受到西方社会文化的影响，其社区居家养老模式更加成熟。因此，以这三个地区为例，分析我国社区居家养老模式的特点。

1. 青岛市社区居家养老模式

作为经济发展水平较高的沿海城市，青岛的老龄化严重程度位居我国前列。数据显示，青岛每5人中就有1人是老年人。截至2015年年底，青岛市60岁以上老年人口数达161万，占总人口的20.6%，分别高出全国、全省平均水平4.5个百分点和1个百分点。如何应对人口老龄化，是摆在青岛市眼前的一个重大课题。2016年12月，青岛市政府发布了《关于加快推进养老服务业发展的实施意见》。本次养老新政的一大亮点，就是把社区居家养老摆在更加突出的位置，明确提出养老服务业发展重点要由优先发展机构养老向社区居家养老转变，这种发展重点的转变源于对多数老年人养老实际需求的更深层次思考。同时，社区居家养老服务具备生活照料、康复护理、文化娱乐、精神慰藉和短期托养五大功能，主要服务于健康老人、高龄老人和中度以下失能老人，让老年人在社区即可享受到便利化的养老服务。

青岛的社区居家养老模式呈现出以下三个特点。

第一，社区居家养老设施覆盖城乡。近年来，青岛在社区居家养老方面发展迅速。据青岛市民政局统计，截至2016年12月20日，全市已有30处社区小型养老机构建成运营，总建筑面积达2.1万平方米，可满足700名老年人就近入住养老机构的需求，为1200多名社区居家老年人提供便捷、多元的生活照料。易于运营、便于"见缝插针"、广泛覆盖的小型

---

① 全国老龄办. 关于推进老年宜居环境建设的指导意见［EB/OL］. 中华人民共和国商务部官网，2016-11-25.

多功能养老机构,是青岛未来开展社区居家养老服务的重点。因此,青岛市《关于加快推进养老服务业发展的实施意见》明确提出,大力发展具备机构养老、日间照料和居家养老服务功能的社区小型养老机构,支持社会组织、家政、物业和企业等机构,为老年人提供多样化的社区居家养老服务。此外,还鼓励邻里结对帮扶、互助,建设邻里互助养老点。

第二,养老机构向护理型转型。青岛市民政局局长曹勇分析认为,目前养老机构入住率不高的另一个原因,是提供专业医疗服务的护理型床位数量不足。根据调查,青岛市失能、半失能老人有八九万人,占老年人口的6%。这部分人群对于入住护理型养老机构有着较迫切的需求。但是目前在青岛全市241家养老机构的6.39万张床位中,仅有20%为护理型床位,从长远看来,床位类型结构远不能满足各类失能、高龄老年人的现实需求。为此,青岛市对养老机构的发展方向作出调整:公办养老机构优先保障困难老年人的入住需求;大力发展养护型、护理型和临终关怀型养老机构,着力解决各类失能、高龄老年人的养老需求。青岛将支持养老机构采取自办、合作等方式逐步实现医养结合,推进部分公立医疗机构增设老年病科、临终关怀病床或转为老年康复、护理等接续性医疗或养老机构,同时鼓励兴办集中收住失智等老年慢性病患者的专门养老机构,鼓励二级专科医疗机构开设养老床位或转型为特色养老机构。到2020年,全市养老床位达到9.6万张,其中护理型床位比例达到50%以上。

第三,政府对社区居家养老机构给予适当的财政补助。青岛市将对社区养老服务中心、社区日间照料中心,每年给予最高15万元的运营补助;对各类养老互助点,给予每处每月200元的运营补助;对居家养老服务组织为社会失能、半失能老年人提供居家养老服务,按日均服务人数等因素,每年给予最高不超过15万元的补助。新建养老机构每张床补助1.2万元,通过改造或租赁用房形式建设的养老机构每张床位补助6000元;对符合标准的护理型养老机构的一次性建设补助标准则在上述基础上相应提高20%。①

2. 浙江省社区居家养老模式

浙江省同样是人口老龄化问题较为严峻的省份,也是对社会居家养老

---

① 肖芳. 养老新政顺应市场需求主动求变——青岛优先发展社区居家养老[N]. 大众日报,2017-01-18(18).

模式探索较早的省份。浙江省的社区居家养老模式有我国其他省、市、自治区的共性，也有其自己的特性。目前，浙江省主要的社区居家养老模式有五种：第一，政府赡养型，即政府为生活困难的老年人提供经济支援供其居家养老；第二，社会服务型，即依靠社区中企事业单位的力量，确保社区居家养老事业能够可持续发展；第三，邻里互助型，即充分调动社区住户的主观能动性，以发挥邻里对居家老年人的协助作用，这也是社区居家养老的优势所在；第四，志愿参与型，即发动志愿者支援社区居家养老工作，强调自愿、互助、平等；第五，非营利组织运作型。作为连接政府和个人的中间媒介，非营利组织更加了解基层民众的需求，并能够灵活方便地传达给政策制定者，以推动社区居家养老事业的发展。[1]

3. 香港特别行政区社区居家养老模式

香港正处于人口老龄化的急速进程中，2018 年中国香港老年人（65 岁及以上）占总人口比重为 16.88%，预计到 2030 年，老年人口比重会增长到 33%。由于竞争压力越来越大，很多年轻人选择晚婚晚育，自愿选择只生一胎或者不生育的年轻夫妇也不在少数，香港家庭的模式逐渐走向小型化，导致大量"空巢"老人及"以老护老"情况的产生，家庭养老的负担变重。同时，由于香港城市人口极度密集、土地资源稀缺，护理机构的床位非常紧张，因此香港对于解决养老问题的需求极为迫切。[2]

香港现行的社区居家养老模式称为"长者社区支援服务系统"，其完备体系的建立经历了一个漫长的过程。1965 年，港英政府颁布了《香港社会福利工作之目标与政策》，第一次将"老无所依者"纳为社会福利照护的对象。1973 年，香港政府派出的专门研究应对老龄化的研究小组的提议被采纳，确定了香港未来"居家养老"的养老政策。此后，居家养老渐渐成为香港的主要养老模式。1979 年，港英政府出台《香港社会福利白皮书——进入八十年代的社会福利》，确定了"家居照顾"和"社区照顾"的概念，并明确指出政府有提供社区照顾服务，以及为老人提供资金、房屋和医疗方面援助的义务。1998 年，政府又建立了老人综合服务中心、老人活动中心等项目，并由相关专家组成服务队。两项义务工作者计划和八

---

[1] 赵戎蓉. 重庆市城市社区居家养老照护模式的构建研究 [D]. 重庆：中国人民解放军陆军军医大学，2019.

[2] 赵戎蓉. 重庆市城市社区居家养老照护模式的构建研究 [D]. 重庆：中国人民解放军陆军军医大学，2019.

项老人义工计划开始试行，老人和志愿者之间形成了正式的照护和支援网络。到2004年，香港总共有60多个服务队专门服务于老人。[①]

"长者社区支援服务系统"主要包含长者服务中心、长者社区照顾服务和其他社区支援服务三部分内容：第一，长者服务中心包括长者地区中心、长者邻舍中心、长者活动中心，是在地区和邻舍层面对老年人及其照护人提供社区支援。中心往往邻近老人住所，老人能够方便地接受各种服务；第二，长者社区照顾服务主要为有意愿在家养老而自理能力有限的老人提供长期护理，包括长者日间护理中心和改善家居服务、社区服务或综合家居照顾服务；第三，其他社区支援服务包括帮助老人的照护者照顾老人，减轻其看护的压力，建立针对老人的度假中心，老人可以去宿营或日营、锻炼身体、参加各种兴趣班等，鼓励老人终身学习，并走到社会中去发挥特长继续为社会贡献力量。[②]

虽然我国社区居家养老取得了一定成效，但是我国社区居家养老服务的发展并不均衡。[③] 青岛、浙江和香港等发达地区都在结合自身的发展特点探索社区居家养老模式的发展道路，但是很多偏远的农村地区尚未向居民提供居家养老服务，一些老人还受传统思想观念影响，对社区居家养老尚未形成明晰、强烈需求。未来这一需求一定会非常明晰、非常强烈。

另外，目前我国社区居家养老服务的质量也不高。

第一，社区居家养老的服务方式过于单一。目前我国社区居家养老的服务方式主要包括有偿服务、时间银行、志愿者参与，有偿服务和志愿者参与都是自愿有偿、自愿付出的情况，但时间银行的互助方式却很难长久。一方面，由于社区信息无法共享，服务人员的"时间"无法转移到今后自己所在的社区；另一方面，服务人员会担心存放的"时间"久了，自己需要使用服务时其有效性难以保障。因此，当前时间银行的互助服务奖励体制不够完善，不能给予参与者足够的保障。

第二，社区居家养老服务内容单一。在政府主导的社区居家养老模式

---

① 赵戎蓉. 重庆市城市社区居家养老照护模式的构建研究 [D]. 重庆：中国人民解放军陆军军医大学，2019.
② 赵戎蓉. 重庆市城市社区居家养老照护模式的构建研究 [D]. 重庆：中国人民解放军陆军军医大学，2019.
③ 王震. 社区居家养老服务供给的政策分析及治理模式重构 [J]. 探索，2018（6）：116-126.

下，社区居家养老服务供给与老年人的实际需求相脱节，服务内容单一刻板，服务质量不高。① 尤其是有些社区提供的居家养老服务存在只注重于生活照料而不注重老人的精神慰藉等问题。

第三，社区居家养老设施的供给滞后于居住需求。在政府主导的社区居家养老服务模式下，社区养老设施的供给滞后于居住需求，从而导致了社区养老服务能力较薄弱、服务质量较低。根据调查数据显示，中国社区居家养老设施项目的整体供给水平较低，大多数服务项目的供给率仅为20%左右。② 造成这种现象的主要原因在于城市社区空间资源紧缺、缺乏统筹规划、社区养老服务设施缺乏资金投入和资源供给。此外，同质化的设施项目难以满足多样化的养老需求，社区医疗设施严重短缺的现象也依然较为严重。③

第四，社区居家养老服务人员的专业化水平较低。目前，居家养老服务人员主要为下岗工人和外来就业人员，文化水平不高，缺乏系统的培训，专业化程度较低，只能应付一般的生活照料和家政服务，不具备提供专业化服务所需的知识和技能。④

还有，目前社区居家养老服务发展过于依赖行政力量。各地社区居家养老的发展主要依赖于政府扶持推动，建设服务设施、成立服务机构、设立服务项目等都由政府主导完成，尽管依赖政府的行政手段在短期内能够明显推动社区居家养老事业的发展，但同时也带来了资金来源单一、服务内容窄化、社会力量发育不足、参与不够等问题，从而导致社区居家养老服务的发展后劲不足。⑤ 我国社区居家养老事业过于依赖行政力量的深层次原因在于，我国的社会经济发展在较长时间内受到计划经济体制的影响，政府掌握着大量的社会资源，成为推动社区居家养老事业发展最强有

---

① 张波. 我国居家养老模式研究综述与展望 [J]. 四川理工学院学报（社会科学版），2013, 28 (4): 6-10.
② 丁志宏，王莉莉. 我国社区居家养老服务均等化研究 [J]. 人口学刊，2011 (5): 83-88.
③ 赵静. 城市社区居家养老模式下的居住福祉研究 [D]. 济南：山东大学，2019.
④ 刘艳艳. 社会治理新格局视野下的社区养老服务创新研究 [M]. 长春：吉林大学出版社，2020: 98.
⑤ 董红亚. 中国社会养老服务体系建设研究 [M]. 北京：中国社会科学出版社，2011: 96.

力的部门，从而在一定程度上限制了社会组织的发展空间。①

二、社区志愿服务

随着市场经济的不断发展和城镇化建设进程的加快，人们的生活方式、社会关系以及社会治理方式也随之发生变化。在传统社会，当人们遇到困难的时候，总会习惯性寻求亲朋好友的帮助。然而，在当今社会化分工发展、人口流动加快和社区功能日趋完善的背景下，家庭成员之间的空间距离不断加大，"远水解不了近渴"，人们逐渐由过去的寻求家人帮助转变为寻求社区提供公共服务。作为提供社区公共服务的"供货方"——社区——的压力与日俱增，社区志愿服务则有效地减轻了社区提供公共服务的压力，成为人们解决生活中各种问题的重要途径。例如，帮助"空巢"老人等社区志愿服务，不仅能有效减轻社区养老服务的压力，同时还能将志愿者养老、敬老、助老的公益精神通过志愿服务在社区中传播，为社区居民树立榜样。

（一）社区志愿服务的相关内涵

中国青年志愿者协会（CYVA）章程规定，志愿服务是指不为物质报酬，基于良知、信念和责任，自愿为社会和他人提供的服务和帮助。联合国教科文组织（UNESCO）定义，志愿服务是一种利他行为，是指人们在正式（非私人）场合中，在一段时期内自愿、无偿地贡献自己的时间和专业技术。

社区志愿服务是社区组织和个人自愿用自身的时间、技能等资源，在社区为居民提供帮助或服务的行为。社区志愿服务是志愿服务体系的重要组成部分，是社区服务的重要内容。社区志愿服务遵循自愿、平等、无偿、诚信、合法的原则。社区志愿服务的重点服务对象是老年人、未成年人、外来务工人员、下岗失业人员、残疾人和低收入家庭等。②

（二）社区志愿服务的内容与形式

社区志愿服务是中国城市现代化建设进程中的一大成果，同时社区志

---

① 刘艳艳. 社会治理新格局视野下的社区养老服务创新研究［M］. 长春：吉林大学出版社，2020：98.
② 北京市人民代表大会常务委员会. 北京市社区志愿服务促进办法（试行）［EB/OL］. 内蒙古新闻网，2009-12-06.

愿服务在增加社区居民福利、营造良好社区氛围、增强社区精神文明建设、完善社区公共服务体系建设等方面发挥了重大作用。社区志愿服务涵盖的内容较为广泛,根据2007年我国推行的《社区志愿者注册登记制度》的登记表上陈列的项目,可包括服务儿童、服务伤残人士、慰问探访、社区调解、环保工作、社区安全、服务老年人、法律援助、心理疏导、医疗服务、维修服务、社区活动策划组织等服务内容。

在社区养老层面,志愿服务涉及生活照料、家务服务、医疗康复及保健、心理慰藉、法律服务等方面的内容。其中,生活照料服务包括陪同看病、代为购物、帮助做家务、助餐及送餐服务等;医疗康复及保健服务包括上门看病、上门护理、康复治疗、日间照料中心医疗服务等;心理慰藉服务包括陪老人聊天、上门探访、服务热线、心理疏导等;法律服务包括法律知识讲座、法律宣传、法律援助等。其中生活照料服务对专业要求较低,志愿者经过简单培训即可从事,而医疗、法律、心理等服务只能由相关专业出身的志愿者承担。①

目前,社区养老志愿服务的形式主要有一对一的上门服务、社区养老机构或设施内的服务、集中辅助服务三种。其中,一对一上门服务最为普遍,是需求最大的志愿服务形式,主要为社区内的"空巢"老人、独居老人、行动不便、半自理老人等提供帮助购物、做家务、卫生清洁、陪伴慰藉、医疗护理、心理援助等;社区养老机构或设施内的服务是志愿者在社区养老院、托老所、日间照料中心等场所从事的志愿活动,这类志愿活动既可为社区养老机构内的老人带去温暖和慰藉,又可弥补机构内人力资源的不足,减轻工作人员负担;集中辅助服务针对有共同需求的老人,配合社区工作者开展服务。②

(三) 社区志愿服务的发展阶段

1. 社区志愿服务的兴起阶段

我国社区志愿服务是伴随社会主义市场经济的发展应运而生的。中国内地最早的社区志愿者组织正式开始于20世纪80年代末期。1988年,天津市和平区新兴街道朝阳里居民委员会的13名社区积极分子自发组织起

---

① 刘艳艳. 社会治理新格局视野下的社区养老服务创新研究[M]. 长春:吉林大学出版社,2020:100.
② 刘艳艳. 社会治理新格局视野下的社区养老服务创新研究[M]. 长春:吉林大学出版社,2020:100.

来，以"上为党和政府分忧，下为居民群众解愁"为宗旨，成立了为民服务志愿者小组，无偿为孤寡老人、残疾人与特困户提供服务，得到了社区居民群众的认可和欢迎。1989年3月18日，新兴街道成立了全国首家"社区志愿服务协会"。一个月之后，该区的其他11个街道也陆续成立了社区志愿服务协会，全区所属260多个居委会也分别建立了分会，从此揭开了我国城市社区志愿服务的序幕。天津市和平区新兴街道所取得的巨大成果很快产生了极大的社会反响，其经验与模式在全国范围内得到迅速推广。①

2. 社区志愿服务的组织化、规范化发展阶段

随着经济快速发展，社会问题显现，大量社会公益、公共管理和社会援助工作急需社区志愿者广泛参与。在此背景之下，1989年10月，民政部在杭州召开了全国社区服务交流会，和平区新兴街道办事处在会上介绍了组织社区志愿服务的典型经验。在这次会上，民政部提出在我国社区服务中，要积极推广"社区服务志愿者协会""志愿者小组"等社区志愿服务组织形式。1993年8月，民政部、国家计委、国家体改委等十四个部门联合颁发了《关于加快发展社区服务业的意见》，推动了我国社区服务工作的全面开展。1994年4月，民政部和中国社会工作者协会发出《关于开展社区服务志愿者活动的通知》，要求各级政府切实加强对社区服务工作的重视，把社区志愿服务推向了一个新的阶段。1994年12月5日，中国青年志愿者协会在北京成立，各地也相继成立了各级青年志愿者协会。青年志愿者行动由共青团中央发起，一些青年志愿者确定了自己的社区服务实践基地，他们在各级青年志愿者协会的指导下，广泛开展为社区困难居民排忧解难的"一助一"志愿服务活动、"一助一"长期结对服务，积极参与助老服务等志愿服务活动。② 与此同时，妇联、工会等组织也纷纷发起各种志愿者行动，如妇联发起的"中华巾帼志愿者"行动，工会开展的"工会志愿者"行动等，民间也兴起了各类正式或非正式志愿组织。

但是，随着社区志愿服务的深化，由于缺乏统一的组织与整合，政社不分，条块分割，政出多门，造成社区志愿服务资源未能得到最佳配置，

---

① 梁绿琦. 中国社区志愿服务的发展历程 [J]. 北京青年政治学院学报，2008，17（4）：5-13.

② 梁绿琦. 中国社区志愿服务的发展历程 [J]. 北京青年政治学院学报，2008，17（4）：5-13.

社区志愿服务的效益得不到充分发挥。因此,社区志愿服务事业迫切要做的事情是加强组织建设,整合社区志愿服务的资源,使我国社区志愿服务走向规范化、制度化,从而更好地发挥社区志愿服务构建和谐社会的作用。2004年6月,民政部批准成立了"中国社会工作协会社区志愿者工作委员会",作为中国社区志愿服务事业的倡导者、执行者与组织者的社区志愿工作委员会,将发挥沟通政府与社会公众的桥梁与纽带的作用,动员更多的人参与到社区志愿服务行列,整合好社区志愿组织,把庞大的志愿组织和志愿者队伍的积极性调动起来,形成合力,以造福于社会,造福于人民。①

3. 社区志愿服务的准专业化发展阶段

进入21世纪以来,社区志愿服务工作在构建和谐社区中的重要作用日益显现,社区志愿服务工作在快速发展的同时,也逐渐呈现出专业化的趋势。2005年10月27日,民政部、国家总工会、共青团中央等九个单位联合下发了《关于进一步做好新形势下社区志愿服务工作的意见》,对新形势下社区志愿服务工作的意义、指导思想、总体目标、基本原则、重点领域和运作机制都给予了明确表述,并做出了具体安排。2006年5月8日,国务院颁发了《国务院关于加强和改进社区服务工作的意见》,从全局的高度对社区志愿服务提出了进一步的要求,积极组织开展社区志愿服务活动,推进志愿者注册制度,优化志愿人员结构,壮大志愿人员力量,指导建立志愿服务激励机制,创新志愿服务形式,提高志愿服务水平。该意见的颁布表明中国志愿服务管理走上准专业化发展阶段。②

4. 社区志愿服务的蓬勃发展阶段

进入21世纪以来,中国的社区志愿服务在各种大型国际赛事、重大事件中发挥着越来越重要的作用,从而社区志愿服务得到蓬勃发展。在2008年北京奥运会、2010年上海世博会等重大国际事件中,中国的社区志愿服务均发挥了举足轻重的作用。在奥运会期间,总共有170万志愿者参与志愿服务,他们作为保障赛场、城市顺畅运行的一支重要力量在大会中发挥着举足轻重的作用,更为重要的是它为我国社区志愿服务的发展积

---

① 梁绿琦. 中国社区志愿服务的发展历程 [J]. 北京青年政治学院学报,2008,17(4):5-13.

② 顾月. 中国社区志愿服务发展的困境及其消解途径 [D]. 苏州:苏州大学,2016.

累了人才、制度、理念等方面的宝贵经验。①

(四) 社区志愿服务的发展现状

1. 民政部主导的社区志愿服务模式

2007年以前，中国对社区志愿服务管理基本处于空白状态，社区志愿服务组织在所属的居委会和街道办事处指导下，自行开展活动，社区中的志愿服务组织一般自行制定相关制度章程，对社区志愿服务进行义务、权利、奖惩等方面的规定。然而，自2007年开始，民政部开始对社区志愿者进行注册登记，使得原来模糊的、没有身份界定的社区志愿者纳入了政府统一管理范畴。此后，由民政部主导的城市社区志愿服务发展迅速，服务队伍不断壮大、服务领域逐步扩大、服务形式不断创新、服务机制不断完善、服务成效日益明显。② 2009年中国社会工作协会等组织在东莞举行的"2009两岸四地社区服务工作实务论坛"上通报的数据显示，截至2009年11月中旬，我国"社区志愿者组织已经达43万个，注册人数达2600多万人"。③

2. 由共青团、妇联、工会等准政府组织推行的志愿服务模式

共青团、妇联、工会等准政府组织近年来大多依托社区开展志愿服务活动，服务内容也是广泛涉及社区事务。1994年，在共青团中央指导下，中国青年志愿者协会成立，它是由志愿从事社会公益事业与社会保障事业的各界青年组成的全国性、专业性、非营利性的社会团体，是全国青联团体会员、联合国国际志愿服务协调委员会（CCIVS）联席会员组织，它的成立为指导全国青年志愿服务活动、提高青年的整体素质、促进经济社会的协调发展作出了突出的贡献。根据共青团中央的统计，截至2011年12月，中国注册青年志愿者人数达到3392万人，建立各类志愿服务站17.5万个。自成立以来，青年志愿者协会主要实施的社区服务项目就包括"一助一"长期结对服务（1994年开始实施）、创建青年志愿者社区服务站（1995年开始实施）、在社区中针对重点领域开展专项服务（2002年开始实施）。④ 在此之后，全国志愿者活动掀起了一个不小的浪潮，其他社会

---

① 顾月. 中国社区志愿服务发展的困境及其消解途径 [D]. 苏州: 苏州大学, 2016.
② 顾月. 中国社区志愿服务发展的困境及其消解途径 [D]. 苏州: 苏州大学, 2016.
③ 傅琰. 我国社区服务快速发展社区志愿者已逾2600万人 [EB/OL]. 中国政府网, 2009-11-16.
④ 顾月. 中国社区志愿服务发展的困境及其消解途径 [D]. 苏州: 苏州大学, 2016.

团体也纷纷开展志愿活动，包括中华慈善总会及地方慈善组织、中华全国妇女联合会、中国老年科技工作者协会及一大批民间志愿者组织，这些志愿服务活动也逐渐成为社区志愿服务的重要力量。

3. 其他民间组织自发开展的社区志愿服务

除了民政部主导的社区志愿服务和共青团中央、妇联、工会等准政府组织推行的志愿服务以外，由其他民间组织在其专业领域内自发开展的社区志愿服务同样也发挥着不容忽视的作用。近年来，我国民间自发成立的社区志愿组织呈现出逐渐增多的趋势，2012年全国社区志愿者组织已经达到28.9万个，注册的社区志愿者达到3100万人，参与社区志愿服务活动超过5000多万人次。[①]

尽管近年来我国社区志愿者数量在显著上升，但是志愿者的比例、结构以及志愿服务质量方面都与西方发达国家存在着较大差异。在社区志愿者人数比例方面，西方发达国家的志愿者比例远远高于我国志愿者的比例；在社区志愿者结构方面，我国老年志愿者的比例相对较高，而青年志愿者的比例相对较低，虽然与青年志愿者相比，老年志愿者拥有更多的时间和精力去从事志愿活动，但是由于老年人自身年龄、身体、知识结构等因素的限制，难以胜任专业性和技巧性较强的志愿服务活动。我国社区志愿服务质量，未来努力发展的空间也还很大。

三、社区互助养老

为了缓解社区的养老服务压力，我国许多城市的社区出现了由社区倡导或业主自发组织成立的互助养老服务团体，这些互助团体利用社区资源开展互助养老活动，主要是低龄、健康的老年人为高龄、失能的老年人提供帮助，互助服务的内容也十分丰富，包括日常的买菜、洗衣、打扫卫生等，更高层次的互助服务则包括提供医疗援助、法律援助等。社区互助养老有效地利用了社区老年人力资源，使老年人从被动地接受服务转为依靠自身状况主动为需要帮助的老人提供服务，满足了老年人自我价值实现的需求，为国家提供了一个积极应对人口老龄化的方案。

（一）社区互助养老的内涵

随着人口老龄化问题的不断加剧，社区照顾理念得到社会的关注和重

---

① 顾月. 中国社区志愿服务发展的困境及其消解途径[D]. 苏州：苏州大学，2016.

视,人们开始进行逆向思考,是否可以对老年人力资源进行有效开发,这不仅使得老年人可以继续为社会发挥其宝贵价值,还能利用老年人来缓解社区照顾服务的繁重压力。正是因为这种积极应对人口老龄化理念的提出以及中国互济互助的优良传统,使得人们开始探索社区互助养老的新模式。

社区互助养老就是挖掘本社区资源,更强调的是居民间的相互帮扶与慰藉,通过发起成立互助社,带动低龄老人服务高龄老人,以互助的方式解决社区养老问题,同时以数据库建立为依托,链接爱心服务商等社会资源,提供各项居家养老服务。其内涵有狭义和广义之分,狭义的社区互助养老就是指社区中年龄小的老年人帮助年纪大的老年人,这种现象在城市的老社区中比较普遍。由于老社区的老年人数量普遍较多,而年轻人因为工作等原因不在老人身边,社区内相关配套服务又跟不上老人的需求,在此情况下,社区中的老年人便开始以自愿、自发的形式组织起来,通过互帮互助来解决生活困难,满足生活照料、医疗护理和精神慰藉等各种养老需求从而共同度过老年生活,实质上就是一种邻里之间"抱团取暖"的养老形式。广义的社区互助养老,在参与人群、地域限制等方面要比狭义的社区互助养老更宽泛。在养老服务的提供者方面,广义的社区互助养老不再是简单的年轻的老年人帮助年长的老人,而是涵盖了所有有能力提供服务的人群,社区内外的力量都能够参与进来,包括未成年人、学生群体、工薪阶层甚至是高龄老人,都可以成为服务提供者。在养老服务的地域上,广义的社区互助养老突破传统的社区界限,活动空间更宽阔,甚至发展到网络虚拟空间。①

(二)我国社区互助养老的发展概况

1. 城市社区互助养老的发展概况

1991年天津新村街的"老年人互助小分队"开始探索中国城市社区互助养老的模式。最初的"老年人互助小分队"是由老年人自发自愿组成的,具有自治性质,拥有42名成员,从1991到1994年间为本社区27.9%的困难老人累计服务2347次。② 同时,杭州新村北村大院的"老年人组合公寓"采取共同居住的形式进行互帮互助,自愿为同伴提供生活照料、医

---

① 董自龙. 我国城市社区互助养老问题研究 [D]. 杭州:浙江财经大学,2013.
② 朱传一. 开拓互助组合养老的新模式 [J]. 中国社会工作,1997 (1):34-35.

疗护理、精神慰藉等各种服务，"老年人组合公寓"中的老人有48%年龄在70岁以上，甚至有20%的老人生活不能自理。① 1999年以后，随着城市中老年人口数量的不断增加，全国其他各个地区纷纷探索与发展各种社区互助养老模式。

最具代表性的社区互助养老模式，是老年人结对互助养老。为了缓解养老服务压力，尽可能地满足老年人的养老需求，一些地方政府为有需要的老年人安排互助伙伴，通常采取的是低龄老人为高龄老人服务的形式。其中的典例就是浙江的"银龄互助"养老计划、上海的"老伙伴"养老计划和天津的老年俱乐部。浙江省"银龄互助"依托社区老年人协会，采取低龄健康老人为高龄老人及独居"空巢"老人提供服务的方式，服务内容主要包括邻里互助生活照料、精神慰藉、维权调解等。2012年，上海民政局发起的"老伙伴"养老计划，具体做法是一名身体健康的低龄老年志愿者与自己社区内的5名80岁以上高龄独居老人结成帮扶对子，由低龄老人志愿者为高龄独居老人提供电话问候（两天一次）、上门探访（一周一次）、身体及生活照料等互助服务。天津老年俱乐部开展的互助养老服务与上海"老伙伴"计划类似，倡导"以老助老"，即组织社区内的低龄且身体健康的老人与高龄、孤寡、"空巢"或失能老年人结成帮扶对子，开展生活照料、情感慰藉等服务。由此可知，老年人结对的社区互助养老方式不仅可以有效缓解社区养老服务压力，为社区老年人提供多种养老服务，同时也为低龄老年志愿者提供了老有所为的平台。

还有一种代表性的社区互助养老模式，是据点互助养老模式。据点互助养老模式，是一种由政府主导并整合社会、社区和家庭三方资源，老人们的活动场所由热心的老人家庭提供，或是由社区企事业单位提供闲置场所，强调社会力量的共同参与，老人在自己所在的社区里就可以实现互助养老，满足精神上的需求和生活上的照料的新型养老模式。② 这种据点互助养老模式与结对互助养老模式有些类似，其最大的特点就在于老人们有固定的活动据点，这种固定的活动据点一般是由符合条件的老人家庭申请，或是由社区内的企事业单位提供闲置的场所作为活动点。据点互助养

---

① 刘艳艳. 社会治理新格局视野下的社区养老服务创新研究［M］. 长春：吉林大学出版社，2020：104.
② 王卉芸. "据点互助"养老模式研究——以青岛市S区为例［D］. 扬州：扬州大学，2019.

老模式在结对组合方式的基础上,将政府、社会和老人自身的资源有效结合起来,因此近年来受到众多老人们的青睐,同时也得到政府的支持。例如,经济较为发达的青岛市为了解决大量普通健康高龄老人的养老问题、给予老年人更多的关怀和慰藉,就大力推广据点养老互助模式。青岛市据点互助养老模式的具体运作是:凡是老年人家中的房子在三楼以下、可利用的活动面积在15平方米以上、可参与的人数不少于五人并且能持续活动至少半年以上的均可申请设立为养老互助点。附近的老人自愿结合,白天到互助点娱乐休闲,晚上各自回家休息,平时彼此之间生活上相互照料、精神上相互慰藉。市财政每月为每个养老互助点发放100~200元的运营补贴,区财政会为每个养老互助点统一配备棋牌桌椅等设施设备。2016年,青岛市政府出台的《关于进一步加快养老服务业发展的意见》增加了对养老互助点的运营补助标准,从原先每月100元的补贴标准提升到了每月200元,从而使更多的老年人享受到互助养老的便捷服务及其带来的生活乐趣。截至2019年,青岛市已建立养老互助点2112个,现今参与互助养老的老人达2万多名。

在各地探索社区互助养老模式的同时,国家层面也积极倡导社区互助养老模式,并相继发布了一系列的政策用以支持社区互助养老事业的发展。2011年,国务院办公厅发布的《社会养老服务体系建设规划(2011—2015年)》提出,要重点建设互助式养老服务中心等社区养老设施。2013年,《国务院关于加快发展养老服务业的若干意见》明确提出,探索建立健康老人参与志愿互助服务的工作机制,建立为老志愿服务登记制度。2016年6月,国务院办公厅出台的《关于全面放开养老服务市场提升养老服务质量的若干意见》积极倡导"互助养老"模式。2019年,《国务院办公厅关于推进养老服务发展的意见》提出推动居家、社区和机构养老融合发展,积极开展互助养老服务。近年来,民政部会同相关部门积极打造"三社"联动机制,以社区为平台、养老服务类社会组织为载体、社会工作者为支撑,大力支持志愿养老服务,通过邻里互助、亲友相助、志愿服务等模式,积极发展互助养老服务;统筹规划发展城乡社区养老服务设施,支持在社区老年人日间照料中心、托老所、老年人活动中心、互助式养老服务中心等地点配备护理床、护理设备、康复性活动器材、日常医疗设备、辅助性医疗康复设施以及文娱活动类设备等。

2. 农村社区互助养老的发展概况

我国农村最早开启社区互助养老模式的是河北省邯郸市肥乡区前屯村的互助幸福院。2008年8月，肥乡区前屯村为了解决当前农村老年人尤其是独居、"空巢"老人的养老难题，结合了现阶段农村的实际经济情况以及传统观念，利用改建后的村里废旧小学校舍，免费供25名独居老人集中居住，创办了互助养老中心幸福院。这种"离家不离村、离亲不离情，抱团养老、就地享福"的互助养老模式让农村的独居、"空巢"老人实现了互帮互助、报团取暖，不仅低成本、高效率地解决了老年人的养老难题，还很好地满足了老年人精神慰藉的需求。因此，互助幸福院一经推出，如星火燎原之势迅速传遍全国，被群众亲切地称为"家门口的幸福院"。"村集体办得起、群众住得起、政府支持得起"是农村互助幸福院的最大特点，为全国其他农村地区开辟了一条符合农村实际、具有当地特色的农村养老新路。截至2012年4月，该县已建成农村互助幸福院240家（包括联建25家），覆盖全县265个村。

在此之后，乌兰察布市化德县、山东青岛、南充市阆中市、青海西宁、河南信阳和平顶山市宝丰县等都纷纷自主探索了适合自身发展的农村互助养老实践形式，都具有集中居住、自助互助、自我保障等互助养老的共性特点。而信阳市平桥区郝堂村的养老资金互助社，则解决了养老资金、管理、治理的瓶颈，对于农村社区互助养老模式的探索也是一种有益的尝试。①

同时，国家层面也出台了一些政策措施促进农村地区社区互助养老的发展。国务院办公厅在2011年印发的《社会养老服务体系建设规划（2011—2015年）》中提出，要"积极探索农村互助养老新模式"。在此之后，各部门和各地区都以此政策为指导，出台了相应的政策，加快了探索与发展农村互助养老模式的进程。在2013至2015年间，中央专项彩票公益金安排了30亿元用以投资建设农村互助幸福院②，利用福利彩票公益金投入，支持各地大力发展政府扶得起、村里办得起、农民用得上、服务可持续的农村互助养老设施，满足更多农村老年人养老离家不离村的要

---

① 邓俊丽. 农村互助养老研究综述——基于中国知网中文数据库的成果研究[J]. 社科纵横，2015，30（12）：59-62.

② 刘艳艳. 社会治理新格局视野下的社区养老服务创新研究[M]. 长春：吉林大学出版社，2020：103.

求。2017年国务院发布的《"十三五"国家老龄事业发展和养老体系建设规划》指出，要"鼓励老年人参与社区邻里互助养老"。

尽管国家和地方层面都制定了相应的政策用以支持社区互助养老，但是在一些地方政府制定的规划中社区互助养老只是零星分布，部分地区仅对互助养老的规模提出模糊的要求，并没有对其进一步发展制定具体的方案。① 此外，尽管社区互助养老的主要形式是低龄健康老年人自愿参与帮助有困难的老年人，但是其身份与其他的社会注册志愿者不同，在管理上尚需进一步完善。还有，现行的《老年人权益保障法》和《中国注册志愿者管理办法》对于互助养老并没有明确的法律支持，对老年人志愿互助行为和合法权益不能提供有力的规范和保护，从而导致在互助养老过程中产生的财产纠纷等问题不能得到有效地解决。②

另外，社区互助养老缺少必要的资金扶持。虽然政府在《社会养老服务体系建设规划（2011—2015 年）》等政策文件中提出了鼓励发展互助养老，但对于社区互助养老却缺乏相关的财政投入。除青岛市在居家养老的经费支出中明确对互助养老点的水电给予优惠和每月提供补贴之外，其他地区的互助养老并没有被列入政府的支出预算中，导致社区互助养老得不到必要的经费保证。

社区互助养老志愿者也缺乏相关的专业性培训，其服务质量有待提高。社区互助养老可以有效挖掘老年人力资源的价值，充分发挥老年人对于社会的价值，但是部分互助服务涉及专业的知识与技能，例如医疗健康服务、应急救援服务等，而政府部门较少为老年志愿者提供相关的培训，给社区互助养老服务质量的提高带来了较大的限制。

社会重视互助养老为高龄、独居老人解决生活困难，却忽略了为老年志愿者提供相关的风险保障。③ 在互助的过程中，由于身体素质、专业能力等各方面原因，老年服务者可能会面临意外损伤等风险，被服务的老年人也可能面临财产损失或人身安全等隐患。当前，社区居委会更多的是将工作重心放在如何更有效地满足社区老年人的养老需求之上，而对于社区互助养老的风险保障机制却往往欠缺考虑。

最后，当前城市社区互助养老发展的大部分资金来源于财政投入，社

---

① 董自龙. 我国城市社区互助养老问题研究［D］. 杭州：浙江财经大学，2013.
② 董自龙. 我国城市社区互助养老问题研究［D］. 杭州：浙江财经大学，2013.
③ 董自龙. 我国城市社区互助养老问题研究［D］. 杭州：浙江财经大学，2013.

区互助养老的资金来源过于单一,制约了社区互助养老事业的发展。

第五节 中国心灵疗愈养老事业

国家一直非常重视人民的生活质量、生活幸福指数,而人民的生活、人民的幸福乃至于所谓的小康社会,其实最重要的还是人民的健康,因而国家提出了"大健康"的理论和概念。"健康"包含三方面要素:第一个要素就是身体健康,提高身体素质,减少疾病;第二个要素就是精神健康,人际关系和谐;第三个要素就是心灵健康,每天都以积极、饱满、愉悦的心态面对生活。只有身体、精神、心灵三方面都健康,才是真正意义上的"大健康"。

通常情况下,当提及"健康"时,人们只会联想到身体健康,因而当前社会普遍重视老年人的生理健康管理。随着医疗技术水平提高,老年群体的平均寿命也得到了一定程度的延长,但是,老年人的心灵健康却时常被人们忽视。随着老龄化的发展,许多步入老年阶段的人通常会感到迷茫,由于未接受相关的生命教育,不清楚自己未来的人生价值和人生方向在何处,时常会产生低落、消极和彷徨的情绪。此外,2000—2010年十年间,中国城镇空巢老人比例由42%上升到54%,2013年中国空巢老人人口超过1亿,2030年中国空巢老人数量将达到2亿多,占到老人总数的九成。① 老人很少得到子女陪伴与关爱已成为一种常见的社会现象。空巢不仅隔绝了老人与外界的联络,也成为老人心灵上的孤岛。每一个人都需要陪伴与关爱,尤其是空巢老人。陪伴与关爱至少意味着被需要、被尊重、被关爱,这是最基本的获得感、幸福感、安全感。老人的一生,为了家庭与社会辛苦了一辈子,晚年却只能独守空巢,他们积累了一辈子的心声与智慧却无人倾听,往后余生只能活在回忆中。哪怕是临近生命的尽头,陪伴自己说说话这么简单的心愿都成了奢侈。来自中国老龄科学研究中心的统计,我国老年人成为自杀率最高的一个群体,情感孤寂是导致空巢老人自杀的主要原因之一。

---

① 戴斌. 城市居家养老模式下空巢家庭居住待征及空间策略研究[D]. 西安:西安建筑科技大学,2017.

由此可知，老年人精神养老和心灵慰藉问题日益凸显。物质可以关怀身体，但只有关爱才能温暖心灵。无论是家庭养老、社区养老、机构养老还是智慧养老，在关注老年人身体健康的同时，也要重视对老人心灵上的呵护与疗愈，只有让老年人实现心灵自由，才能获得真正的幸福。

一、老人之生命教育

老年群体是一群特殊的群体，他们正处于人生发展阶段的末端，他们曾经为社会的进步贡献了半生的力量，也拥有着丰富的人生阅历以及成熟睿智的头脑，是社会的重要资源。然而，随着时代的变迁，老年人如今面临着诸多的问题。

首先，在生理方面，老年人的身体出现了衰老的迹象，身体各机能逐渐衰退，对抗疾病的能力也大不如前，会发生健康状况不佳、疾病多发、生理机能退化等情况。常见的表现有大脑开始衰老，循环系统、神经系统、消化系统以及呼吸道系统等慢性疾病缠身，还会面临视力和听力减退、嗅觉迟钝、味觉下降等诸多不可逆转的生理问题，给生活带来了很多的不方便，从而引发老年人维持生理健康、提升物质生命质量的诉求。

其次，在精神方面，老年人会出现思维衰退、情绪不稳定、自我认同感降低以及心理承受能力减弱等问题。例如，由于老年群体在自我认同方面的偏差，可能会出现诸如"碰瓷"、逃票、倚老卖老、不遵守交通规则等现象，"坏人都变老了"的论调就是对以上社会问题的不全面总结。此外，老年人的自我意识也会发生很大的变化，如生活满意度较高的老年人在建立自我概念等方面会比同龄人有着更多的优势，反之，生活满意度较低的老年人在自我认知方面表现出更多的劣势，时常感觉自己对社会无益，显示出较为强烈的孤独感和封闭感，具体表现为孤独寂寞、无所事事、喜欢独来独往、不愿意接受新事物和新挑战等。另外，由于社会性的发展，老年人在人格、社会关系、人际关系方面也会产生很大的变化，虽然大多数老年人的人格仍具有较高的稳定性和连续性，但是其性格极容易产生内向性、保守性等变化，也会出现应变性差以及依赖型强等特点，由此产生了维持心理健康、提升精神生命质量的诉求。

最后，在生死观方面，老年人受年龄因素的影响，不可避免存在恐惧死亡的心理。在这一阶段，他们往往会对死亡表现出较明显的言行不一的情况,即在生死观上表现为不怕死,但是在生死态度上则会表现出惧怕死亡。① 相关调查显示:有75%的晚期癌症患者在想到死亡时会感到害怕、恐惧和悲伤,几乎没有患者感觉到是喜悦或新生的开始;患病较重、自我感觉身体较差、求医者常常更惧怕死亡。不仅是癌症患者,就连身体状况较好的老人对于死亡都有很多的不放心,这些不放心自然隐含的是对于死亡的恐惧和害怕。今人如此,孔子也曾期望"加我数年,五十以学《易》",希望可以再多活几年,好好研读《易》。历史上,怕死者、追求长生者也不曾断绝,秦始皇、汉武帝更是不惜耗费掉大量的人力、物力、财力去寻找所谓的长生不死之术;同时,民间还逐渐衍生出追求长生不死的宗教——道教。清朝易学家焦循生了一场重病,为了逃避死亡,他到孔庙许愿说,如果病能好,他就好好发挥孔学,结果病真的好了,他也真的完成了《易学三书》。② 由此可知,面对死亡的临近,上至圣人下至普通百姓,无不有强烈的求生心理,老年人更是如此,只是圣人和普通百姓求生的目的不同。

随着科学的进步和人类社会老龄化趋势的发展,各种关于老年人的学科相继建立起来。这些研究从不同角度、不同方面提出和寻找解决老年人问题的努力是值得肯定的,但是这些研究不自觉地忽略掉了一个老年人最关注、最需解决的问题,那就是应该以什么样的态度去面对生命和死亡。生命和死亡的问题是所有人都无法躲避的,但无疑是步入垂暮之年的老人最直接要面临的问题。如果老年人拥有健康的身体和较长的寿命,但是却不能正确地对待生命、生活和死亡,那么他的余生将会生活在精神痛苦之中,或者出现其他与生命和死亡有关的问题。因此,帮助老年人建立正确的人生观、幸福观和生死观,是帮助老年人减少对死亡的恐惧,拥有一个快乐、幸福和充实晚年的关键所在,这也是老年人生命教育出现的原因。

在老龄化加速的背景下,老年人生命教育问题越来越受到重视。同时,随着世界老龄化的发展,国际社会为了积极应对老龄化问题,立足于新的科学理论和实践探索,在成功老龄化、健康老龄化的基础上发展出积极老龄化这一新的概念,将其定义为:"老年人以提高生活质量为目的,

---

① 白学军,王敬欣,等. 发展心理学[M]. 天津:南开大学出版社,2013:261.
② 陈金香. 老年人生命教育研究[D]. 南昌:江西师范大学,2008.

在此过程中的健康、保障、参与都能获得最佳机会。"① 该定义的目的在于以"健康""参与""保障"为积极老龄化的三个支柱，建立起一个人人平等、人人共享的社会，主张保证老年人享有健康、参与、保障的权利，并且社会也要给予更多的支持。该定义的提出，让人们不再用消极的眼光去看待老年人，取而代之的是一种坦然的态度，同时也使人们认识到自己在一生中能够发挥体力、精神等方面的潜能，根据自己的权利、需求、爱好、能力参与社会活动，并得到充分的保护、照料和保障，从而促使老年人保持身体健康，提高预期寿命，积极参与社会活动，继续为社会作出贡献。② 在这一时代背景下，老年人生命教育的重要性就变得极为重要。老年人的生命教育问题，归根到底是为了让老年人更有尊严地、幸福地安度晚年，这是我们必须承担的责任。

（一）生命教育的概念界定

所谓生命教育，就是尊重生命主体，为生命的存在创设充实丰富的生存环境和条件，以促进生命主体全面和谐主动健康发展的教育。③ 生命教育既是教育的一种价值追求，也是教育的一种存在形态，其实质就是为了让生命主体获得自由感和幸福感而开展的教育。

从狭义的角度来讲，生命教育与死亡教育没有实质性的差别。老年人作为一个特殊的群体，已经处在了人生的最后一个阶段，面临着新陈代谢放缓、免疫功能衰退等生理上不可逆转的问题。同时，由于生活环境的改变，老人的心理又增添了无数的孤独、空虚、挫败、害怕，甚至对即将来临的死亡感到恐惧。此时的生命教育作为一种教育活动，要充分考虑老年人的身心特点和个性差异，激发老年人的生命活力与潜能，全面提升老年人的生命质量。

从广义的角度来讲，生命教育会涉及多个相关领域，例如主流的伦理教育、大众化的社会教育以及特殊型的心理健康教育等，同时也应该是包括自然、社会以及精神生命内容在内的全面提升生命质量的教育活动。

"生命教育"的提出本身就带有回归生命本真的目的。从生命哲学的

---

① 杨庆芳. 我国老年教育发展探究——基于积极老龄化的视角［M］. 北京：知识产权出版社，2014：51.
② 刘孟. 基于"积极老龄化"视野的我国老年教育发展策略研究［D］. 西安：陕西师范大学，2014：66.
③ 田秀英. 高龄老人之需求及"低龄助高龄"的内容与思考——以苏州地区为例［D］. 苏州：苏州大学，2014.

视角来看，人的生命具有双重属性，既是自然赋予的"种生命"（自然生命），又是社会中生成的"类生命"（社会生命），由种生命向类生命提升的过程就是使人"成人"的过程。传统的教育主要关注的是"如何而生"，而生命教育则强调引导个体去关注和探索自然、社会、个体以及生命存在的意义。这种教育就是要将受教育者生命的发展权、创造权还给人们本身，其目标或为"捍卫生命尊严、激发生命潜能、提升生命品质、实现生命价值"，又或是以"润泽生命"为要义，无一不体现了教育本身对生命的关注和对人性的充盈。① 生命教育研究专家肖川认为，"生命教育中的自我认识是很重要的，自我认识可以帮助一个人提高自尊感，提高生活质量，更重要的是在生命教育里，让每个人都能够真正地理解到生命到底是什么，以及它有着怎样的意义"②。也有学者认为生命教育应该注重的是生命的特质，他觉得"生命教育更重要的是唤醒人们许久以来沉睡的生命意识，能够真正关注一下生命的成长互动，从而使一个人能够从自身提高生命质量、健康生活地成长，渐渐地可以掌握如何去智慧地生活，进而培养出一个珍惜生命、学会生存的、理智的、丰满的人"③。还有一部分学者更加看重生命教育对于人们面对生活态度的教化作用，即是否能够让人们学会如何去面对生活，做一个可以对社会、对他人都有爱的人，并把这种爱作为一种信仰去追求，在此情况下更加深刻地去理解生命的意义。

尽管不同的学者对于生命教育的定义不尽相同，但是都认为生命教育是全人教育，涉及精神生活、受教育程度、物质享受程度、健康水平以及生活环境等方方面面。而对于老年人生命教育来讲，其主要影响因素就是物质因素以及心理因素。老年生命教育就是在承认老年人身心特点和个性差异的情况下，以促进老年人自身与社会和谐、与他人和谐、与自然和谐为目标，通过正确的教育方式激发老年人的潜能，全面提升老年人生命质量的一种教育活动，从而使得老年人在教育活动中真正了解自己，学会生存，做到与社会、与他人、与自然和谐共处。

---

① 梅蕾. 我国城市社区老年教育研究——以成都市青羊区城市社区老年教育为个案 [D]. 成都：四川师范大学, 2010.
② 肖川. 当代教育思想精要 [M]. 北京：开明出版社, 2006：166-192.
③ 王北生, 等. 生命的畅想：生命教育视域拓展 [M]. 北京：中国社会科学出版社, 2004：227-232.

(二) 老年生命教育的内容

1. 了解生老病死的生理过程，正确地理解死亡

老年人对于死亡的恐惧很大一部分来源于对生命过程、衰老过程、疾病预防、病情发展以及死亡来临等过程的未知。生命教育的一个重要内容就是围绕这一方面开展的。通过邀请医护人员为老年人普及生理成长过程、衰老过程的基础知识，讲授养生保健知识，开展常见疾病的讲座，帮助老年人识别、预防以及应对相关的疾病，并且还让老年人直接了解人在死亡之后身体会发生怎样的变化等。

2. 了解人面对死亡的心理过程，树立正确的心态

若老年人只拥有强健的身体而没有健康的心理状态，那么其生命质量也会受到极大的影响。一个人在面对死亡时的心理状态，在很大程度上影响生命时间的长短。随着生活水平逐渐提高，心理健康状态也越发受到人们的重视。因此，维护老年人的心理健康，也是促进老年人长寿、健康的一个重要内容。让老年人了解到人在生命最后阶段的生理以及心理变化，有助于老年人正确地了解生命的进程。临终心理五阶段，精确地将人面临死亡时的心理状态分成了五个阶段：第一，否认期。拒绝接受事实。第二，愤怒期。临终患者将愤怒的情绪向接近他的人发泄，以弥补内心的不平。第三，协议期。临终患者接受事实。第四，忧郁期。临终患者产生强烈的失落感，情绪低落。第五，接受期。临终患者接受即将到来的死亡。了解了临终心理状态的不同阶段之后，有利于让老年人提前做好准备，在将来面临真正的临终时不至于感到惊慌失措。另外一个重要的意义就是让老年人意识到心理健康的重要性以及不同心态产生的普遍性，在遇到问题时能够积极地寻求帮助，而不是独自面对。

3. 了解身后事的内容、流程，做好身后事安排

从我国传统文化的角度来说，身后事安排得圆满与否会直接影响老年人最后的生命质量。鼓励老年人参与到自身的身后事安排中，可以避免因为身后事安排不满意而影响自己对待生活的态度。生命教育可以围绕着让老年人了解到诸如墓地的选择、下葬方式的选择、追悼会的举行方式、遗嘱的订立、遗产的处理等各方面内容展开。

4. 探寻生命的意义，领悟生命的含义

对于生命意义的探求，是满足老年人心理需求的重要内容。老年人生命教育可以结合自己以及他人的生活经历，也可以结合对自然、生命万物

的思考来探寻和领悟生命的意义。

(三) 老年人生命教育的意义

1. 生命教育有助于老年人正确地理解人的生命和死亡

现代科学技术的发展使得长寿由梦想变成现实。"人生七十古来稀"已经成为历史，医学的发展使得许多病都变得可以治愈，这是可喜的成果，也是人类的骄傲，但是它也让人们产生了一切疾病都能痊愈的错觉：死亡是由疾病导致的，那么死亡也能被避免。这使得现代人对死亡产生了很大的误解，认为死亡就是"医治无效"所导致的。如果老人因病没能医治好而死去，对于老人和家属来说都是难以接受的，老人有可能因此迁怒其家人没能尽力为他治病而"死不瞑目"，家人也会因没能挽救住老人的生命而感到莫大的痛苦和内疚。据调查，绝大多数老人对疾病"主张尽一切代价给予治疗"①，现代老人已经不能接受死亡这一必然会发生的事实。生命教育的作用就是让老年人认识到生死乃是宇宙运动发展的规律，人作为万物之一，也必然要遵守这一不可改变的规律，一旦让老年人意识到死亡的必然性，就可能很大程度上缓解老年人面对死亡的恐惧和痛苦，从而尽可能去享受人生的幸福和实现人生的价值。

2. 生命教育能够帮助老人正确处理生命和死亡的复杂关系

当代我国正处在农耕时代向信息化时代转变的巨大变革之中。在这个变革的过程中，现代自然科学颠覆了以往的生死观，但是现代自然科学却没有建立起新的能够解决生死困惑的生死观，使得人们在面临肉体痛苦、死后世界的不可知性和不确定性、死亡造成的人生丧失等有关问题时，无法得到相应的缓解，反而有加重的趋势。这些问题使得我国有相当一部分老年人对死亡和生命的认知产生混乱，他们无法正确认知生死关系，这也造成了他们对死的畏惧和对生的贪恋，使老人们谈"死"色变、梦想长生不死。因此，生命教育对于解决老年人的生死困惑也具有重要的时代意义。

3. 生命教育能够帮助老年人缓解和消除由现代生活方式带来的无归属感和孤独感

随着我国现代计划生育政策的实施，一对父母和一个孩子模式的家庭也逐渐增加，一对父母在抚养一个孩子的同时还要供养四位老人。但是，

---

① 曾建国. 上海城市老年人生死观的调查研究 [J]. 心理科学，1992 (5): 54.

当代社会相当多的子女没有足够的时间或者能力去照顾老人，传统的家庭养老模式正面临着严峻的挑战，社会化养老则成为缓解家庭养老负担的重要方式。然而，传统思想强调老人在家中寿终正寝，社会养老不仅与中国传统的孝道观念相冲突，而且意味着老人可能无法在家中寿终正寝。在这种情况下，生活在敬老院、养老院或老年公寓里的老人们可能会痛苦地感到找不到人生归宿，中国人"落叶归根"的思想受到严重挑战。没有家、没有归宿的感觉是痛苦的，心灵得不到安顿，更增加了老年人正确认识生死的难度。另外，现代都市人与人之间被钢筋混凝土隔离，人人成为"陌路客"，没有感情和心灵的交流，使人感到的只是孤独。[1] 难以挥去的孤独感、被抛弃感使老人感到活在世上形如木偶、味如嚼蜡，体味不到人生的意义和幸福。我们需要注意到的就是老年人不仅有物质上的需求，还有精神上的需求，健康、乐观的生活态度是老年人的幸福所在。老人生命教育能够使老年人们消除自身的孤独感、被抛弃感和人生无归属感，再加上生死观的引导和丰富多彩的生活，老年人才能够实现晚年幸福。

4. 老年生命教育具有极为重要的社会意义和政治意义

随着我国人口老龄化日益加剧，老年人即将成为社会的主体。这必然会带来许多复杂的与老年人有关的社会、家庭、个人、经济、政治等问题，而这些问题就集中体现在老年人如何认识生命、死亡以及幸福等核心问题上。问题的解决不仅关系我国老年人的生活质量，而且还关系社会的和谐稳定以及国家的繁荣发展。

虽然生命教育具有重要意义，但是，目前国家还没有制定关于老年生命教育的完整规范，对老年生命教育没有统一的安排和指导，缺乏开展老年生命教育的自觉性，对社区或老年大学等相关团体在老年生命教育的经费投入也相当有限。

另外，老年生命教育课程设置缺乏统一的标准，一些老年教育机构过于关注老年教育的娱乐休闲而忽视了生命教育，导致老年休闲艺术类课程的比重远高于生命教育类课程，生命教育类课程开发长期处于低水平状态。主要原因在于：一方面，受到传统观念的影响和束缚，包括老年人在内的绝大部分中国人对于生命缺乏系统和积极的认识。尤其是进入人生最

---

[1] 郑晓江. 寻求人生的真谛——生死问题的探索 [M]. 南昌：百花洲文艺出版社，2002：79-81.

后阶段的老年人更是忌讳死亡，习惯性地对死亡采取回避消极的态度。因此，学员通常不会主动向学校提出开设相关课程的要求；另一方面，老年大学也会为了照顾学员的情绪、维持和谐的学习氛围而选择不设置生命教育的相关课程。总之，尽管现阶段老年大学课程类型各式各样，内容包罗万象，且呈现出越来越细化的特点，但是生命教育的课程建设还不够完善。在积极老龄化概念的指导下，我国老年生命教育课程的应用与实践需要基于课程目标、建设原则、课程类型、课程内容等方面着手进行完善，优化生命教育课程建设，培养具有健康生理生命的"自然人"、具有生存智慧、道德情操和审美情趣的"精神人"、在社会生活中能协调社会关系并可以发展自己的"社会人"，促进老年人的全面、健康、积极发展。

二、老人之安宁疗护

老年人是社会中的一类特殊群体，他们是最接近生命尽头的人群，临终与死亡对他们而言是避无可避的话题，如何尽可能地避免老年人在痛苦中等待死亡，让老年人更安宁、更自然、更平静、更温暖、更有尊严地走完人生最后一段路程，如何实现生命全周期健康服务的目标，是全社会必须思考的问题。

随着医疗水平的提高，许多患者的生命得到了一定程度的延长。但是一些"生命延长"的背后是许多生命临近终点的患者被迫"安排"进医院，全身插满管子，手脚无法动弹，在痛苦中毫无尊严地等待死亡，身边只有冰冷的仪器和陌生的医护人员，而鲜有人过问患者的感受。安宁疗护的出现，不仅可以帮助老人减轻生理的痛苦，还能给予老人心灵上的抚慰，减轻其对于死亡的恐惧，维护其生命尊严，节约医疗等各方面的社会资源，满足人们对美好生活的向往。

（一）安宁疗护的内涵

"hospice care"一词最早出现在古希腊和古罗马时期，最开始的意思是指朝圣者或旅途中路人用来休息的驿站。20世纪80年代，hospice care的概念、理论、实践传入我国。最初，国人习惯将hospice care译为"临终关怀"。但是，一方面"临终"的字眼在很大程度上改变了"hospice"在英文中的"仁慈、恩典、照顾"的含义；另一方面，对于"好生恶死"的中国人来讲，"临终关怀"一词让人感觉到死亡逼近的压迫感。近年来，为了更符合中国人的传统观念，更易于被大众接受，我国内地官方开始借鉴港台地区的经验,使用"安宁疗护"代替之前的"临终关怀"。也就是说,"安宁疗护"与"临终关怀"同义,在不同场合下交替使用。

世界卫生组织认为,安宁疗护是一种照顾方法,它通过运用早期确认、准确评估和完善治疗身体病痛以及精神疾患的方式来干预并缓解患者痛苦,以此来提高罹患威胁生命疾病的患者及其家属的生活质量。从世界卫生组织的定义来看,安宁疗护并不以延长生命为目的,其对象是各个年龄阶段的生命垂危者,疗护的全过程也是针对预期生命不超过6个月的晚期患者。① 临终老人除了躯体上的痛苦,更多的是面临死亡带来的恐惧、悲哀与无助,从而影响患者的生活质量。安宁疗护采取生活照顾、心理疏导、姑息疗法等治疗手段,着重于控制和缓解痛苦,减少或消除患者及其家属面临死亡的焦虑和恐惧,使患者"活得有尊严、死时安逸"。安宁疗护还为家属提供包括居丧期在内的心理、生理关怀、咨询以及其他项目服务。②

目前我国的安宁疗护主要分为居家照护和住院照护两种模式。第一种居家照护模式是指患者在家里由家属照顾,由医院、社区、志愿者等人员为老人及患者提供疼痛控制、药物注射和心理支持等服务。这种模式所需要的费用相对较低,在满足临终患者需要亲属陪伴愿望的同时,也能减轻医院资源紧张的情况。第二种住院照护模式是指患者在医院进行舒缓治疗,病房、宁养院、临终关怀医院等机构都能接受安宁疗护,以"入院—住院—出院"和宁养服务为主线,构建安宁疗护全人照护模式,是一套科学完整的体系,能够全程为患者提供生命末期服务。③

(二)安宁疗护的内容

1. 疼痛护理

疼痛是老年患者最常见的症状,老年病症发作时,往往会伴随着剧烈的疼痛,为了帮助老年人缓解疼痛的折磨,首先要做好的就是护理工作。第一,对患者建立起疼痛评估体系,了解疼痛的特点、部位、性质等,便于更好地开展护理工作。第二,在药师的指导下对患者使用止痛药,全面

---

① 戴卫东. 安宁疗护:为了生命的尊严与质量 [J]. 中国社会保障, 2017 (8): 72-73.
② 李义庭, 李伟, 刘芳, 等. 临终关怀学 [M]. 北京: 中国科学技术出版社, 2000: 34-41.
③ 朱蓝玉, 李春映, 周秀玲. 中国老年安宁疗护研究进展 [J]. 中国老年学杂志, 2020, 40 (12): 2684-2687.

记录用药过程,如果发现患者有任何不良的反应,立即采取有效的应对措施,进而减轻患者的不适感。第三,对患者进行情绪安慰,很多患者长时间地受到病痛折磨,不可避免会产生悲伤的情绪,严重时可能会发展成抑郁,因此,情绪的安抚对于患者同样重要。在临终之前,老人需要关心、爱护,这样才能保证内心的平稳,积极配合接受治疗。

2. 灵性照顾

关注患者灵性的需要,才能帮助他们面对疾病、更好地接受自己。临终患者的心理是非常复杂的,尤其要关注患者的人格、尊严、宗教信仰等方面。例如,护理人员多与患者进行交流,倾听他们内心的需求,帮助患者增强归属感,感受到医院的温暖。灵性照顾是非常细腻的,一言一行都要特别注意,要站在患者的角度,让护理工作充满爱。在患者的潜意识中,临终就是等待死亡,因此,护理人员要通过安宁疗护来帮助他们转变认识。护理人员要与患者进行心与心的交流,提高患者的信任度,确保临终关怀工作的顺利开展。

3. 情绪护理

情绪变化不定是临终患者普遍存在的现象。当病情出现恶化的时候,患者会出现焦虑、暴躁、失望等不良情绪。为了有效应对临终患者情绪不定的状况,必要时需要让他们服用药物,从而帮助他们改善食欲和睡眠,消除负面情绪的影响。另外,要允许患者进行情感上的抒发,在此过程中,家属和护理人员要全程进行陪护,避免出现患者伤害自己的情况。老年人在临终前发生的情绪波动大多是由很多小事引起的,护理人员需要更加小心。

4. 临终护理

终末期患者的身体器官正处在衰竭的状态,在此期间不能强迫他们进食进水,但是在患者口干时要给予湿润。每个人都会面临死亡,患者及其家属都要以正确的态度去看待,否则认识会存在偏差。在临终之时,家属是患者最坚实的依靠,所以不能让家属陷入过度悲伤的状态中,要帮助他们正确地面对亲属的死亡。鼓励家属和患者多进行沟通和交流,当患者出现躁郁症时,家属要予以及时的安慰和鼓励,帮助他们恢复平静,让他们感觉到安全。此外,护士和家属要多进行沟通,在关键问题上达成共识,这样才有助于临终护理更好地往下执行。

5. 离世后的护理

对于亡者的护理，要充分尊重患者和家属对死亡的理解，不同的民族、文化信仰、经历和性别的人对死亡的理解也不尽相同，医护人员要从实际情况出发进行考虑。例如，给足家属们释放情绪的时间，并参与到亡者遗体的料理中，以此来减轻他们的悲痛。为了尊重患者，在护理中应体现出他们的意愿，可以让患者在健康的状态下签署相关文件，对后期护理工作做出明确的指示，建立起临终护理人员和家属的合作医疗关系。要为家属和患者创造出安静的环境，增加相处时间，在必要的时候，医护人员应给予一定程度上的心理护理，帮助他们减少心理疼痛。

（三）安宁疗护的发展概况

安宁疗护萌芽于17世纪，法国教士文森特·迪帕尔在巴黎成立了慈善修女会，开设院舍，照顾和操办贫困交加者的临终事宜，之后相继在德国、英国、日本等出现了安宁疗护机构。到了20世纪中期，由于西方医学和健康护理发生了重大的变化，安宁疗护也在一定程度上得到了较大的发展，专科与疾病治疗方法的迅速发展使得患病的老年人们在接受治疗后生命得到了延续，慢性病成为死亡的主要原因。此后，护理和康复逐步受到重视，人们逐渐开始关心为临终老人提供的护理的质量。

1967年7月，长期致力于帮助临终患者的英国护士、医生、社会工作者西希里·桑德斯博士在伦敦成立了人类历史上第一所现代意义的安宁疗护医院——圣克里斯多弗临终关怀医院。通过仔细倾听老年患者的疾病史、患病感受，她提出了"综合痛"的概念，认为临终老人所面临的不仅有肉体的疼痛，还包括情感和精神的痛苦。对于疼痛，她提出的缓解办法是：持续的疼痛需要不断地控制，要常规地给予镇痛药，确保疼痛能够被预防，而不是侧重在缓解，使用的药物应该从小剂量开始逐渐加大。这间安宁疗护医院很快就成为一个刺激源，不但引导英国其他地区成立了相同的机构，而且影响了整个世界。自此，安宁疗护医院开始逐渐遍布世界各地。

20世纪八九十年代，我国开始进行安宁疗护的实践探索，1994年"临终关怀科"被列入《医疗机构诊疗科目名录》，安宁疗护的教学内容也正式被列入卫生部制定的社区护理教学和全科医生培训大纲中。我国安宁疗护事业有两个典型的社会组织代表，一个是中国心理卫生协会临终关怀专业委员会，另一个是中国生命关怀协会，两者对于推动安宁疗护的规范化发展和宣传教育等方面起到了重要的作用。

从发展阶段上看，我国的安宁疗护政策大致经历了三个阶段，即2006年之前的探索期，主要由医疗卫生部门在进行探索、尝试和奠基；2006—2012年的扩展期，主要由老龄工作部门在借鉴、引用和发展；2012年至今的发展完善期，主要由医疗卫生部门对安宁疗护资源进行布局完善。

1. 我国安宁疗护政策的第一阶段：2006年之前的探索期

20世纪90年代末，天津医学院成立了我国第一家安宁疗护研究中心，开启了我国医学界发展安宁疗护的新纪元。1994年，卫生部首次将"临终关怀科"列入了《医疗机构诊疗科目名录》，接下来的近十年里医疗卫生领域出台的重要文件也都提到了安宁疗护。在此阶段，安宁疗护的理念在医疗卫生领域中得到了发展，相应的技术手段也在护理实践中日趋成熟。由于当时我国的老龄化问题并不严峻，再加上养老服务的意识并不成熟，安宁疗护并没有引起社会的广泛关注。

2. 我国安宁疗护政策的第二阶段：2006—2012年的扩展期

进入老龄化社会以来，发展安宁疗护事业逐渐被老龄工作者提上日程。2006年，国家和老龄工作部门相继出台了三份重要的文件，即国务院办公厅转发全国老龄委办公室和发展改革委等部门的《关于加快发展养老服务业意见的通知》《中国老龄事业的发展白皮书》以及《爱心护理工程试点工作规程》，这三份文件均提到了要发展老年安宁疗护服务，甚至在《爱心护理工程试点工作规程》中对安宁疗护服务的宗旨和做法做出了详细规定。可以说，2006年是中国发展老年安宁疗护服务的起点，一方面在于它将医疗卫生领域的安宁疗护正式引入老龄事业，实现学科的跨越；另一方面在于它引入安宁疗护的同时加上了"服务"两个字，为安宁疗护在老龄工作中的规模化发展奠定了基础。此后，在2011年的《中国老龄事业发展"十二五"规划》和2012年新修订的《中华人民共和国老年人权益保障法》中都提到了应该为老年人提供安宁疗护服务。然而，在2011年被业界视为养老服务的里程碑文件《社会养老服务体系建设规划（2011—2015年）》中却没有提及要发展老年安宁疗护服务。

3. 我国安宁疗护政策的第三阶段：2012年至今的发展完善期

在考虑老龄社会现实需要、人类疾病谱的变化和医疗卫生资源利用率的背景下，医疗卫生部门开始重视安宁疗护模式发展，在2012年国务院发布的《卫生事业发展"十二五"规划》中提出要"鼓励社会资本大力发展临终关怀",但是在 2013 年国务院发布的《关于促进健康服务业发展的若干意见》、2014 年国家卫生计生委发布的《关于加快发展社会办医的若干意见》中却没有提到安宁疗护服务。

通过梳理我国安宁疗护政策发展的历程可以看出,进入 21 世纪以来,医疗卫生领域和老龄工作部门都对安宁疗护服务的发展给予了相应的重视。但值得注意的是,尽管 2012 年以来中国社会养老服务体系建设进入快速发展期,但是老年安宁疗护服务并没有得到相应的发展,虽然在 2013 年《国务院关于加快发展养老服务业的若干意见》以及 2015 年《全国医疗卫生服务体系规划纲要（2015—2020 年）》的文件中都提出要大力支持安宁疗护医疗机构的发展,但是两者并没有进行有效融合,而是在各自的领域中摸索。总体看来,尽管 20 世纪 90 年代安宁疗护经历了短暂发展,甚至在 2012 年被写进了新修订的《中华人民共和国老年人权益保障法》,但是到了 21 世纪安宁疗护又陷入了难以继续维系的境地,需要引起社会各界的关注。

如今,我国安宁疗护面临的困境主要体现在以下四个方面。

第一,安宁疗护的社会接受度有待提高。我国的儒家、道家、佛教等传统文化,从本质上来说都是人生哲学、人生宗教。儒家、道家是哲学,主要讨论人们应该如何去理解生命、安顿生命；佛教、道教是宗教,主要讨论人们应该如何去理解和对待死亡。[1] 中国传统文化对于生死的认识,主要是从生的角度来思考和认识死亡。而西方的生死观重视死亡,认为死亡是必然的,生是偶然的,对于死亡并不恐惧,认识也比较深刻,西方的临终事业发展比我国更早、更快。中国传统的生死观,是影响老年临终关怀事业发展的障碍之一。传统的生死观对于安宁疗护事业的阻碍主要体现在以下几个方面：首先,就老人而言,我国传统生死观重视"生",尤其追求"长生不老",过度注重生命的延续,缺少对死亡或者死亡真实意义的理解,从而使得老年人对于死亡产生极大的恐惧,表现出意志消沉、拒绝治疗和饮食、对生命自暴自弃的态度,甚至在严重时会出现自杀等行为。这都是由于老年人对死亡的认知存在偏差,才导致其对安宁疗护行为的抵触。安宁疗护对死亡的必然性有正确的认识,它注重老年期或濒死期

---

[1] 陈战国,强昱. 超越生死——中国传统文化中的生死智慧 [M]. 开封：河南大学出版社, 2004：1.

老人的生活和生命质量,而不是一味地延续生命。其次,就子女而言,中国传统文化对"生"的过度强调,使得他们忽视了老年濒死者对于死亡的感受。子女在重视"生"的观念指导下,不惜耗费巨资,试图通过医疗手段使老年人延续生命,没有考虑老年人在老年期或濒死期的精神需求。子女的这种观念,对于提高老年人的生活质量、生命质量和尊严都是没有任何益处的。最后,就社会而言,人们深受传统生死观的影响,重视"生"而忽略死亡的必然性,衡量子女践行孝道的标准就是延续老年人的"生",最终导致"孝"的异化,社会也因此拒绝安宁疗护。

第二,缺乏统一规范的安宁疗护促进政策。实践的发展需要政策的引领和指导。迄今为止,多数经济发展程度较高的城市已经建立起了安宁疗护机构,为末期老年人提供安宁疗护服务。但是,目前我国依然缺乏统一规范的安宁疗护促进政策。"先试点、后推广"是我国经济发展的一大特色,安宁疗护事业的发展同样要经历这样的阶段。2017年,国家出台相关政策,鼓励北京、山东、吉林、四川等试点地区积极稳妥地推进安宁疗护事业的发展。总体上来说,国家主导的试点工作使安宁疗护事业向前推进了重要的一步。但是,我国现有的安宁疗护促进政策在需求高涨与供给严重短缺的矛盾面前表现乏力。国家尚未出台专门的法律法规为安宁疗护事业保驾护航,也没有颁布统一的规范政策来具体引导安宁疗护事业的稳步发展。

第三,护理人才稀缺导致"短板严重"。安宁疗护要求从事该工作的人员具备较高的职业素质、多学科知识和高超的医疗、护理技能。在欧美国家,关怀医学是一门医学分支学科,医学院校还专门设有硕士和博士培训点。[1] 目前,我国从事安宁疗护服务的工作人员有四五万人,以医护人员为主,但他们中的一部分学历层次偏低,总体素质不高,普遍未经过专业的培训。此外,相当多的普通医务人员对于临终患者依旧以治愈为主要目的,不考虑患者的生理特点和心理特点,既延长了患者的痛苦、增加了患者家属的负担,还造成医疗资源的浪费。从而可知,只有对医护人员进行专业培训与知识更新,对安宁疗护进行法制化、专业化、科学化的系统管理,才能保证安宁疗护工作稳步发展。

---

[1] 张燕筠. 老年患者临终关怀影响因素的探讨 [J]. 中国城乡企业卫生, 2010, 25 (4): 3-4.

第四，安宁疗护与医保体系不挂钩。独立的安宁疗护机构虽然能够提供专业的服务，但是这些机构大多属于私营性质，无法与医保政策接轨，患者的检查、用药和住院等费用无法报销，加重了临终患者的经济负担，对于经济依赖性比较高的老人而言尤为明显。虽然综合医院的安宁疗护病房已经纳入医保体系，但是由于安宁疗护服务不再对患者运用积极的治疗手段，用药、检查等费用会大大低于其他科室，基于最大限度利用医疗资源、获取更大的经济收益的考虑，许多医院往往选择取消这项服务。近年来，国内一些地方开始探索和建立长期护理保险制度，试图将安宁疗护纳入其中，但安宁疗护服务与长期护理服务不完全相同，前者的专业性和技术性要求更高，所涉及的事项也更加复杂，如生前遗嘱的签署、一些违禁药品的使用、护工的专业性和伦理纠纷等。所以，如何结合现行的医保制度和将要建立的长期护理保险制度，发展出适合老年安宁疗护服务的资金支持体系是我国面临的一项难题。

第六节　中国智慧养老事业

　　如前所述，我国养老模式主要有家庭、机构和社区三个维度，然而，随着我国家庭规模小型化、大量的农村劳动力进入城市和年轻人追求自由独立生活的趋势增强，家庭的养老功能正在逐渐失去人力支撑的基础。激烈的市场竞争也让年轻一代的生存压力加剧，对年老父母的赡养和照护成为许多年轻人生存压力外的又一巨大物质和精神重压。传统的家庭养老模式已无法满足当代社会日益提升的养老需求。机构养老曾经被视作我国应对老龄化冲击的有效途径，但时间和实践都已经证明，我国超过九成的老年人并不愿意选择这种养老模式。同时，机构养老的发展呈现冷热不均的趋势，公办养老机构"人等床"、一床难求，而民办养老机构"床等人"、床位大量空置。另外，由前文分析可知，社区居家养老也存在一些问题。

　　2014年世界卫生组织发布的一则《预防自杀：一项全球要务》报告表示：在世界上，留守老人的自杀率是平均水平的四五倍。另外，伴随着独居老人的增多，近年来频繁出现独居老人死在家中数日乃至数月无人知晓的状况。

　　在此形势之下，社会急需一种高效化、智能化、多功能的新型养老模式，来辅助居家养老、机构养老、社区居家养老模式的完善和提升。"智慧养老"应运而生。

一、智慧养老的内涵

智慧养老，最早是由英国生命信托基金提出的养老理念，作为对传统养老模式的一次颠覆，智慧养老结合了互联网、物联网、大数据等信息技术的优势与力量，基于可穿戴设备、传感器等线下设备基础①，从而打破时间和空间的束缚，有效甄别老年人照护需求，预防并化解老年人居家养老风险，即使老人在家中也能享受到高科技、高质量的养老服务。在此之后，"智慧养老"又与万国商业机器公司（IBM）提出的"智慧地球""智慧城市"等概念相结合②，其名称也随着内涵的变迁经历了"信息化养老""科技养老""智能养老""互联网+居家养老"等一系列变化。2015年以后，学术界基本以"智慧养老"来替代以上概念。③

近年来，不同学者分别从不同的角度对"智慧养老"的概念进行了阐释。第一，从智慧养老技术基础的角度出发，智慧养老概括为一种利用物联网、云计算等技术，将分布于老年人身体和生活环境的传感器终端与计算机网络进行无缝连接，并以此实现对老年人生活全方位呵护的养老手段。④ 第二，从智慧养老的运行原理出发，智慧养老是在养老服务中，集成智能信息技术应用，以智慧养老平台为载体，解决当前养老物资、人力、服务、数据等各种社会资源相互分割难以汇集的现状，做到资源层面的互联互通、高效分配和精准管理，实现老年人个性化需求与社会多元服务供给的快速对接。⑤ 第三，从智慧养老的人性化关怀目标出发，智慧养老不仅是对老年人的单方面生活照护，还是一种通过与老年人智能交互以提升老年人自我认同感和自我价值感的手段。智慧养老可以变单向助老为

---

① 赵健. 智慧养老视阈老年人精神保障模式的研究——以抑郁症为例 [D]. 合肥：安徽建筑大学，2020.
② 许晔，孟弘，程家瑜，等. IBM "智慧地球"战略与我国的对策 [J]. 中国科技论坛，2010（4）：20-23.
③ 孙梦楚，高焕沙，薛群慧. 国内外智慧养老研究进展 [J]. 特区经济，2016（6）：71-73.
④ 席恒，任行，翟绍果. 智慧养老：以信息化技术创新养老服务 [J]. 老龄科学研究，2014，2（7）：12-20.
⑤ 屈贞. 智慧养老：机遇、挑战与对策 [J]. 湖南行政学院学报，2016（3）：108-112.

与老人的双向交互，在利用科技的力量提升老年人养老生活质量的同时，还可以吸收老年人的经验智慧反作用于科学技术，使科技智慧与老人智慧互补互促，同时也能让老年人在精神层面满足其价值实现的需求，体现智慧养老的人性化关怀。① 第四，从养老模式优化的角度出发，智慧养老是将三网（因特网、社交网、物联网）等先进信息技术整合在一起，并将之运用到养老服务中而形成的一种新型养老模式，此模式一方面可以通过传感器终端、传感网络与智慧养老云平台的沟通交互，实现对老年人日常生活的监控，另一方面也可以通过网络的反向运行，将各种信息、服务、物质传递至老年人处，满足其多层次养老需求。②

从而可知，智慧养老的具体内涵主要包含了以下几方面内容：首先，智慧养老的核心是将先进的信息技术（如互联网、物联网、大数据、云计算等）进行整合从而帮助老年人提高养老质量。其次，智慧养老不仅包含线上系统，还大量运用线下居家辅助设备（如智能可穿戴设备、各种传感器等）。再次，智慧养老运用信息技术实现养老服务各相关社会主体的联系，使各方以智慧养老平台为核心连接成一个有机整体，为实现智慧养老而共同努力。最后，智慧养老运用信息技术和人工智能技术的优势，不仅能很好地满足老年人全方位的物质需求，而且还能满足老年人精神慰藉、自我尊重和自我价值实现等更高层次的需求。智慧养老视阈的老年人精神保障模式，就是将特定的基于大数据的人工智能技术与智慧养老理念相结合，利用智慧养老覆盖面广、交互网络规模庞大的天然属性，通过互联网这个人类生活的第四个维度，完成对老年人的精神疗愈和保障。③

二、智慧养老事业的发展历程

（一）我国智慧养老事业的萌芽阶段

20世纪90年代，我国政府和社会各方开始致力于利用现代信息技术改进养老服务工作，这便是我国智慧养老事业的萌芽。在此之后，各地开通了公益性"社区服务热线"，这是由各地方民政部门主办、社区服务中

---

① 左美云. 智慧养老的含义与模式 [J]. 中国社会工作，2018（32）：26-27.
② 朱海龙. 智慧养老：中国老年照护模式的革新与思考 [J]. 湖南师范大学社会科学学报，2016，45（3）：68-73.
③ 赵健. 智慧养老视阈老年人精神保障模式的研究——以抑郁症为例 [D]. 合肥：安徽建筑大学，2020.

心承办的智慧养老服务项目。此外，各地的居家、社区和养老机构中都安装了基于电话通信的"一键通"紧急呼叫器，其用途在于不仅能够让老人及时地接收来自社区服务中心的通知，还能够让社区服务中心高效、便捷地收到老人的需求，从而提供及时的援助。

到了 20 世纪末，随着通信与计算机网络技术在全国各地的普及，老年人异地医疗咨询的需求也在不断增加。1999 年 1 月，卫生部发布了《关于加强远程医疗会诊管理的通知》，该通知首次明确了该领域的相关标准，为远程医疗的发展奠定了基础。2001 年 1 月，国务院发布了《互联网医疗卫生信息服务管理办法》，界定了远程医疗会诊服务与医疗卫生信息服务的区别，进一步明确了远程医疗会诊服务原则。

可见，智慧养老事业在萌芽阶段最基本的表现形式是信息化养老服务。尽管借助初级信息技术提供的居家养老服务受到老年人欢迎，也在一定程度上得到了推广，但还存在着信息技术不够先进、数据信息分散、数据信息规格不统一等制约因素。①

（二）我国智慧养老事业的探索阶段

21 世纪以来，随着互联网技术不断更新和养老服务工作不断完善，养老领域的信息技术系统也在不断更新换代。在这一阶段，养老服务事业由信息化逐步向智能化过渡，公益性"社区服务热线"、基于电话通信的"一键通"紧急呼叫器与企业、社会组织其他信息资源相对接，在语音呼叫平台的基础之上进一步建立了社区养老服务系统。② 这一服务体系通过构建一个综合信息服务平台和多个分类子平台，将关注并记录到的有关老年人生活起居、医疗保健、健康监测、紧急救助和精神慰藉等数据汇总并传给其子女和社区。同时，在这一阶段，养老服务信息平台还将信息化手段和技术运用于居家养老的服务与管理，创新养老服务方式，增加养老服务内容，从而将自身变成了不以实体养老机构为服务载体的"虚拟养老院"。"虚拟养老院"模式通过企业市场化运行，对服务对象实行会员制组织、对服务队伍实行员工制管理，为老年人提供规范化、标准化、人性化、个性化的主动式服务，为居住在家里的老年人打造一个"没有围墙的

---

① 李艳. 社会工作视角下智慧养老服务研究 [D]. 呼和浩特：内蒙古师范大学，2017.
② 李艳. 社会工作视角下智慧养老服务研究 [D]. 呼和浩特：内蒙古师范大学，2017.

养老院"。① 与传统养老机构相比,"虚拟养老院"主要的优势在于打破了养老服务的时间与空间限制,拓展了养老服务范围,降低了养老机构的运营成本。2007年10月,江苏省苏州市沧浪区首次正式提出"虚拟养老院"概念,政府引导相关企业开展居家为老服务。随后上海、浙江、山西、辽宁、广东、山东、甘肃等地,也陆续计划建设具有地方特色的"虚拟养老院",探索智慧养老的新模式。

(三)我国智慧养老事业的快速发展阶段

近年来,随着现代信息技术和人工智能技术的普遍应用以及老年人需求的日益多元化,养老服务信息平台也不断更新换代,朝着规模化、精细化、人性化的方向发展,呈现出平台、服务和终端一体化的特点。②

为了支持我国智慧养老事业的发展,规范智慧养老服务平台的运作,国家于2010年以后相继出台了一系列的方针政策。2011年9月,国务院印发《中国老龄事业发展"十二五"规划的通知》,其中提出了加快居家养老服务信息系统建设,做好居家养老服务信息平台试点工作,并逐步扩大试点范围,推进信息化建设;建立老龄事业信息化协同推进机制,建立老龄信息采集、分析数据平台;健全城乡老年人生活状况跟踪监测系统。此后,在《关于加快发展养老服务业的若干意见》《关于鼓励民间资本参与养老服务业发展的实施意见》等多个政策中均提到了"养老服务信息化建设"的相关内容。自2012年起,我国开始推行"智慧城市"建设,即发展信息化、智能化的数字城市,其中养老服务是城市发展的重点领域。2012年5月,"全国智能化养老项目"得到全国老龄办的正式批复立项,计划到2018年年底在全国建设100家"智能化养老实验基地"。2012年10月,"首届全国智能化养老战略研讨会"和"全国智能化养老实验基地建设启动仪式"在北京召开,首次提出了"智能化养老"的理念,"全国智能化养老实验基地建设启动仪式"是我国智慧养老事业的标志性事件。2013年,全国老龄委专门成立了"全国智能化养老专家委员会",为我国智慧养老服务事业与产业发展把脉导航。2015年国务院印发《关于积极推进"互联网+"行动的指导意见》,明确提出了"促进智慧健康养老产业发展"的目标任务。2017年发布的《智慧健康养老产业发展行动计划

---

① 李艳. 社会工作视角下智慧养老服务研究 [D]. 呼和浩特:内蒙古师范大学,2017.
② 李艳. 社会工作视角下智慧养老服务研究 [D]. 呼和浩特:内蒙古师范大学,2017.

（2017—2020年）》提出，要加快智慧健康养老产业发展，到2020年，基本形成覆盖全生命周期的智慧健康养老产业体系，建立100个以上智慧健康养老应用示范基地，培育100家以上具有示范引领作用的行业领军企业，打造一批智慧健康养老服务品牌。这一系列的政策都标志着我国智慧养老事业已经开始上升到国家战略层面。

三、智慧养老模式的现状

（一）智慧居家养老模式的现状

与机构养老等其他养老方式相比，居家养老服务可以让老年人生活在熟悉的环境里，使老人很容易融入周围环境、延续老年人以往的社会网络，从而使老年人的心理更健康。因此，90%的老年人选择了居家养老方式。① 但是，在传统的居家养老过程中，若独居老人身体突然不适或发生其他意外事件时，可能会面临无人知晓或无法得到及时救治的情况，其人身安全无法得到很好的保障，因此，居家养老方式存在固有的弊端。然而，随着数字化技术、信息化技术和人工智能技术的发展，中国已经进入信息化、数字化与智能化的全新时代。据中国互联网网络信息中心（CNNIC）发布的第44次《中国互联网络发展状况统计报告》数据显示，截至2019年，我国网民规模达到8.54亿人，其中，中老年互联网用户群体的比重也在不断升高。② 在此背景之下，如何将现代化的信息技术、数字技术和人工智能技术与传统的居家养老模式相融合，已成为当前亟须解决的问题。

智慧居家养老，是传统居家养老的智能化、信息化升级，既体现了家庭成员的亲情，又融合了高科技的辅助功能，是基于远程科技建立的支持家庭温情养老的一种新型社会服务体系。智慧居家养老服务体系主要包括智能设备、线上服务平台、线下服务圈三个部分。③

---

① 汪桂琴，郑鹏远，付珈珈，等. 主动式居家养老智慧终端服务模式探讨［J］. 保健医学研究与实践，2021，18（1）：12-18.
② 中国互联网络信息中心. 第44次《中国互联网络发展状况统计报告》（全文）［EB/OL］. 中国网信网，2019-08-30.
③ 于潇，孙悦. "互联网+养老"：新时期养老服务模式创新发展研究［J］. 人口学刊，2017，39（1）：58-66.

1. 智能设备

"一键通"又称"电子保姆"呼叫器，呼叫器上包含了两个按钮键，分别在不同程度的紧急情况之下使用。红色是 SOS 紧急救助按钮，绿色是非紧急救助按钮。按下红色按钮可立即接通社区救助热线，社区服务中心可以根据先前的存档信息和 GPS 定位，第一时间为老人提供所需的紧急救助。按下绿色按钮，就可得到非紧急救助，包括上门做饭、打扫清洁、清洗衣服、上门助浴或接送老人到服务中心洗浴等家政服务，以及家具家电维修、健康咨询、精神慰藉和陪老人聊天等社会化服务。① 在甘肃省嘉峪关市，"一键通"这种智慧居家养老服务模式就取得了良好的效果。嘉峪关市通过建立专业的居家养老服务系统，采取"政府引导、市场运作、企业服务"的模式，整合全市养老需求方与服务供给方的信息资源，采取政府付费的方式，为全市注册居家养老服务的老年人免费配备"一键通"。北京市为 60 岁以上残疾老人、孤寡老人、三无老人、空巢老人、失能居家老人、80 岁以上高龄老人免费发放"小帮手"电子服务器（也被称为"手机保姆"），"小帮手"电子服务器与"一键通"类似，除具有普通手机一般功能外，还具有急救呼叫、报警呼叫、一键通话、亲情键、收音机外放、手电筒、语音朗读等功能，为老年人、残疾人提供代拨电话、代发短信、代定闹钟、代防骚扰、代存电话、信息发布、社区服务、服务咨询等电子信息服务。

2. 线上服务平台

线上服务平台通过处理、分析和上传信息，整合数字化资源，是连接智能设备和线下养老服务圈的重要桥梁。线上软件服务平台与社区服务信息平台结合可以发挥"互联网+社区服务"功能，与医疗机构的信息平台结合可以发挥"互联网+护理"功能。② 汪桂琴等人在查阅大量文献的基础上，结合 107 户城市社区老年人家庭的入户需求调研以及社区"嵌入式医养结合病房"工作情况，提出了"主动式居家养老"的概念，把网络远程技术、智能居家系统、实时健康监测管理系统与医康养护资源整合到一起，通过社区医养结合智慧服务云平台，构建了"有亲情有保障"的升级优化版主动式居家养老模式。云平台实现路径为郑州大学第五附属医院打

---

① 李艳. 社会工作视角下智慧养老服务研究 [D]. 呼和浩特：内蒙古师范大学，2017.
② 匡丽. 智慧居家养老的问题与对策 [J]. 社会与公益，2020（6）：80-82.

造的医养结合全社会参与的、从三甲医院到养老院、社区与居家的"全链式智慧医养结合服务"（医—养—社—家）模式，把三甲医疗机构的优质综合资源直接下沉直属社区增效赋能，通过信息技术与生活照料第三方合作，借助云平台便捷高效运转，闭环有效管理，让居家老年人不出家门就能享受三甲医院专业化的医疗服务。同时，河南欣宜嘉健康管理有限公司在郑州大学第五附属医院的指导下，采用智慧信息软件（电脑端：PC端、移动端：手机App）+硬件（居家硬件设备、健康驿站的硬件设备）+三甲医疗资源下沉的专业服务，推进社区与居家医康养护服务。云平台板块的设计集评估、大数据采集、数据分析、健康管理、主动健康、健康教育等于一体，共13个板块。老年人健康全过程管理通过安装居家终端设备，对其生命体征进行监测，并通过物联网卡自动传输上述数据到云平台进行分析，进而挖掘出老年人个体化健康模型，为老人提供健康评估、疾病预警、健康指导等服务。①

3. 线下服务圈

线下服务圈指实体商户和企业等养老服务的直接供给者，为老年人提供多样的养老服务，如餐饮店、药店、超市等为老年人提供生活用品，以及老年活动中心、棋牌室等满足老年人的精神生活需求。②

（二）智慧机构养老模式的现状

尽管我国养老机构自身存在的弊端抑制了机构养老服务的有效需求，但并不意味着机构养老的重要性不够，相反，养老机构作为一个缓解社会养老压力的解压阀，其发展空间和前景越来越广阔。在智慧时代下，养老服务信息化建设促使信息技术、人工智能技术与传统的机构养老模式不断融合发展。

智慧机构养老正是顺应智慧时代而生的一种新型养老方式，是养老院、老龄公寓依托智能后台管理系统为老年人提供统一的信息管理、远程监控、实时定位、对接专业医疗机构及多种助医、助餐、助浴的养老服务模式。③ 与传统的机构养老模式相比，智慧机构养老模式的优势在于：

第一，智能设施的配备极大地减少了机构养老的安全隐患。例如，老

---

① 汪桂琴，郑鹏远，付珈珈，等．主动式居家养老智慧终端服务模式探讨［J］．保健医学研究与实践，2021，18（1）：12-18.
② 匡丽．智慧居家养老的问题与对策［J］．社会与公益，2020（6）：80-82.
③ 李艳．社会工作视角下智慧养老服务研究［D］．呼和浩特：内蒙古师范大学，2017.

人可借助加装在卫生间或床头的分机或手持设备进行一键紧急呼叫、双向对讲。安装在老人床上的感应器，可以感知到老人跌落床下或是夜起走动，自动呼叫管理人员或家庭成员；在卫生间、浴缸等易摔倒的地方安置压力传感器或"会报警"的锁，在老人跌倒时它能够自动呼叫。

第二，智慧机构养老模式可以利用现代科技、智能设施和信息化系统管理，缓解护理人员不足的压力，减少养老机构的经济成本。智慧机构养老可以实现全天候安全管理，全方位监控老人健康状况，降低了养老机构护理人员的工作量，同时还解决了养老机构护理成本过高的问题，有效缓解社会服务资源与老年人需求之间的矛盾。

第三，在机构管理上，智慧机构养老模式通过信息技术收集数据，并以此为依据，促使各部门制订方案和计划，科学管理，提高工作效率和服务水平。

云南省昆明市的柏寿老年公寓就是实行"互联网+"智慧机构养老模式的典型例子。柏寿老年公寓的特色就在于以信息化为主要管理方式，拥有智慧养老家属互动系统、智慧养老服务管理系统两大系统。其中，智慧养老家属互动系统是柏寿老年公寓自主研发的用于提高养老服务透明度、方便养老服务管理和便于家属与老人日常互动的管理系统。该系统包括健康管理、护理情况、用药情况、点餐信息、费用支出、活动轨迹六大模块。健康管理模块包含老人的基本信息，如年龄、体重、自理情况、主要疾病等信息，这些指标全部通过健康数据采集设备测量，测量后全部直接上传至云平台和互动系统中，让家属及时掌握老人身体健康的相关数据以及这些数据背后可能隐含的健康风险；护理情况模块涵盖了所有的护理项目及其完成情况、完成时段；用药情况模块是针对需要喂药的老人专门设置的；点餐信息模块全面展示老人一日三餐情况；费用支出模块明晰地记录了每笔收费项目及其标准、缴费时间、金额、缴费形式；活动轨迹模块针对的是易走失的老人，他们都佩戴了定位设备，通过监控能时刻找出老人所在位置。与此对应，公寓还研发了一套智慧养老服务管理系统，该系统实质是一个云平台，极大地提高了养老服务效率。该系统包括了托养管理模块、托养服务模块、机构管理模块、护理管理模块、统计查询模块、业务系统模块。柏寿老年公寓利用平台系统与智能手机终端相结合的技术手段提供养老服务，目前已经实现了养老机构内部数据的实时更新、信息的汇总与共享，是其他养老机构所不具备的创新之举。[①]

(三) 智慧社区养老模式的现状

智慧社区养老是处于智慧居家养老和智慧机构养老之间的一种养老模式，其常见形式有两种。

1. 统一呼叫平台

智慧社区养老模式的第一种常见形式是设立统一呼叫平台，集信息资料管理、智能呼叫、服务资源为一体。运用大数据技术对老年人的基本信息进行管理，整合大量的养老服务资源，为老年人提供便捷、高效的养老服务。例如，健康服务包括健康检测、健康档案、健康咨询、健康助手、家庭病床和家庭医生等服务；安康监护包括一键呼叫、安全报警、健康监测、位置查询、人体感知与环境监测服务；"一按灵"之类的智能养老服务平台为老年人提供包括家政服务、照料护理、助餐服务、一键购物、出行服务、跑腿代办、法律维权、物业服务等全面的生活服务。此外，通过智慧社区养老服务平台的信息交互子系统，老年人能够发布各种服务需求或求助信息，为老人提供服务的志愿者也可以及时查看老人发布的服务信息，从而把老年人、志愿者、养老服务中心三者联结在一起，有效化解养老信息供需不对称的矛盾。[②]

2. 创办智能化的社区日间照料中心

智慧社区养老模式的第二种常见形式是创办社区日间照料中心，为老年人提供智能助医、助餐、助浴等日托服务。例如，北京路日间照料中心是贵州区域打造的一家具有示范作用的社区养老服务中心，其设置了多功能厅、日照中心、书画阅览室、康复室、健康小屋、雷锋超市等九个功能室，可为社区的老年人提供文化、娱乐、休闲、教育、健康、日间照料、康复护理等服务。同时，该中心创新运用"互联网+养老"服务理念，搭配推出智慧化养老服务平台，以互联网技术为基础，通过大数据的方式，建立老年人健康档案，根据日常生活、消费、饮食、旅游等习惯，向平台上的老年人提供所需服务。成都成华区东沙路社区日间照料中心正式运营后，可提供老年餐桌、保健康复、文化娱乐、智能居家、精神慰藉、就医

[①] 陈靖. 云南省智慧机构养老服务研究——以柏寿老年公寓为例 [D]. 昆明：云南大学，2017.

[②] 李艳. 社会工作视角下智慧养老服务研究 [D]. 呼和浩特：内蒙古师范大学，2017.

绿色通道等日间托老服务，其中最具特色的是智能化养老服务系统，凭借智能化的设备设施，将为社区居民尤其是老年群体，带来更加高效便捷安全的健康管理、智护服务、亲情互动等服务。

尽管我国智慧养老发展迅速，为老年人的生活带来了便捷、灵活的服务，但是目前我国智慧养老产业还没有由分散向集约转变，整体上服务资源还是相对分散。由于各行业之间存在行业壁垒，不同的信息服务平台之间相互独立，信息资源不能共享，各行干各行、服务类型重叠的现象比较突出，导致已有的养老服务信息平台存在数据总量规模小、数据信息碎片化、养老服务资源整合困难、系统功能零散等问题，难以实现规模化运营，无法建立一个统一的智慧养老综合服务平台来整合分散的社会养老服务资源（居家养老、社区养老、机构养老），资源利用率低。此外，开发商往往侧重于线上软件系统开发，忽略了线下服务建设，线上线下服务资源的支撑、整合、互动不足，与真正意义上的社会化服务供给还存在一定距离。

另外，目前我国在智慧养老服务方面的政策法规不够健全，缺乏统一的信息化标准，尚未形成完整的智慧养老服务体系。例如，对于哪些数据属于老年人的个人隐私信息、哪些老年人的基本数据允许被平台共享等标准问题，尚未有相关的法律法规进行明确的界定。相关法律法规和政策制度的不完善可能会导致智慧养老服务对象的合法权益受损，严重制约了智慧养老产业的发展。此外，智慧养老产品缺乏行业标准，相关标准的不统一带来养老资源利用率低下、智慧养老服务质量参差不齐等问题。

还有，目前从事智慧养老的企业对老年人的真正需求缺乏细致了解，再加上政府"自上而下"提供服务的方式，在很多时候老年人总是无奈、被动地接受新技术系统及其提供的服务，从而使得智慧养老产品和服务的数量和质量都不能很好地满足老年人的真正养老需求。当前智慧养老服务仍处于以满足老年家政、生活照料、身体护理、医疗健康等生理与安全需求为主的低层次服务水平。老年人的养老服务需求是多元化的，包括生活照护、健康管理、精神慰藉、文化生活等服务需求，老年人既需要社会的扶养，又需要实现自身社会价值，在满足其基本生理需求的同时，还应当重视其精神慰藉等更高层次的需求。然而，当前的智慧养老智能化技术对于老年人精神慰藉、文化生活等高层次养老服务的研发仍处于初级阶段，不能很好地满足老年人多元化的养老需求。①

再有,由前文可知,基于互联网技术的智慧养老模式成本极高,在一定程度上加重了老人的经济负担。现有部分智慧养老设施是结合地产、产业园的开发而建设的,旨在打造高端豪华设备或示范项目,面对的是具有选择性的特殊老年群体,经济条件的约束自然会让经济困难的老年群体排斥这种新型的养老模式。加之,老年人运用"智慧"设备的能力相对较弱,尽管智慧养老模式可以为老年人提供"数字就业""智慧教育"等线上高层次养老服务,但是这仅仅对于具有较高文化水平、计算机操作水平的少部分老年人适用,而大多数不会操作智能设备的老年人无法通过智能设备享受便捷的养老服务。

第七节 "雨花敬老公益"养老模式的探索与创新

"雨花敬老公益"是专门从事公益养老的公益平台,起源于2011年9月在杭州建德创办的雨花素食互助餐厅——雨花斋。从2011年9月至2019年年末,雨花斋从一家迅速发展到近千家。

雨花,是"雨化"的谐音,取"好雨知时节""润物细无声"之意境,比喻雨花的行为是自然而然、潜移默化的影响、润化,也比喻像雨露无分别地、平等地滋养万物般的无私大爱。"雨花敬老公益"的宗旨是培育、践行社会主义核心价值观;培育、践行"养儿为老、敬老为国"的信仰;传承中华优秀传统文化尤其是家文化、孝道文化、家训文化;帮助更多老人有尊严地、高品质地度过幸福晚年并实现善终。"雨花敬老公益"的核心精神是"没有'杀戮',没有交易,只有感恩"。"没有'杀戮',没有交易",体现雨花的"公益"属性,是无私奉献、是无分别的平等的爱,是和谐,是人类命运共同体的坚实基础。"只有感恩",是指内心深处除了"感恩"别无他物,言谈举止无不是感恩、报恩。"只有感恩",是"雨花敬老公益"及其志愿者一直在努力追求的境界,也是整个人类社会应追求的境界。教学为先、老人是宝、仁爱、自利利他等,是"雨花敬老公益"事业的主要理念。"雨花敬老公益"的理念文化源于中国文化——

---

① 李艳. 社会工作视角下智慧养老服务研究［D］. 呼和浩特:内蒙古师范大学,2017.

中华优秀传统文化、革命文化、社会主义先进文化。

很多关心雨花敬老公益事业的人都会问：雨花敬老公益事业为什么能有十年的快速发展？为什么能健康可持续发展？对此，"雨花敬老公益"的创办人大行老师是这样回答的：

这是一个很重要的问题。要回答这个问题，首先要真正了解雨花敬老公益事业做的是什么事情，后面的问题就迎刃而解了。雨花敬老公益事业做的是为老人服务的事情，正如党和国家常说的为人民服务，老人也是人民，敬老就是为人民服务。为什么要为人民服务？如果不知道为人民服务的意义，我们还是会不自觉地为自己服务。当然，自己也是人民的一员，不能不为自己，但不能只为自己。要想全心全意为人民服务、帮助更多的人，只有清楚其中的关系，才会自然地、长久地去利他，而不是临时的行为。就像我们孝敬父母，是基于我们很清楚这是亲情关系。我们的身体都受之于父母，我们和父母完全是血脉相连的，父子有亲，父慈子孝，这是天经地义的，所以不会今天尽孝，明天就不孝了，而是要尽整个生命去孝，哪怕舍去生命都要去孝，甚至父母过世了都还要去孝——缅怀先祖，慎终追远，这是中国古来有之的孝道文化。要想把老人敬好、把孝道践行好、把为人民服务做到位，就要清楚认识到我们与人民的关系。社会主义和共产主义的理念里都提到了"我们是人民的儿子"，然而，我们要如何理清人民是我们的父母这个问题呢？答案仍然在我们的传统文化当中。古人有敬天法祖的传统，"天地君亲师"，都是我们敬重、感念的对象。一个人的成长乃至成才，离不开天地的滋养、国家的守护、亲人的抚养、师长的教导以及众人的支持。我们吃的米不是自己种的，我们穿的衣不是自己做的，我们衣食住行的方方面面都仰赖他人的帮助。没有人可以离开他人的支持而孤立存在。古人教导我们要"泛爱众，而亲仁"，能够"爱众"，是因为深知群众、人民的恩。心怀感恩，心有仁爱，将孝道推而广之，便是天道，便是至善的道德境界。从这个意义上说，人民就是我们的父母，我们要像报答父母一样去报答天下所有的人。长期以来，由于对古话"人不为己，天诛地灭"产生误解，人们自私自利，迷失于个人贪欲，使得人情冷漠、黑白颠倒的现象层出不穷，这是没有明白自己与他人之间的关系导致的。《礼记》说，"天下为公，是谓大同"。如果人们没有"为公"的大爱，都奔着私利而去，"上下交征利，而国危矣"。中国历史上有过大同世界，那是因为古代诸多圣哲、诸多"子"的出现。"子"代表修道、修德之人，是对圣贤的尊称。如老子、孔子、孟子、荀子、墨子、韩非子……他们的学生很多也都成了"子"。正是因为有这些求道之"子"，才有了五千年绵延不绝、辉煌璀璨的中华文明。当今，只要还有人立志做圣贤、取法于圣贤，中华文化就能不断传承发扬，雨花敬老事业就能够持续存在。从社会现象来看，只要社会的老龄化问题还存在，雨花敬老公益事业就有存在的价值。"雨花敬老公益"是新时代的另一种家庭形式，是社会主义、共产主义的道义大家庭，只要追求共产主义的人还在，只要愿为共产主义奋斗终身的人还在，雨花敬老公益事业就还在，雨花志愿者就还在。

总之，雨花敬老公益事业是自他两利、彼此服务的平台，雨花行动不是一个临时的行动。为人民服务的初心不能变，而且还要不断强化人民在我们心中的地位，不断缩短我们与人民的距离，在一张"餐桌"上传承、巩固我们的中华情义。我们要不断提升对人与人关系的认知，认识到彼此的生命息息相关，获得"为人民服务"的真实洞见和坚定态度。生命本来就同根同脉，我们生来就相依相存。

在创办人大行老师的带领下，"雨花敬老公益"对中国严峻的养老现实做过认真调研、系统思考，经过十年的实践、摸索，探索出了五种养老模式——居家养老有益补充模式、社区邻里互助养老模式、心灵养老模式、家庭互助式机构养老模式、智慧养老模式，从而为解决中国居家养老、社区养老、机构养老、心灵疗愈养老、智慧养老面临的困境提供思路与途径。

一、雨花斋——居家养老有益补充模式

"雨花敬老公益"的居家养老有益补充模式，最典型的代表就是雨花免费素食餐厅"雨花斋"。全国第一家雨花斋由一位从事中国传统文化义务教育的文全长老（文全长老，姓余，名"海全"，出生于1929年11月，逝世于2012年6月）及其学生大行老师创办。

（一）雨花斋的缘起

中国人自古以来受到的教育就是养儿防老、光宗耀祖，今天受西方思想的影响，家庭观念、价值观都发生了很大的变化。随着老龄化的加剧，越来越多的老人在自己生活、奋斗了一辈子的空荡荡的房子里孤独终老，这就是今天大家耳熟能详的——"空巢"。

"空巢"这个词，很多人听起来好像没什么感觉，细思起来，其实，这是一个令人恐惧的现实，文全长老常说："空巢里面的老人好苦啊。"2011年8月，年过八旬的文全长老，拿出了仅有的5万多元钱，让学生大行于2011年9月12日为孤苦的老人们开设了一家免费素食餐厅——雨花斋。渐渐地，雨花斋所有的用餐者和志愿者们，都恭敬而亲切地称呼文全长老为"雨花长老"。雨花斋营业以后，将近九成的用餐者是住在附近的老人和环卫工人，免费、健康的素食为这些老人的生活带来了温暖。有人曾经问雨花长老开办雨花斋的意图是什么，长老只是摆摆手说："做了就好，舍了就好。"然后雨花长老陆续又提出了"吃了就好，够了就好，了了就好"，渐渐地这低低矮矮的"吃了就好，做了就好，舍了就好，够了就好，了了就好"就成为雨花斋的基本精神——"五了"精神。正是这"五了"及"没有'杀戮'，没有交易，只有感恩"的核心精神，让雨花斋如雨后春笋在中国大地遍地开花，这美丽的花朵甚至"红杏出墙"开到了国外。

　　在雨花斋有一个现象，引起了雨花斋发起人的注意：来雨花斋做志愿者的人中老人的数量逐渐增长。为什么雨花斋的志愿者老年人居多？人们普遍认为的退休后的老人就毫无社会价值的观念，在这里被打破了吗？

　　我们还没到老的时候，还没到步履蹒跚、颤颤巍巍、连碗都端不住的时候，我们没法体会老人的生活。我们没有被生命痛苦所逼迫，不愿意看未来也看不到未来，没有思考过老了会怎么样、老年人应该怎么养老，自然也就无法解决自身"老"的问题，从而对衰老感到恐惧、不安、焦虑、失落。

　　那么，应当如何解决自身"老"的问题呢？

　　关键之处就在于复兴中华优秀传统文化。

　　习近平总书记反复强调要复兴中华优秀传统文化。在中法建交50周年纪念大会中，习近平总书记引用了拿破仑当年说过的一句话："中国是一头沉睡的狮子，当这头睡狮醒来时，世界都会为之发抖。"① 意在呼唤中华民族的儿女、呼喊沉睡的中国人，若中华儿女醒来，就意味着中国五千年的文明基业就可以继续承传，中华优秀传统文化就能够得以复兴，世界也能分享到这没有国界、没有种族分别的世界"大同"的中华民族

---

① 习近平在中法建交50周年纪念大会上的讲话 [EB/OL]. 新华网，2014-03-28.

精神。

人与动物的区别就在"伦理"上。中国伦理,是中华优秀传统文化的核心,包含了家庭伦理、社会伦理、国家伦理、国际伦理、宇宙伦理五大伦理关系,铸就了中国人修身、齐家、治国、平天下的家国情怀,也造就了中华民族的千年盛世。中华文化与西方文化的根本区别,就在伦理尤其家庭伦理上。因此,中华民族要想真正醒来,必须从学习中国伦理开始。面对人类情感的淡薄和价值观、人生观、世界观的颠倒,以及伦理道德的沦丧,我们必须重新认识、学习祖先留下的宝贵遗产——中国伦理。

如果我们不懂怎样善待老人,那就是因为没有遵守中国伦理,就意味着伦理关系紊乱了。其实,老人是我们的根,我们只是从老人之根发育出来的枝干,所以,老人幸福是子孙幸福的源泉。雨花长老倡建"雨花斋"这个公益平台,一方面有利于志愿者老人在这里发挥余热、奉献爱心进而找到自身的价值感,另一方面让用餐老人能够在这个舒适的环境里心情愉悦地吃饭,只有吃得香才能吃得健康,老人才能康宁、长寿。他们这一份长寿自然会反馈给我们下一代,因为他们是我们的树根,只要老人幸福,我们就一定能健康成长、一定能幸福。长老创建雨花斋这个公益平台,除了帮助我们跟老人连根,更希望能够为国家分担一部分养老负担,希望为解决世界性的养老难题探索中国解决方案。

(二)雨花斋的社会性质、社会意义

第一,雨花斋是为老人提供免费午餐的食堂。在这里雨花志愿者365天无休,把社会上间歇性的、活动性的、非常态公益活动,转变成365天无间歇的、非活动性的、常态化的公益行动。从2011年中秋至2019年年末,全国有近千家雨花斋,雨花志愿者累计服务人次约1917万人次,平均每人次公益时长约为5小时,累计公益服务时长超过9585万公益时。平均每日供餐约10万人次,供餐累计惠及1.2亿人次。

雨花敬老公益行动,促进了人们尤其是老人的"大健康"。

首先,在身体健康方面。许多人的饮食结构存在着很大的问题,导致"病从口入",严重危害人们的身体健康。雨花斋倡导绿色、健康的饮食方式符合社会对于身体健康的需求。

其次,在精神和人际关系方面。雨花斋面对前来用餐的老人一直坚持"没有'杀戮',没有交易,只有感恩"的原则,在这种和谐的人际关系环境中,老人用餐才能够健康。一个人在空荡荡的家中孤独用餐,怎么可能会有健康的身体呢？雨花斋的非同寻常之处就在于，它让老人吃得开心，让老人吃得没有顾虑、没有负担。"空巢"老人来到这里就不再是孤单的个人，他有一群兄弟姐妹一起吃饭，他还有这么多儿孙为他做饭，他的人际关系正在悄然发生变化，他的情绪越来越好。因此，雨花斋不仅为老人提供健康美味的餐食让其保持身体健康，更重要的是让老人享受心理健康。

第二，雨花斋是传统家文化、爱国主义教育的学堂。各雨花斋都有传统文化、感恩文化、社会主义核心价值观等标语作为装饰，体现了"雨花斋"多元文化融合与兼容并蓄的理念。每天志愿者们都在这里学习中国传统家文化、接受爱国主义教育，这里是社会主义核心价值观的践行地。

中华民族始终屹立于世界民族之林的最重要原因，就在于它有着优秀的传统文化和古老的智慧。如今中国虽然已经成为世界第二大经济体，但是中华民族优秀的传统文化却没有真正复兴，中华民族的幸福指数还有待提升。虽然我们的物质条件越来越丰厚，但人们的精神却尚在痛苦和贫穷之中。所以，习近平总书记呼唤中华儿女要传承、复兴中华优秀传统文化。中华优秀传统文化的复兴就意味着民族自信心、民族自豪感和民族凝聚力的增强，意味着中华民族得以振兴。若我们丢失了中华优秀传统文化，就失去了道义，丧失了道德，忘记了祖宗的恩泽、父母的恩泽、兄弟姐妹的恩泽、国家的恩泽、老师的恩泽，乃至所有生命的恩泽，自然变得冷漠和自私。因此，雨花斋为老人、志愿者学习传统家文化、孝道文化、接受爱国主义教育提供学堂，旨在复兴中华民族优秀的尊老、敬老、爱老文化，传承"孝悌忠信、礼义廉耻"的道德风范、培育与践行社会主义核心价值观。

第三，雨花斋是珍惜资源、节约粮食、生态环保的示范地。光盘行动已经成为雨花斋的标志之一。每人次光盘平均最低节约70克粮食、减少碳排放0.2千克。1.2亿人次光盘相当于节省出8400吨粮食、减少碳排放24000吨。这里真正把习近平总书记倡导的"绿水青山就是金山银山"落实到具体的公益行动当中。

第四，雨花斋是居家养老的有益补充。在老龄化日趋严重的今天，每一分、每一秒都有空巢老人的递增。据统计，80%以上的空巢老人会将一顿饭菜热上数次，填饱肚子已经成为空巢老人的难题，为自己做一顿简单的饭菜对空巢老人而言都是极大的挑战，营养与健康更是成为奢侈品。在此背景之下,"雨花斋"为了解决空巢老人就餐难的社会问题,为老人提供免费健康的午餐,不仅有效缓解了空巢老人的就餐需求,也有效排解了空巢老人的心灵孤寂问题,所以,雨花斋模式成为居家养老的有益补充模式。讲述一个雨花敬老公益志愿者亲历的故事:多年前,郑奶奶意外从梯子上摔下,腰部断裂。手术、牵引、打针吃药,医院几进几出,一把老骨头被折腾得苦不堪言,即便如此,也没有迎来康复。出院后的老人,只能终日躺在家中,寸步难行。每天睁眼望着棚顶,不知道日子还有什么盼头。这场意外像铁棍一样,狠狠地敲碎了她的脊梁,这让原本要强的老人无法接受。老人的女儿远嫁,又有宝宝要照顾,难以脱身;儿子的工作单位较远,虽然每天都给自己订早餐,但也只能在休息日赶来看自己,买来的饭菜放在冰箱里,老人平时就自己拿出来蒸着吃。巨大的经济压力和赡养责任,如同两座大山也压得儿子透不过气,儿子每天躺在床上感觉自己筋疲力尽,连手指头都不想动了,工厂和家里两头跑,实在是分身乏术。出于体谅儿女的辛苦与无奈,郑奶奶从不叫他们陪伴自己,只是独自在家耗着,除了看电视,就是怔怔地躺在床上,性格日益沉默孤僻,感觉自己在等死。后来,经她家人的申请,老人成了雨花社区助餐项目的服务对象。雨花志愿者第一次为老人送餐时,老人大门紧闭,在屋里冲着门外喊:"我不需要,你们走吧!"老人的亲家清楚郑奶奶处境艰难,根本没有自理能力,亲自过来劝说,郑奶奶才开了门、接受了第一餐。送餐初期,气氛总是很尴尬,老人每次接过餐食后就匆匆关上门。蜗居已久的老人终日不修边幅,任由头发散乱,每次上门都能看到老人蓬头垢面。老人腰伤出院以后,经常要在后背贴膏药。志愿者询问老人是否需要帮忙时,老人却支吾道已经贴好了,而志愿者撩起衣服一看,只见膏药皱皱巴巴地浮在皮肤上。还有一次送餐,志愿者发现老人的脚趾上缠着创可贴。志愿者问老人是不是剪指甲的时候剪破了,老人说自己眼神不好,腰也弯不下去,所以经常会剪到肉。脱鞋中,老人的脚有些畸形,血渍从创可贴渗出来。这令人心酸的画面,却只是中国千千万万空巢老人中一个极其微小的缩影。在志愿者与老人日复一日地接触和交流下,老人逐渐打开了家门,也向志愿者打开了心门,变得开朗善谈。志愿者就像一束光,一扫空巢的幽暗,使空巢老人重新焕发出生命的活力。

雨花斋凭借着发起人的善良初心、志愿者和社会爱心人士的爱心以及中国文化的力行、传播,逐渐成为人们日益认同和向往的公益组织,为雨花敬老公益事业的可持续发展奠定了良好的基础。

二、乡情中心——雨花社区邻里互助养老模式

如前文所述，社区居家养老，是中国乃至全世界养老的发展趋势，所以，这里进行重点详述。

雨花社区邻里互助养老模式（亦称"雨花社区养老行动"）是一种以敬老为核心、以中华伦理道德教育为精神支撑、以社区邻里互助为基础，在社区领导、居民主体、社会组织共同参与下的互助敬老模式，是对社区现有功能的补充或加强，其最终目的是创建一个社区睦邻大家庭。雨花社区邻里互助敬老模式，是对我国现有社区居家养老模式的补充、完善。

（一）雨花社区邻里互助养老模式发起的背景

第一，满足更多老人的就餐需求。尽管"雨花斋"在一定程度上解决了周边老人的就餐问题，但是，"雨花斋"就餐服务半径有限的问题也逐渐显现出来。许多高龄、身体虚弱的老人因距离远等原因无法来到"雨花斋"就餐。长期以来，雨花斋特有的"七对七"现象——志愿者中七成是低龄健康老人、用餐老人中七成是高龄老人，给解决养老难题提供了较多的启示和较大的创新空间。"七对七"现象，一方面说明老人的确需要这种慈善公益服务；另一方面表明，老人，特别是低龄健康老人，在敬老中有着特殊的价值和使命。为了能够更方便地使更多老人受益，雨花志愿者尝试将雨花斋的低龄健康老人帮助高龄老人的"互助、敬老"经验向社区进行延伸——走进社区开展邻里互助敬老试点，让老人不出自己所居住的小区，就能享受到贴心的敬老餐饮服务。

第二，协助社区应对养老难题。《中国城市发展报告（2015）》预测，到2050年，中国老年人口将达到4.83亿人，占总人口的34.1%，即每三个人中就有一个老年人。庞大的老龄人口，尤其是庞大的失能与半失能老人、"空巢"老人群体，与政府、个人支付能力尚显不足之间的冲突，是困扰中国百姓、政府的严峻社会问题。虽然很多子女包括老人都做好了到养老院养老的心理准备，但人们尤其中国人更愿意在自己家里养老，至少不离开自己所居住的小区。

中国自古有"远亲不如近邻，近邻不如对门"之说。尽管骨肉亲情血浓于水，但空间的阻隔使得"远水解不了近渴"。"孟母三迁""百万买宅，千万买邻"的故事均反映了良好的居住环境、和睦的邻里关系是每个中国人内心深处的渴望。然而，随着传统的农业社会向现代工业社会转型，原来守望相助的"熟人"社会变成了"相邻多年不相识"的"生人"社会。在此背景下，本着敬老为国和忧国忧民的家国情怀，"雨花敬老公益"尝试通过"社区邻里互助敬老模式"协助社区应对困扰国家、困扰每个家庭的养老难题，同时也有利于打开每家每户紧锁的防盗门和每个人紧锁的心门，帮助社区将生人社会温暖为熟人社会。

"雨花敬老公益"在社区居委会的领导下，联合民间组织组成雨花邻里互助共同体，为社区居民提供理念指导、专业培训、疑难解答和专业服务，以激发社区业主自觉、自愿、自发地共建社区睦邻大家庭，即现代社区生态系统，为解决我国的养老难题，尽"匹夫之责"。

第三，满足社区居民学习中华优秀文化的需求。中共中央办公厅和国务院办公厅颁发的《关于实施中华优秀传统文化传承发展工程的意见》，目的就是要让中华优秀传统文化融入人们的日常生活，成为人们处事待人接物的准则；要让中华优秀传统文化，成为民族信仰的共同皈依。而人们生活聚居的社区，是弘扬中华优秀伦理道德，尤其是敬老爱老美德的最佳场所。此外，光明日报在《城乡社区需要祭祖公共场所》一文中，提出了整合传统学堂、祠堂、道堂功能的建议，为在社区建设社区祠堂、社区书院，实现社区教育功能；为"雨花社区邻里互助养老模式"的形成，提供了非常明确、具体的指引。所以，雨花社区邻里互助养老模式，是对中共中央办公厅和国务院办公厅文件的践行与落实。

（二）雨花社区邻里互助养老模式的核心理念

雨花社区邻里互助养老模式，以"教学为先""老人是宝""仁爱""知恩报恩""大同"和"补强"为行动理念。

1. "教学为先"的理念

"雨花敬老公益"是践行"教学为先"理念的平台，通过幼儿学堂、雨花书院，创新了幼年、青壮年、老年的"一条龙"传统伦理道德教育模式。这种理念、模式为邻里互助养老奠定了坚实基础。

2. "老人是宝"的理念

"雨花敬老公益"，是践行中华优秀传统文化特有的"老人是宝"理念的平台，社区邻里互助养老模式也以"老人是宝"为基本理念。老人是家族生命树的根，担当着向子孙后代源源不断供给生命能量的使命与职责,正如我们中国人常说的"家有一老,如有一宝""不听老人言,吃亏在眼前"。让老人感到被需要、被尊重,才是真正的敬老。老人不仅是社区邻里互助养老模式的受益者,更是社区邻里互助养老模式的志愿者。

3. "仁爱""知恩报恩""大同"的理念

"仁爱""知恩报恩""大同"是雨花行动总的理念,也是雨花社区邻里互助养老模式的核心理念。这一理念为雨花社区邻里互助养老模式奠定了坚实的基础。

第一,以"仁爱""知恩报恩""大同"为行动理念的雨花邻里互助共同体,通过自身的力行,激发社区业主和社区服务商本具的爱心,使各方以下的理念实现转化:以业主委员会、物业公司为代表的社区服务机构的利益关系,由竞争变为合作,进而专注邻里互助、救危救困以及业主的学习与交流;物业公司,由受雇、被动服务转变为积极守护,主动为业主创造安全幸福的生活环境;房地产开发商由单纯建房、卖房转变为以弘扬中华伦理道德、建立社区和谐大家庭为己任。

第二,联合上述各方,共同做好"邻里互助"所必需的三个准备:业主委员会、物业公司和房地产开发商,免费提供社区育幼院、社区祠堂、社区书院、社区食堂、社区菜园等场所,为"邻里互助"提供物质准备;业主们在社区菜园一同种植蔬菜、在社区食堂一同做饭吃饭,通过这些活动,培养邻里亲情,为"邻里互助"提供亲情准备;社区书院、社区育幼院和社区祠堂,是传播圣贤思想、与祖先连根、教化邻里、树立社区正气的场所,也是净化业主及邻里互助志愿者心灵的场所,为"邻里互助"提供文化准备。

4. "补强"的理念

雨花社区邻里互助养老模式,是对社区现有功能的补充或加强,是在社区政府领导下的爱党、爱国、爱社区行动,是由雨花邻里互助共同体带动的激发社区业主自觉、自愿、自发参与的"互助敬老"公益行动。所以,在雨花社区邻里互助养老模式中,雨花邻里互助共同体是辅助社区政府、社区业主委员会的配角,是默默奉献的角色。

(三)雨花社区邻里互助养老模式的基本框架

社区敬老、社区教育和社区邻里互助,共同构成了雨花社区邻里互助养老模式的基本框架。以敬老为核心,以中华伦理道德教育为精神支撑,以社区邻里互助为基础,从而实现了社区的三大功能:服务功能、教育功能、协商自治功能，即社区敬老功能、社区教育功能、社区邻里互助功能（见图2-1）。

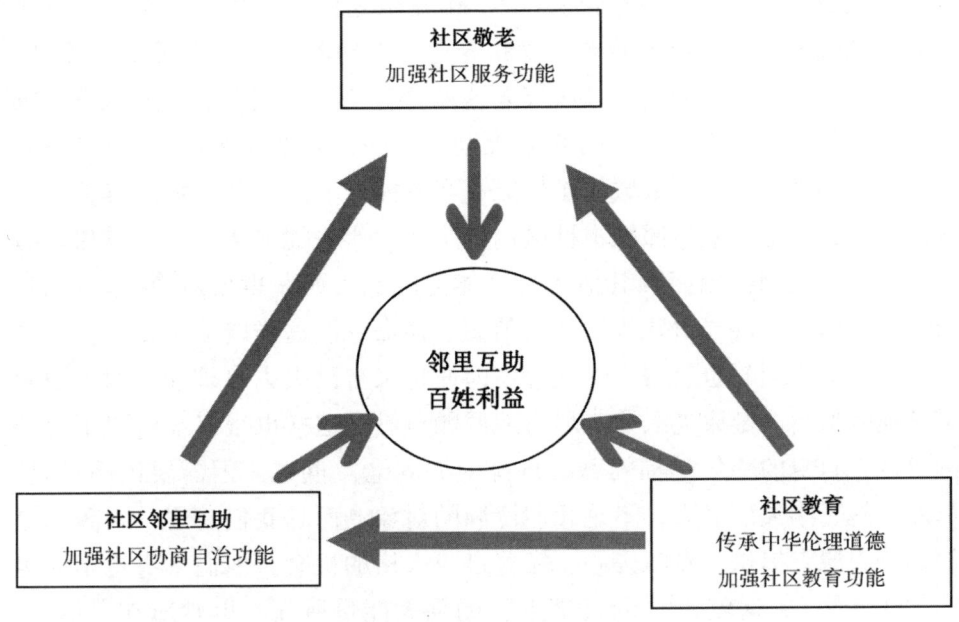

图2-1 雨花社区邻里互助养老模式基本框架图

1. 社区敬老

社区敬老可以有效整合社区资源，解放低龄健康老人。工作了一辈子终于退休的老人，大多数被困于照顾孙辈、接送孙辈上下学中。如果能把低龄、健康老人解放出来，不仅老人自己可以安享晚年，还可以腾出时间参与"雨花社区邻里互助养老"。低龄、健康老人具备较好的身体素质能力，完全可以服务失能、半失能老人。失能、半失能老人需要的是耐心、贴心、周到、细致的服务，而这正是低龄、健康老人的优势。同为老人，低龄、健康老人对失能、半失能老人的无奈、痛苦、艰难，能够感同身受，所以他们对失能、半失能老人的服务，往往比年轻人做得更到位，能够让失能、半失能老人感受到更亲切的体贴和温暖。为了最大限度地解放低龄、健康老人，"雨花敬老公益"通过"邻里互助"开办了社区食堂、社区育幼院，让老人和孩子直接来社区食堂用餐，婴幼儿可以在社区育幼院得到集中照料，并接受启蒙教育。学龄儿童放学后，可以在社区义工辅导下完成课业、进行数学思维训练及传统经典学习。这样一来，老人买菜、做饭、带孩子的负担，就减轻很多，老人被"解放"出来，同时孩子们也接受了传统伦理道德教育，为"社区敬老"的代代相传储备了力量。

社区敬老创新了睦邻养老模式。"雨花敬老公益"提出了全新的社区睦邻养老模式——"以老养老，以壮养老，以幼养老"的多元养老模式。这种模式尝试将家庭养老与社区养老这两种养老模式紧密、有效融合，扬其长、避其短，以应对严峻的养老难题。第一，以老养老。一个社区内，若低龄、健康老人的人数数倍于失能、半失能老人的人数，加之其他志愿者的配合，完全有能力照顾本社区内的失能、半失能老人。这些健康、寂寞的低龄老人们会因照顾其他无自理能力的老人而获得成就感、幸福感，乃至帮助国家解决老龄化难题的价值感、使命感。这样既锻炼了身体，又滋养了心灵，同时也获得了安全感。即便将来自己失去自理能力时，也会有其他的低龄、健康老人尽心尽力地照顾自己，这样也很好地解决了这些健康老人自身的晚年幸福问题、自身的"养老"问题。但需要说明的是，那些失能、半失能老人，不是我们怜悯的对象，而是我们感恩的对象，是他们给志愿者提供了奉献爱心、完善自我人格的机会，他们本身也是养老的"生产力"，这就是"老人是宝"的强大能量所在、奥妙所在。第二，以壮养老。正值青壮年的儿孙，是赡养老人的中坚力量，但他们面临着赡养四位乃至八位老人的压力，同时还要承受繁重的工作压力、教育子女的压力。"邻里互助"可帮助青壮年分担沉重的养老、教子压力，让他们有更多的精力为社会服务。此外，通过雨花邻里互助共同体的志愿者和社区低龄健康老人志愿者的示范，加之弘扬中华传统文化而产生的教化、感化作用，社区青壮年可以更好地体悟什么是"不独亲其亲、不独子其子"的大爱，极大地激发其孝心、爱心，让他们更自觉、更好地去孝敬自己及他人的父母。这就是所谓的"以壮养老"。第三，以幼养老。孩童天真、纯洁、善良的本性，以及小孩们陪伴老人所带来的天伦之乐，带给老人心灵上安慰的力量，是很强大的。另外，通过探索孩童的社区教育模式，可以提升、增强孩子们"老人是宝"的敬老意识，有效地发挥孩童在孝养老人心灵上的重要作用。这就是所谓的"以幼养老"。

2. 社区邻里互助

"雨花敬老公益"鼓励业主在民政部门成立了"乡情中心"。"乡情中心"是非营利性组织，在外是一个社区互助组织，每个成员都是义工；在内是一个社区睦邻大家庭，每个成员都是家人。在成员之间开展互助活动,由邻里互助中心代表业主,与社会组织合作开展公益活动,促进社区与社会组织的公益合作。

(1) 乡情中心的缘起

杭州市恒平区茅山社区包含夏宫花苑小区、东厦东港小区。试点工作是在夏宫花苑小区进行的。夏宫花苑小区的老人们来自五湖四海,人生地不熟,常感到孤独寂寞,生活也不便。为了帮助这些老人,2015年8月1日,金都房产集团董事长吴忠泉在这里开设了一家雨花斋,雨花志愿者们以公益之心帮助社区内的空巢老人和孩子以及周边社会需要帮助的人,雨花斋面向社会开放,不设门槛。来用餐的70%以上都是夏宫花苑小区的老人与孩子,同时也吸引了周边小区的老年人、建筑工人、环卫工人,既温暖了他人,也在社会中宣扬了传统文化的孝、善、德、福及互助友爱,让更多的人能够以公益之心互助友爱,社区邻里的沟通、互助有了明显的改善。"远亲不如近邻,近邻不如对门,回归乡里乡情的社区大家庭",这是雨花社区养老行动初创时的梦想。2015年8月至2017年4月,伴随着雨花慈善公益工程在本小区的启动,"雨花幸福餐厅""4点半学堂""幸福银龄课堂"等服务项目随之在小区中启动,得到了业主的好评。调研显示,近90%的受访者表示自己或家人愿意成为小区互助义工,约87%的受访者表示愿意承担邻里互助所必需的各项成本费用。有了前期一系列工作奠定的基础,同时,也为了配合贯彻落实中共中央办公厅、国务院办公厅《关于实施中华优秀传统文化传承发展工程的意见》与《关于加强城乡社区协商的意见》,在茅山社区党委和居民委员会指导下,2018年6月14日,由五名茅山社区居民、金都房产集团、金都物业和浙江雨花素食研究推广中心共同发起设立了"杭州市余杭区乡情夏宫公益服务中心"(以下简称乡情中心)在杭州市余杭区民政局注册成功。

(2) 乡情中心的目标、定位与宗旨

乡情中心,这个文化强粘连的命运共同体的建设目标是:社区居民自主开展社区内的公益活动;彼此成为好邻居;通过邻里互助,为失能、半失能老人在不离开社区的情况下,实现居家养老和社区养老;与社区服务商共建共享社区命运共同体;为孩子从小有玩伴、"发小";为子孙的未来创建幸福家园。它的定位:是邻里共同交流、协商、学习的平台;是社区居委会的助手;是促进居民实现民主协商自治的枢纽;是社区居委会、社区服务商和社会公益组织的文化纽带;是社区志愿者摇篮。其宗旨为:弘扬优秀孝文化、家文化，协助老年群体提升身心健康；关怀社会弱势群体，开展公益性助老扶弱活动；发扬中华民族孝亲敬老、扶弱济困的传统美德，增进中华优秀传统文化的交流与学习。

（3）乡情中心的活动内容

乡情中心经常组织开展有益于提高老年人生活、生命质量的公益活动。传播积极面对老年人的健康生活理念，搭建老年人文体、心灵交流平台，增进老年人身心健康；关怀社会弱势群体，组织志愿者（义工）队伍推动社会社区帮扶，开展便民利民、扶弱济困的社区公益服务活动；传播孝文化、家文化，弘扬中华民族孝亲敬老、扶弱济困的传统美德，搭建中华优秀传统文化的交流与学习平台；倡导绿色、节约、可持续等生态文明理念。乡情中心通过开展助老扶弱公益活动，传播绿色生活、勤俭节约、健康饮食等可持续的生活方式，使生态文明的理念进一步深入人心。

3. 社区教育

社区就是一所学校，生活本身就是教育。为此，"社区邻里互助养老"专门成立了社区书院——太炎书院。之所以叫做太炎书院，是因为社区邻里互助养老试点所在地是章太炎先生的家乡，地缘文化的巨大作用不容忽视。

首先，社区教育是孩子敬老文化教育的有效途径。太炎书院可以给社区孩童提供《弟子规》等伦理道德教育，培养孩童高尚的道德品质、端正的学习态度和良好的礼仪规范，同时也可让年轻父母有更多精力投入到自己的工作或"社区邻里互助养老"行动中去，还可将退休在家的健康低龄老人，从照顾孙辈的压力中解放出来，更多地参与到"社区邻里互助养老"行动中。

其次，社区教育也是家长和老人接受敬老文化教育的有效途径。当家长和老人在闲暇之时，可以很方便地到设在家门口的书院陪伴孩子诵读、力行经典，当亲眼看到孩子们接受传统文化教育后表现出的"温、良、恭、俭、让"时，家长和老人们"刚强难化"的心，立刻就会被融化，加之太炎书院对老人、成年人进行的教育，以及看到邻里互助志愿者对社区失能、半失能老人爱心呵护带来的感动，起到了事半功倍的教育效果。

最后，社区教育有助于形成"敦亲睦邻""德业相劝"的睦邻文化。社区教育通过合作开展伦理道德教育（例如：家庭伦理、胎教早教、传统礼乐）、童蒙养正、公共祭祀（例如：清明祭祖、重阳祭祖、冬至拜师祭孔)、经典诵读竞赛、孝亲评选、长寿宴、百家宴、团康晚会、家庭内务参访等活动,将中华优秀伦理道德融入社区生活,有助于形成社区特有的"敦亲睦邻""德业相劝"的睦邻文化,实现中华民族历来重视的乡约民风的教化,营造尊老敬老、邻里和睦的社区氛围,为社区敬老行动提供精神支持。

(四) 雨花社区邻里互助养老模式的具体内容

根据上述雨花社区邻里互助养老模式的核心框架,确定雨花社区邻里互助养老模式的三大内容(板块):一是社区敬老板块,二是社区教育板块,三是社区邻里互助板块(见图2-2)。

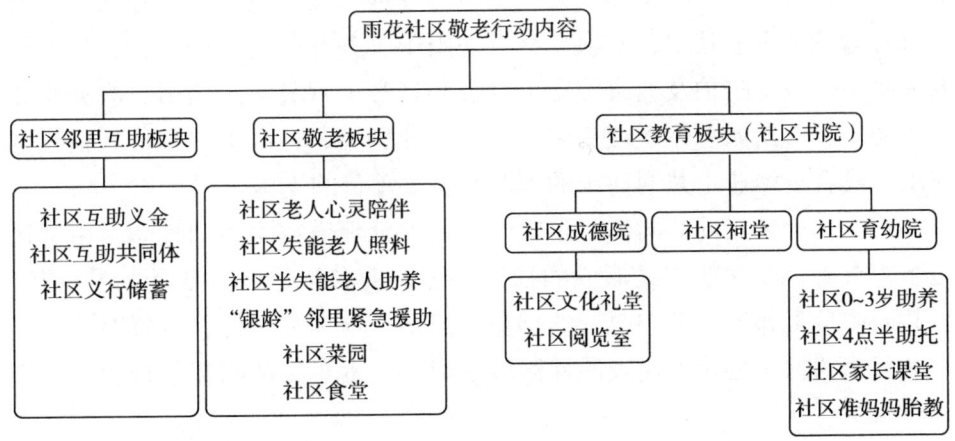

图2-2 雨花社区邻里互助养老模式具体内容图

1. 社区敬老板块的内容

社区敬老板块,主要包括社区老人心灵陪伴、社区失能老人照料、社区半失能老人助养、"银龄"邻里紧急援助、社区菜园和社区食堂。

第一,社区老人心灵陪伴。是经过培训的邻里互助志愿者对重症的、临终的、失能失智的老人进行心灵陪伴服务,令他们感受到爱,在爱中超越,在喜乐宁静中走完生命最后的岁月。

第二,社区失能、半失能老人助养。是由邻里互助志愿者轮流上门为失能、半失能老人提供从送餐、整理房间、剪指甲、理发、洗澡、身体护理到精神陪护的爱心、孝养服务。

第三,"银龄"邻里紧急援助。是承传"患难相恤"的传统睦邻之道，当老人需要紧急救助时，求救信号可自动传递到"对门"邻居、邻里紧急援助队，使危难者能够尽早得到紧急救援，避免或降低危难造成的损失。

第四，社区食堂及社区菜园。社区食堂是老人的公共互助食堂，社区菜园是社区"义田"。

2. 社区邻里互助板块的内容

社区邻里互助板块具体包括社区互助义金、社区互助共同体和社区义行储蓄。

第一，社区互助义金。是专门用于"雨花社区邻里互助养老模式"的资金，包括启动义金和持续运营义金，持续运营义金又分为专项义金、公共日常运营义金。其中，专项义金，是用于服务部分业主的义金，如失能老人陪护、孩童陪护及教育等支出；公共日常运营义金，是用于服务全体业主的义金，比如总体管理费用支出，社区餐桌、社区书院、社区祠堂等支出，或者全体业主共同商定的即时性公益项目的支出。

第二，社区互助共同体。是以中华优秀伦理道德为共同理念，由社区党组织牵头，以互助方式形成的社区各方协商共治、业主自治的共同体。该共同体负责邻里互助志愿者的招募、组织、培训和关怀；负责对接认同互助理念的物业公司为代表的社区服务商；负责对接认同互助理念的社会公益组织。

第三，社区义行储蓄。主要记录"社区邻里互助养老模式"志愿者在邻里互助中的道义行为，包括贡献的财、物、时间，形成社区互助档案。既是为"雨花社区邻里互助养老模式"付出爱心的记录，以弘扬道义的善行，也是未来享受"雨花社区敬老"爱心服务的依据。比如，"雨花社区邻里互助养老模式"的志愿者付出义务劳动后，可以将其劳动时间记录并存储在互助义行储蓄里，待将来某一天，由于自己年纪增长行动不便等原因需要他人照顾时，便可将存储的义行零存整取，享受其他志愿者给予的服务。

3. 社区教育板块的内容

社区教育板块，通过传承和发展"雨花敬老公益"的"一条龙"教育模式，解决从准妈妈到孩童、青壮年直至老年的教育问题，以完善社区教育功能，为社区邻里互助养老模式提供不竭不尽的精神动力。具体包括：

第一，提供社区0~3岁助养、社区4点半助托、社区准妈妈胎教和社区家长课堂。其中，社区0~3岁助养旨在为社区0~3岁儿童提供日间照料、经典启蒙教育等；社区4点半助托在社区孩子放学后、家长下班前以及周末、节假日，组织孩童完成学校作业，拓展数学思维训练，传授传统礼仪，诵读经典，树立少年之志等；社区准妈妈胎教以中华优秀传统文化协助孕期妈妈进行胎教；社区家长课堂以蔡礼旭老师《做孩子一生的贵人》为教材，组织家长共同学习研讨中华优秀传统教子、敬老之道，这里也是社区育幼院师资的摇篮。

第二，社区文化礼堂和社区阅览室。其中，社区文化礼堂主要是通过光盘教学的方式，专门为老人定期或不定期开设《让夕阳红起来》等养老传家的课程，为老人提供精神食粮。以通俗易懂、生动活泼的形式向本社区业主及其他民众传播伦理道德，同时也教授琴、棋、书、画等。常设儒学讲堂，通过光盘教学的方式，定期或不定期地给社区业主开设《弟子规》《了凡四训》等儒家经典讲座，以及《幸福人生讲座》等课程，它还是社区老人及其他业主聚会和交流的文化场所，为更多业主加入"雨花社区邻里互助养老模式"奠定基础。社区阅览室则是为业主提供交流以及借阅传统文化书籍的场所。

第三，社区祠堂。社区祠堂是祭祀祖先、慎终追远、寄托敬老情怀的地方，用于公祭；另外，成人礼、生日礼、婚礼、丧礼等也可以在社区祠堂举办。平时，社区祠堂是老人们习礼、享受德音雅乐之所。

通过上述三大板块对社区服务、社区教育、社区治理功能的补强，建设敬老爱老的睦邻大家庭。

（五）雨花社区邻里互助养老模式的实施步骤

社区邻里互助养老模式的实施，分为以下三个阶段：

1. 切入

从一个点切入做牢做实，然后以点带面。办好社区食堂、社区菜地以及社区育幼院。社区食堂、社区菜地是开展雨花社区邻里互助养老模式的最佳切入点，在社区食堂和菜地里，宣传互助理念，通过举办各种活动，拉近邻里亲情。这样下来，社区业主之间、邻里互助志愿者之间会自然形成家人般的亲密关系，邻里互助就有了落脚点。另外，社区育幼院，不仅有教育孩子、解放老人的功能，更重要的是能通过孩子的孝悌教育，来融化家长的"刚强难化"的心。当孩子们学会"温、良、恭、俭、让"，懂得礼义廉耻时，父母自然会主动学习博大精深的中华传统文化，为"邻里互助"奠定了基础。

2. 联合

逐步形成雨花邻里互助共同体。在上述基础上，为了满足社区需要，公益服务内容可以逐步扩展，包括老人心灵呵护、失能半失能老人照料、老人紧急援助、社区书院等多个项目。迄今为止，"雨花敬老公益"已经联合了北京十方缘公益基金、浙江雨花素食推广中心（现已更名为浙江雨花老年公益事业发展中心）、天下谱局等多家社会组织及企业单位，它们不仅在各自领域有所专长，还乐于加入雨花社区邻里互助养老模式，贡献自己的专业特长。各方秉承统一的理念共识，自愿组成"社区邻里互助养老模式邻里互助共同体"。

3. 转化与提升

把邻里互助中心建设成为社区协商、群众自治的常设机构，把邻里互助变成生活方式。届时，雨花社区邻里互助养老模式邻里互助共同体将退出该社区，转而服务其他社区。

（六）雨花社区邻里互助敬老模式的运营保障

1. "邻里互助"的动力保障

第一，"互助"是共同的需要。无论什么事情，能够满足"自己"的需要才最有动力。然而，没有受过中华伦理道德的教育，人们很难认清自己真正的需要是什么。人类每日的生活，穿衣吃饭，行住坐卧，都离不开彼此；人类的一生，从出生到死亡，也都离不开彼此。哪个生命不需要"慈善"？哪个生命不需要"互助"？我们相依相偎，真的是一个"生命共同体"。到2030年，尤其是到2050年，身边到处都是老年人，我们将很难雇用到保姆来照顾老人，敬老院也无法满足如此多的养老需求，如果没有"邻里互助"，护理人力资源枯竭，老人赡养难题将成为超过战争灾害的人类灭顶之灾。当人们充分认识到这一问题的严峻性、重要性时，会积极、主动投入到这一行动中来。另外，人与人之间的冷漠带来的内心孤寂等痛苦，也使人们有动力逃离冷漠、加入温暖的"邻里互助"行动。

第二，"互助"是每个人未来的利益和幸福的可靠保障。"种瓜得瓜，种豆得豆"是亘古不变的因果定律。"爱出者爱返"，今日参与"互助"行动，就是未来在危难时获得帮助的可靠保障。"助人为乐""为善最乐"是每个中国人耳熟能详的成语，它浓缩了中华祖先的智慧，不仅揭示了快乐的源泉，还给出了获得快乐的方法。当中国人遗失了对民族文化的自信，被西方以满足欲望为主旨的拜金主义所渗透时，"富而不乐""贵而不安"的痛苦就开始困扰当代中国人。"互助"理念能让互助双方从欲望的纠缠中解脱，激发出其"仁爱"之心，感受"自利利他"的真实快乐。而且，这种快乐会随着互助行为的持续而不断升华，不会像以欲望满足为主旨的快乐，当欲望满足后，会立即陷入精神空虚当中，或更大的欲望无法满足时，会引起强烈的痛苦挣扎。

第三，"互助"是家族传承的可靠保障。《易经》云："积善之家必有余庆，积不善之家必有余殃。"加入"互助"行动，就是在积善，就是在为子孙造福。更重要的是，我国传统教育理念认为"身教大于言教""上行下效"。今日的互助行为，是最有效的教化行为，是明天子孙后代承传"仁爱"家风的可靠保障。

2. 人员方面的保障

第一，社区业主。社区内退休的健康、低龄老人、上班族及学生，周末与节假日可以投入到邻里互助工作中。当业主充分认识到邻里互助对社会、国家、家族和后代的重要意义以及对自己的利益时，会积极主动、自愿加入到此行动中。比如，享受社区育幼院服务的孩童的爷爷奶奶，享受临终老人心灵陪护服务、失能与半失能老人照护服务的业主子女，一定会被感化，愿意积极加入到志愿者队伍中来。

第二，物业公司的工作人员。这些工作人员对"邻里互助"的爱心奉献既可有益于业主，化解与业主之间的各种矛盾，又可提升物业公司的品牌美誉度、品牌影响力。

第三，雨花邻里互助共同体。响应雨花社区邻里互助养老模式，认同中华优秀伦理道德的社会公益组织、企业或专家可以提供理念指导、专业培训、疑难解答和专业服务等专业支撑。

3. 场地方面的保障

场地由业主委员会、社区居委会、物业公司和开发商提供，主要源自业主共有物业、社区物业、开发商自有物业。和睦社区的建设有助于增强社区居委会的服务能力；有助于业主提升生活品质；有助于物业公司开展服务；有助于开发商的自身利益，同时，这也是开发商履行社会责任、提升自身声誉的有效方式。所以三方都有很强的动力提供场地支持。

4. 资金方面的保障

"社区互助义金"为"邻里互助"提供良好的资金保障。雨花斋的资金来源模式为"社区互助义金"提供了很好的借鉴经验,主要源自业主、街道社区和社会爱心人士捐赠。

第一,业主提供部分资金。建设美好家园,业主是最直接的受益者,受益者自然愿意随力随分地出钱出力。比如,享受失能老人陪护服务的老人(或其子女)、享受孩童教育的家长,至少会主动承担相应的成本费用。待邻里互助模式得到更广泛认可、推广时,将采取合适的方式,在合适的时机,由业主委员会自主、按需建立"社区互助义金"。

第二,街道、社区提供部分资金。街道、社区政府有专项资金用于社区养老、文化教育等,这些都与邻里互助中心项目完全吻合。所以,可以取得社区政府提供的部分资金。

第三,社会爱心人士提供部分资金。"建设、完善社区道德教化体系,传承中华优秀传统文化"的宗旨会吸引有志于此的社会爱心人士。

(七)雨花社区邻里互助养老模式的特色及成功秘诀

1. 特色

与其他养老模式相比,雨花社区邻里互助养老模式具备以下独特的亮点:①"乡情中心"是以居民为主发起的社区公益组织,既是公益事业的一种创新,也是社区治理运营的一种创新;②祠堂文化的精髓在现代社区得到重现,是一种文化创新;③全龄全时的社区中华文化习养教育,贯穿在社区生活中。

2. 成功秘诀

古为今用,用古人的智慧解决现在的问题,是雨花社区邻里互助养老模式获得成功的秘诀。古人的智慧就是中华优秀传统文化。总而言之,传统文化提供了互助敬老行动成功的动力,是传统文化激活了互助敬老行动的生机,是传统文化恢复了社区老人的生命力,是传统文化提供了互助敬老行动的精神食粮,是传统文化成为互助敬老行动的精神支撑。细而言之,是中华五千年一脉相承的孝道、悌道、师道的传统成就了雨花社区邻里互助养老模式。"互助敬老"四个字包含了中国文化的精髓——孝文化、悌文化、敬文化,即孝道、悌道、师道。孝是中华文化的根,敬是中华文化的本。孝亲就是"敬老","敬老"是孝文化的本有之意,是力行孝道,老吾老以及人之老,孝自己的父母祖宗故而能孝天下的老人;"互助"是悌文化的体现，弟敬爱兄谓之悌，"互助"就是相互敬爱相互帮助，是悌道的落实，孝悌本是一家，《论语》云："弟子入则孝，出则悌。"《弟子规》云："首孝悌，次谨信。"悌又是孝的延续和扩展。而孝悌美德是需要老师来启蒙和开发的。人人皆有孝悌，人人皆是尧舜，尧舜之道，孝悌而已。然而中华传统文化失教多年，人们本身具有的孝悌美德被埋藏于欲望之下，需要由优秀老师的言传身教来开发。尊敬老师是敬文化的彰显，是师道，老师是人类灵魂的工程师，恭敬老师，才能恭敬真理，一分恭敬得一分利益，十分恭敬得十分利益，敬是人们觉醒的开关。"互助"包含了敬，没有恭敬尊重之心，就没有帮助他人之心之行，"敬老"包含了敬，没有恭敬心，何谈敬老？《三字经》云："为人子，方少时。亲师友，习礼仪。香九龄，能温席。孝于亲，所当执。融四岁，能让梨，悌于长，宜先知。"这部几千年来一直流传于世间的中国古代童蒙教育读本，就告诉孩子：人一辈子都要尊师孝亲、悌长互助。孝是中华传统文化的根，中华孝道历史深厚，中国是世界上唯一尊崇孝文化的国度；敬是中华传统文化的本，中华师道源远流长，中国具有世界上最久的尊师重教历史。

孝道、悌道、师道三轴是联动的：孝道（孝文化）支撑敬老事业的发展，悌道（悌文化）支撑互助事业的开展，师道（敬文化）通过教学工作支撑互助敬老事业的运转，三者就像三个轮子一样，相互联动，驱动着社区互助敬老行动持久平稳地运转（见图2-3）。

在孝道、悌道、师道力量的激发下，社区很快恢复了中国自古传承的互助敬老家文化，很快把自己内心最容易启动的善心——孝心打开了。百善孝为先，孝心打开后人们的心念变了，变得温暖了，变得柔和了，变得善良了，变得相互亲爱了，变得相互恭敬了，变得相互谦虚了，变得相互谦让了。心门打开了，自己家的防盗门就打开了，对门邻居的家门也打开了。心念变了德行就变了，德行变了气质就变了，气质变了气场就变了，气场变了命运就变了。从以前不把老人放在心里变得尊老爱幼了，知道了"家有一老，就有一宝"；从以前"老死不相往来"变得乡里乡亲了，经常串门互助，扶弱济困；形成了互助敬老的社区文化风尚，使社区热爱志愿者热爱投入志愿行动、热爱从事公益活动的志愿文化，而这一切都是教学文化产生的效果。因此，社区文化建设三轴联动的逻辑联系是：首先，孝道—孝文化—敬老，悌道—悌文化—互助，师道—敬文化—教学；其次孝道体现了"老人是宝"，悌道体现了"命运共同体、仁爱友善、知恩报

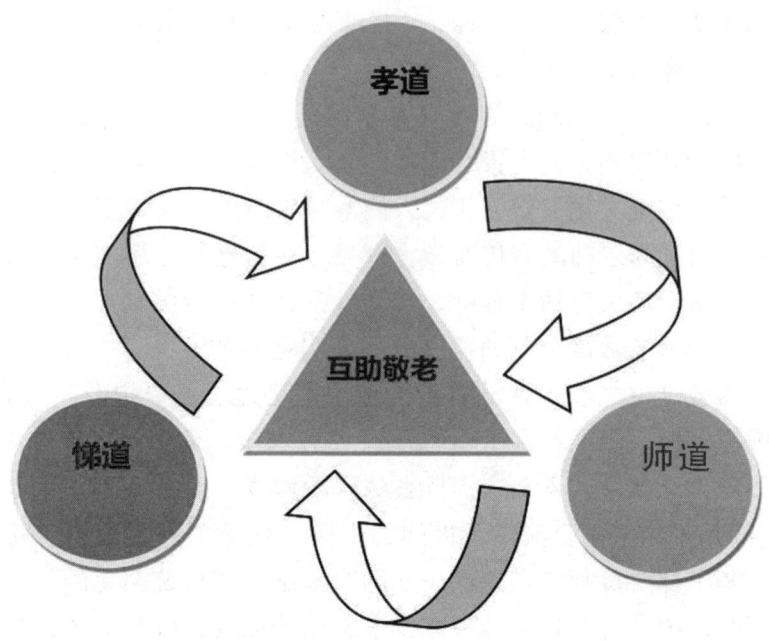

图 2-3 "文化动力三轴联动"机制图

恩",师道体现了"教学为先";最后"协商共建"一起完成社区的文化建设工作(见图 2-4)。这就是雨花社区邻里互助养老模式成功的文化秘诀。

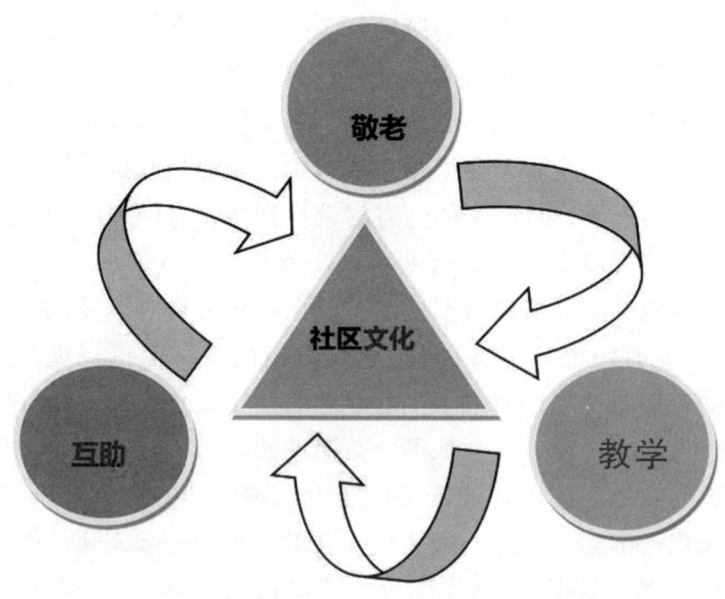

图 2-4 "社区文化建设三轴联动"示意图

在杭州恒平区金都夏宫小区大门口，竖着一块名为"文化家园"的石碑。走进小区，首先映入眼帘的是道路两边几步一岗地竖着一条条中国红的传统文化标语："敬老怀幼，忠孝友悌；善人敬佑，福禄神卫；日养物长，月润花香；身安心安，家安业安；以孝立人，人贤业昌；以孝治家，家睦邻祥；以孝治国，国泰民安；孝悌之至，四海通明；孝善德福，仁里寿乡；左邻右舍，乡里相亲；里仁为美，择仁而居；百万买宅，千万买邻；恪守五伦，家和业兴；童蒙养正，博文约礼；健康立身，友善互家"，这些标语能够让人直观地感受到尊崇传统的社区文化风景。

三、倾听陪伴——雨花心灵养老模式

（一）雨花心灵养老模式发起背景

我国第六次人口普查的数据显示：我国60岁以上的空巢老人占据了老年人口比例的34.91%，这一比例已经超过了老年人口总数的三分之一。由于观念和生活习惯差异等因素致使子女和父母之间在情感沟通上存在许多障碍，老人很少得到子女陪伴成为一种社会现象。一方面，老人无法理解儿孙口中的网络"新词"，而另一方面，子女认为老人的观念已经过时了，老人积攒了一辈子的人生经验，由不被重视变成被否定，甚至是被批评，很多老人并没有得到"宝贝"的待遇。但事实上，老人价值之宝贵往往超乎我们的想象，只是因为我们没有真正走进老人的内心、聆听老人的心声，还没有发现老人的富贵价值。很多人甚至还不知道，老人在苦苦等待晚辈的聆听，希望在有限的生命里，把无限的心声留给晚辈。随着老人日益老去，他们留给我们的时间并不多，他们的故事迫切需要进行抢救性发掘整理，并加以传播弘扬。在此背景之下，雨花心灵养老模式应运而生，旨在关爱高龄空巢独居老人，集众之力，互助互爱，用生命陪伴生命，伴老人幸福度过每一天。

（二）雨花心灵养老模式的宗旨与内容

雨花心灵养老模式的宗旨是：倾听陪伴，助老传家。其基本理念是：老人是宝。其服务对象包括：志愿者以及志愿者的父母、长辈，80岁以上高龄、空巢、独居老人，有倾听陪伴需求的其他人群。其基本服务内容是：听老人讲述人生经历，为老人留下人生回忆；向老人请教人生智慧，帮助老人提升人生价值；向社会传递优良家风，从而使相对年轻的志愿者

在听老人讲述过程中思想得到洗礼、精神得到熏陶。针对不同年代的老人有专门的陪伴话题卡，内容主要涉及老人生长的故乡、个人的成就与人生经历情况等。

由雨花心灵养老模式的宗旨与内容可知，该模式旨在通过倾听与陪伴的方式，时刻以老人为中心，没有评判、教育与劝说，只有对老人无条件地接纳与关爱，不仅让老人的心灵不再感到孤单，更多的是希望通过这种方式扬老人之"志"，把老人身上的"宝"传递给下一代，让老人感受到自身对于社会的巨大价值，更加珍视和善待自己，从而以更加积极阳光的心态去面对生活。

（三）雨花心灵养老模式的服务流程与规范

雨花心灵养老模式服务流程是：小组分工→初步链接→技术培训→服务准备→预约倾听→倾听陪伴→信息管理→总结提升。

雨花心灵养老模式的服务规范共有二十条，每一条都以老人为中心，考虑如何更有效地倾听老人的述说。

第一条，志愿者在服务时穿义工服，注意自己的言行，言语保持柔和，动作需缓慢、有礼节。

第二条，提前了解并熟悉老人信息，陪伴前带好服务所需的相关物品，如笔记本、笔、录音笔、水杯、鞋套等，尽量不给老人添麻烦。

第三条，主动进行自我介绍，如"您好，我是敬老志愿者×××"（如有人询问所属机构时可回答：浙江雨花老年公益事业发展中心）。

第四条，尊重老人的信仰，不把个人信仰强加给老人。

第五条，在称呼老人之时，要表达对老人心存敬爱，使用合适的称谓（如不清楚可主动询问老人怎么称呼比较合适）。

第六条，服务前将手机调至静音或飞行模式，尽量不接打电话。

第七条，熟悉话题卡，提前筛选出当天陪伴时需要的话题，避免因没有准备而陷入尴尬，如和老人预约了深度访谈，可事先准备好"访谈提纲"，提前敬呈老人让其做准备。

第八条，倾听陪伴时视线和姿态保持与老人平行或略低。多位老人同时在场时，要注意兼顾大家的感受，避免有老人感到被冷落；访谈时，访谈员负责沟通，倾听员做好倾听和记录，尽量不中间打断话题，避免老人因同时应对多人而疲劳。

第九条，倾听时，如遇到听不懂方言等情况，用同理心去体会老人的心理状态，适当地给予表情回应真诚的倾听就是在陪伴，也可先录下老人宝贵的声音，回去再慢慢整理。

第十条，倾听陪伴不是教育老人，不是给老人做逻辑分析，不是做生理治疗、心理治疗等，只是专注于陪伴和倾听中。如遇紧急情况应及时联系亲属或专业医务人员。

第十一条，倾听陪伴不是刻意哄老人开心，不做自己无法履行的承诺；践行自己对老人的承诺。

第十二条，如需深度访谈，提前和老人约定拜访时间再登门，并尽量轻松对接，不给老人增加心理负担，每次访谈时间不宜超过2小时。

第十三条，志愿者代表公益组织而不是个人，如果要和老人建立个人情感，也是要为了"激发老人生命活力"，而不是代替老人子女行孝。

第十四条，访谈时，慎聊隐私话题，尽量避免聊老人敏感的话题，如老人自愿告知，需以同理心倾听并为老人保密。

第十五条，访谈时，把老人视为我们的老师，相信幸福的答案就在他自己的生命里，相信每个老人具有心理修复能力。通过巧妙的提问方法（并非质问），激发谈话中的正向话题，协助老人自己获得幸福的答案、获得心灵的自愈。

第十六条，当老人索要联系方式时，留下公益组织负责人的电话。

第十七条，尊重老人的肖像权，为老人拍照、录像时应带着敬畏心，获得老人的允许，专程采访拍摄时由指定人员进行影像记录，避免违规拍摄。

第十八条，录音、视频等资料需保密存档，如公开发布应征得老人、公益组织负责人同意。

第十九条，认可并接纳志愿者、老人及其家庭的一切现状，不分析、不评判、不下定义，没有"伤害"、没有交易，只有感恩。

第二十条，遵循《敬老行为准则》：只有他人，没有自己；只有陪伴，没有分析；只有倾听，没有定义；只有专注，没有判断；只有主动，没有执着；只有抚慰，没有对立；只有奉献，没有所得；只有爱心，没有占有；只有坚韧，没有抱怨；只有感恩，没有指责。

（四）雨花心灵养老模式的实践活动

每一个人都需要倾听陪伴，尤其对于高龄老人而言，倾听陪伴是治愈心灵孤寂最有效的途径。高龄老人剩余的生命时光越来越少，交往的人际圈子越来越狭窄，心灵越来越孤寂，尤其需要通过倾听陪伴和嘘寒问暖来排解内心的孤苦寂寞。然而，对于很多空巢老人而言，倾听陪伴是比保健品更加奢侈的物品，他们想要的不过是儿孙在闲暇之余倾听他们的心声、陪伴在他们身边，然而如此简单的幸福也难以实现。为了让更多老人的心声能够被倾听，为了让更多老人的声音能够被世人铭记，为了儿孙后代不留下遗憾，"雨花敬老公益"开启了"同心倾听"行动。

案例1：在社区负责人为雨花敬老公益提供的上门送餐名单里，许老师是最年轻的一位老人。他是一名退伍军人，曾经也有辉煌的事业。因为身患疾病，已经卧病在床近两年，他靠着共产党员的坚定信仰、军人的顽强意志，正在与病魔作斗争。病痛的折磨，使得他脾气特别暴躁，再加上已经变形溃烂的手脚，让很多人不愿也不敢接近他。送餐员也是经历了一番心理考验才慢慢地走近他的身边。考虑他的特殊情况，志愿者团队决定选派倾听员进行爱与陪伴。终于，在倾听员坚持不懈的努力下，通过几次真诚的交谈，许某打开了话匣子，开始讲述自己的传奇经历。原来，他曾经梦想成为一名电影演员，但由于身高不够而被淘汰，他很沮丧。有位老师发现了他独特的声音，他非常感恩这位老师，让他重新树立了自信，从此爱上了播音朗诵。在倾听员的恳请下，他即兴朗诵了一段《海燕》，大家忍不住为他鼓掌。他开心地笑了，笑眼中还泛着泪花……倾听员抓住这个时机，诚恳地邀请他加入志愿者团队，鼓励他："您可以用您的声音做志愿者，您可以做配音工作，我们特别需要您这样专业的志愿者啊！"他眼睛一亮，没想到自己瘫痪在床也能做出贡献。从此，他又找回了自己的生命价值，一下子变得特别积极阳光。他建议年轻志愿者一定要多读书，特别是毛主席的"老三篇"（即《纪念白求恩》《为人民服务》《愚公移山》），还对倾听员的工作提出了很多宝贵的具体建议，成为了倾听员的良师益友，大家尊敬地称呼他"许老师"。有一次，倾听员小陈带来一本60年代出版的"老三篇"，选了一段毛主席语录读给他听。他听到上一句，就背诵出了下一句，还忍不住打着拍子唱了起来！"下定决心，不怕牺牲，排除万难，去争取胜利……"临别时，小陈握了握他那个已经变形的手，向他行了一个军礼，表达对他的敬意，他也郑重地回了一个军礼。那一刻，彼此之间的感动令人一生难忘。如果没有雨花志愿者坚持不懈的努力，许老师不会打开心扉向倾听员讲述他的心声；如果没有雨花志愿者坚持不懈的帮助，许某也不会重新找回自己的人生价值，从而变得积极阳光。

案例2：2020年7月，在浙江爱心事业基金会、安基金、雨花行动基金等单位的支持下，浙江雨花老年公益事业发展中心联合社会各界共同举办了"青春助老——艺起传家风"大学生暑期社会实践活动。在为期14天的志愿活动中，浙江工商大学艺术设计学院16名优秀学生作为大学生志愿者来到杭州市西湖区双浦镇东江嘴村，踊跃参与到敬老、爱老的服务实践中。他们学习陪伴、倾听老人的技巧，真切感悟老人的孤苦。在倾听老人叙述事迹的过程中，志愿者不仅舒解了老人的孤寂，老人也给志愿者们上了一堂重要的人生课程，可谓是一次意义深远的教育活动。此次志愿服务活动以陪伴、倾听为基础，旨在舒解老人晚年的孤寂，倾听他们的故事，并用视频影像、文字、图片等方式记录下来，将他们的故事、箴言承传下来。"青春助老——艺起传家风"的志愿者们在"北京十方缘老人心灵呵护中心"的教导下，以由东江嘴村委发起的老人免费用餐的老年食堂为主要场地进行志愿服务，又在杭州吴山雨花斋体验陪伴老人、为空巢老人送餐等志愿工作，并走进东江嘴村各老人家中倾听老人故事，领略老人家风，同时进行"口述家风"的搜集、整理与制作。

案例3：2020年7月4日，阿里巴巴硬件质量部的青年志愿者来到位于杭州市上城区吴山品悦酒店四楼的雨花斋，陪伴老人、倾听老人，为老人送一餐饭。在雨花斋餐厅内，阿里巴巴志愿者与老人们聊起了家常，在年轻人的耐心陪伴与倾听下，平时寡言寡语的老人也打开了话匣子，脸上呈现出久违的笑意。

四、含山月——雨花家庭互助式机构养老模式

"雨花敬老公益"在雨花斋—居家养老补充模式、社区邻里互助养老模式的基础上，创新了机构养老模式——家庭互助式机构养老模式。

（一）雨花家庭互助式机构养老模式的发起背景

在中国古代，一个大家族里三千人不分家，不分家的三千人中自然就会有上百位老人，这些老人就在他们的家族、祠堂里享受着儿孙满堂的天伦之乐。三千人里面只有一两百位老人，毋庸置疑，那是一个健康的、充满正能量的大家族。然而，随着制度的变迁、社会的转型，传统的家庭养老模式已经无法满足当今社会老年人的养老需求，无论居家养老、社区养老做得多么好，老龄化程度快速提高及独生子女普遍存在的现实，都使得一部分老人不得不住进养老院安度晚年。若一个老人独自离开了自己的家，进入养老院生活会是什么样的感受呢？为了建设让老人及其儿女能够放心的养老院，"雨花敬老公益"又开始了新的探索——家庭互助式机构养老模式的探索，由来自不同的血缘家庭的老人、孝子贤孙、义工以及聘请的养老从业人员，彼此互助、共同赡养老人、共同营造老人幸福终生的家园。

雨花敬老公益探索的家庭互助式机构养老模式以"家家同心、合力敬老"为宗旨，换言之，入住"雨花敬老公益"建设的养老机构的一个个小家庭之间要彼此同心合力，共同孝敬老人，包括资金、人力、孝心。同时，家庭互助式机构养老模式以"养儿为老，敬老为国"为基本理念。养儿为老，是孝；敬老为国，是忠。忠孝两全是祖先几千年的孜孜以求，但是，忠孝难以两全，这是炎黄子孙深藏心底的遗憾。因此，雨花家庭互助式机构养老模式，希望能够继承祖先的追求，希望通过努力能够弥补这千年遗憾。

（二）雨花家庭互助式机构养老模式的典型代表——含山月养老院

下文将以2021年9月份即将建成的含山月养老院为例，对"雨花敬老公益"探索的家庭互助式机构养老模式进行介绍：

在硬件设施方面，含山月养老院的硬件全部采用适老化设计。

第一，在地理位置方面，含山月养老院拥有得天独厚的优势，这里是雨花长老的家乡，也是全国第一家雨花斋的诞生地，依山傍水，空气清新，这里有亭、有桥、有荷塘，老人可以爬山、漫步、打太极，享受天人合一，回归知足常乐。这里拥有便利的公路铁路交通，毗邻正在建设的寿昌高铁站。

第二，在设备设施方面，含山月养老院大楼共八层，一共16000平方米，根据家庭规模的不同设置了四种户型。29平方米的标间有87个；37平方米的特护间有4个；58平方米可供两代人居住的套房有7个；87平方米可供四代人居住的套房有2个。另外，还为探望老人的亲人准备了两个客房。所有房间冬有取暖，夏有空调，南北方人群均适宜居住，屋内的设备设施都实现了高标准、专业化、有星级的装修。公共区域全部安装了防滑扶手，普遍采用高弹防滑地面材料，防止老人跌倒损伤。公共区域的监控系统、活动区域和室内的紧急呼救系统、烟感喷淋系统、数字化门禁系统为老人入住提供了安全保障。卫生间干湿分离，全部实现了适老化设计。同时，含山月养老院还专门为体弱多病的老人设计了助浴间，由专业人员帮助老人来洗浴。

第三，在饮食方面，含山月养老院提倡低碳、健康、环保的素食，部分食材就来自含山月养老院旁边的自留地。一层有公共的自助餐厅，另外还配置了两个自助厨房和自助餐厅，便于入住的家庭根据自己的口味自己动手，同时还可以招待前来探望的亲人。

第四，在医疗卫生方面，含山月养老院设有24小时专业医生护士值班的医护室，满足老人日常的医护需求。

第五，在文化休闲设施方面，每一位老人入住的楼层都设有公共区域，包括共享书房、共享餐厅、共享客厅等，老人可以在这里就餐、阅览、休闲。下雨天的时候，老人还可以在地下一层的下沉式庭院休闲运动。地下一层还设有禅修室，有信仰的老人可以在这里禅修念佛。

其次，在软件配备方面，含山月养老院使这里的老人可以享受儿孙之乐、享受邻里之间的互相帮助，还可以享受机构养老的专业化、集约化的服务。含山月养老院融合居家、社区、机构养老的优势于一身，这里可以满足老人的生活照料、养生保健、老年教育、精神慰藉、临终关怀、家族传承、旅居养老等综合养老需求。除此之外，含山月养老院还有以下七个方面的软件条件。

第一，"一家一户，孝子贤孙"。一个房间就是一户人家，老人可以根据自己的喜好布置自己的小家，每一个小家庭把自己的家安在含山月养老院这个道义大家庭里面。整栋大楼就是一个大的家庭，大家共同把这个大家建立好，所有人员之间都是亲人之间的关系。同时，入住含山月养老院最重要的条件是无私奉献多年的"雨花敬老公益"志愿者家庭的孝子贤孙，也欢迎其他公益志愿者家庭的孝子贤孙带着他们的老人入住含山月养老院，还有为民族国家做出重大贡献的家庭，正所谓"忠臣出于孝子之门"，含山月的义工和聘请的专业照护人员也必须立志成为孝子贤孙，否则，也没有资格在这里做义工、做专业的敬老从业人员。

第二,大家庭的协商自治。由各个小家庭推选党员、德高、年高的人组成含山月家风委员会,同时还有家学、家务等专业委员会,来商讨含山月大家庭的决策事项。

第三,互助共享。互助,首先是自助,然后是助他。自助的意思就是老人本身是主养人,自己通过学习,将幸福掌握在自己的手里,在晚年努力活出有尊严的样子,获得善终。儿孙义工、专业从业人员是助养人,助养人通过提升自己的修养,内心获得安乐,才有能力助老安乐。在含山月养老院,老人同吃、同住、同劳动、同学习。另外,互助共享还体现在生活费的互助共担上。互助金就是由入住的家庭根据自己的情况随缘随力地缴纳,互助金主要用于以下两个方面:一是资助经济能力不足的入住家庭,二是用于未来推广含山月的家庭互助式机构养老模式。

第四,人生学堂。很多人并不知道自己从哪里来、将来要到哪里去,不知道自己跟宇宙的关系、跟世界的关系,也不知道生命当中什么是最重要的。正是由于这些困惑才致使生命中存在那么多的问题与苦恼,所以需要从本质上解决这些困惑。含山月养老院通过生命教育帮助所有入住成员获得内心深处的宁静安详,有尊严地活着,坦然地面对死亡。

第五,助老传家。为了真正地体现老人是宝贝、老人是师长,含山月养老院通过请教、陪伴与倾听来记录和学习老人宝贵的人生经验,这些经验会代代承传,帮助老人完成教育下一代传家的心愿。

第六,临终关怀。善终是五福当中中国老人最在意、最关心的,含山月养老院为老人在临终前提供身体、心理、精神方面的照料和人文关怀,帮助老人安详、有尊严地离世。含山月养老院距离广安安养院(对临终关怀有深入的研究与实践)只有400米,善终关怀可以由广安安养院来帮助临终前的老人实现。

第七,短期体验。含山月养老院为社会上愿意短期体验家庭互助式机构养老模式的人员提供短期的体验服务,包括住宿、餐饮、学习等,目的就是让社会上更多的人来了解家庭互助式养老机构模式。

由上述内容可知,含山月家庭互助式机构养老模式可以有效解决我国养老事业存在的三个问题:第一,这种养老模式满足了老人心理的需求,因为在这里孝养老人的包括老人的儿孙、充满爱心的义工,还有立志成为孝子贤孙的专业的照护人员,他们保证了老人晚年获得尊严和善终。第二，这种养老模式有效解决了独生子女因为时间和距离等客观原因赡养老人分身乏术的问题，同时，含山月养老院高薪聘请专业的照护人员也解决了儿女没有专业照顾能力的问题。第三，雨花志愿者团队当中最多的就是充满健康活力的老年义工，在含山月养老院有很多年轻有活力的老人愿意去照顾失能、半失能老人，有效地解决了养老人力资源不足的问题。

（三）雨花家庭互助式机构养老模式的创新

与其他机构养老模式相比，雨花家庭互助式机构养老模式的创新之处在于以下七个方面：

第一，充满正能量。家庭互助式机构养老即家庭合伙养老院，充满健康的气场，充满正能量。在这里，虽然志愿者及养老工作人员会以一颗孝心悉心照顾老人，却不代替、剥夺儿女行孝的机会，而是带动儿女一起行孝。即使老人的儿女不能时刻陪伴老人身边，但只要儿女有孝心，懂得关心老人，那么儿女孝心所传递的温暖也能包围在老人身边。因此，雨花公益用孝心和爱心建设的养老院，会比普通的家庭更具有正能量。一般的家庭只有少量子女保持着与父母的密切联系，但是在雨花家庭合伙养老院这个大家庭中，所有子女的心都紧密围绕着老人。

第二，是老人的心灵家园，帮助老人找回尊严、实现善终。住在家庭互助式养老院的老人，无论是走进房间，还是躺在床上，都丝毫感觉不到这是养老院，而感觉这里是一个刚搬进去的新家，并且是一个高贵、高雅的家——是一个可以让人老得优雅、老得有尊严的地方，任何时候都不会感到孤独。若没有接受相关的生命教育，又缺乏温暖的陪伴、丧失了基本的尊严，那么心里的恐惧只会加剧身体上的病痛。但是如果事先接受了相关的生命教育，明白了生命的真谛、人生的价值，同时又获得温暖的陪伴，那么会减少很多不必要的痛苦。在雨花家庭互助式养老院中，合伙互助大家庭的"人生学堂"，帮助大家庭的所有成员——老人、儿孙、义工、养老从业人员懂得生命的意义，懂得良知的重要，懂得仁、义、礼、智、信的价值，这些对保障老人晚年的尊严、实现善终具有重大意义。

第三，彼此互助养老，挖掘老人宝贵价值。雨花家庭互助式机构养老模式通过互助养老，轻而易举地解决了"4-2-1"家庭儿孙分身乏术、没有专业照护能力的问题。挖掘"健康活力老人"这一宝贵的人力资源价值，让被照顾的老人享受更贴心的服务。同时，也很好地解决了"健康活力老人"自身的养老问题,即在照顾其他老人的过程中解决了自身的寂寞,以及充满无用感、自卑感的问题,实现了其自身社会价值,自己从内心深处获得了自尊、自信。

第四,杜绝了养老从业人员不尊重老人的情形发生。孝子贤孙们陪伴老人,实现了最有效的"监督";孝子贤孙的孝心孝行,对专业从业人员来说,也是最好的表率;孝子贤孙们对请来协助他们一起照护老人的专业养老从业人员深怀恭敬之心而非买卖之心。这些都很好地保证了专业养老从业者以良好的心态、较高的质量服务于老人。

第五,互助大家庭养老收支的账目定期公开、公摊养老费用。在互助大家庭里,彼此之间是家人关系,家里的事情家人商量着处理。

第六,打破资本逻辑,证明道德资本的力量,为破解养老难题提供动力源泉。养老不是一个单纯能用钱解决的问题,仁义、孝道是充分发挥互助养老合力的重要支撑。人心齐泰山移,含山月养老院靠这份力量,大庇天下老人尽欢颜。

第七,研发了适用、有效的养老功能型设备。如今人工智能技术发展迅速,各种智能产品层出不穷,人工智能产品的诞生为老人的生活提供了很多便利。但是很多人工智能产品都是优先提供给年轻人使用,而专门为老年人研发设计的人工智能产品却屈指可数,这样的情形不禁让人叹息与深感心酸。浙江雨花老年公益事业发展中心(雨花敬老模式的探索机构)技术部正在与相关科技公司合作开发专门适合老人的智能化设备,加之护理员、敬老志愿者的细心照顾,为老人的日常生活和紧急救助提供了方便与保障。

五、雨花智慧养老模式

(一)雨花智慧养老模式发起的背景

随着人口老龄化问题日益严峻,日益庞大的空巢老人群体的现状,是严峻的社会问题。很多空巢老人,由于长期缺少关爱,加之身体机能退化,许多问题随之而来。例如遇到紧急情况却得不到紧急救助、吃饭等生活困难得不到及时解决、生活封闭缺少互助互信的伙伴、心情抑郁却得不到倾听与排解,使他们空虚、孤独、寂寞、恐惧感增加,不知道如何养老。以上问题产生的根源,在于生命教育的缺失导致老人本身及儿孙缺乏对生命、对孝道的正确认知；在于儿孙及社会对老人的关爱照料不足；在于整个社会没有形成人人敬老的风气。同时，当今社会已经进入人工智能时代，智能化产品最主要的价值就是在老人没有能力的时候给予老人帮助。最应当受到尊重与恭敬、最应当享受科技发展福利的就是老人，可为什么老人不仅用不上智能产品，还被智能产品排挤到社会的边缘呢？这是一个匪夷所思的问题。

在此背景之下，雨花智慧养老模式应运而生。

这里的"智慧"是指"科技、教育、心理、信仰"的四位一体，该模式基于传统的敬老文化以及全社会共同"敬老"的愿景，由社会组织、科技公司、产品制造及服务机构等共同发起，借助先进的信息化技术与人工智能化技术，为空巢老人提供应急救助、主动关爱和健康（生命教育）服务，时刻满足老人多样化的养老需求，倡导全社会共同孝敬所有老人，以实现"全覆盖敬老，将敬老进行到底"的养老模式。

雨花敬老公益事业，经历了居家养老有益补充模式、社区邻里互助养老模式、家庭互助式机构养老模式、心灵养老模式，敬老的形式和具体内容不断升级，但"孝敬老人"的主题永远不改变，也不会改变。因为人人都会老，每个老人都需要被"敬"，人人都需要"敬"老。十年的公益敬老历程使"雨花敬老公益"志愿者认识到，为了更好地孝敬老人，必须探索一个涵盖全部内容的综合敬老模式、方案、行动。如果说雨花居家养老有益补充模式在家庭里实现敬老、雨花社区邻里互助养老模式在社区里实现敬老、家庭互助式机构养老模式在养老机构中实现敬老，那么雨花智慧养老模式就是全覆盖实现敬老。

（二）雨花智慧养老模式的初心与宗旨

通过智能设备的连接和爱的连接，打破老人封闭孤独的生活方式，使一个个原本封闭、清冷的空巢，连接起来、温暖起来，让老人在遇到紧急情况时能够"一呼百应"，及时为老人提供应急救助、主动关爱和健康（生命教育）服务，实现"全覆盖敬老，将养老进行到底"——覆盖所有养老主体、所有养老对象、所有养老服务内容，且永无止境一代一代传下去。

（三）雨花智慧养老模式的主要特色

1. 提供应急救助

第一，一呼百应。以往父母呼叫子女的时候只能做到"一呼一应"，并且只能在有求助的时候呼喊。但是随着科技水平提高，雨花智慧养老模式能够让以往的"一呼一应"变成"一呼百应"，原本只是求助时才呼喊，如今还要让子女"晨则省，昏则定"，每天都有"礼"地呼、使劲地喊。如今雨花智慧养老模式让更多子女能多呼喊自己的长辈，实际上它真正起的是唤醒的作用、教育的作用，因为只要是主动地去服务，每天就会多次地去呼喊长辈。同时，雨花智慧养老模式又与"居家"有着密切的联系。来到雨花斋就餐的老人们大多是一些尚能活动的老人，但是随着时间的推移，当有一天这些老人走不动的时候，雨花敬老服务怎么才能维持不中断呢？也就是说，当这些老人待在自己家中的时候，怎么才能同样享受养老服务呢？这就涉及如何"深度""深入""长时"敬老的问题，因此，养老服务需要依赖于智能技术的辅助。雨花智慧养老模式就是通过智能技术将行动不便的老人与家人、邻居、养老服务人员紧密连接在一起，在老人有需要的时候，能够及时与服务人员联系上。正是由于"雨花敬老公益"的志愿者们不断地往后推想、往长远去设想，才能让雨花敬老公益事业始终维持在可持续的生命状态中。总而言之，雨花智慧养老模式的特点之一就是将老人、儿女、邻居、养老服务人员紧密联系在一起，在老人遇到紧急情况的时候能够实现"一呼百应"，让老人得到及时救助。

第二，用当初父母对待自己的态度对待父母。小时候我们哭就一定有奶吃，再大一点又哭就一定有药吃。如今父母年老了，我们理应遵循孝道。当父母逐渐老去之时，只能在家中等待、呼唤，甚至孤独寂寞到只想让子女陪伴他说说话。可是，每当父母与子女打电话的时间稍微长了一些，子女总会感到不耐烦；每当父母和子女述说自己身体不适的时候，子女总是想当然地认为父母不坚强或者表现得太过敏感；甚至当父母开口说话的时候，子女就会用自己的观点将父母的话语怼回去。可有多少子女曾想起自己童年时期，每当遇到困难、经历坎坷的时候，总会和父母撒娇和诉苦。可是父母并没有对子女的撒娇和诉苦感到嫌弃和抱怨，总是不耐其烦地想尽各种方法为子女排忧解难。自然地，我们理应将父母曾经给予的这份厚爱还回去，在父母呼唤我们的时候，能够实现一呼百应。

2. 主动提供陪伴与关爱

雨花智慧养老模式围绕时间和空间延伸服务，为老人主动提供陪伴与关爱。雨花斋所从事的就是日间照料，这是线下服务的关键和基础。但是，除了雨花斋服务，还延伸出了很多其他的服务。当谈到老人的日常需求之时，需要从时间和空间的维度进行思考。首先，时间的维度。雨花智慧养老模式能够在时间的维度上记录老人每个时刻的生活轨迹并据此分析老人的生活需求。同时，雨花智慧养老模式根据老人的生活需求对老人给予主动关爱，在特定的时刻提示老人、陪伴老人。最关键之处在于，当老人每日醒来的时候，雨花智慧养老模式就会关心老人是否健康，因此就有了"晨则省、昏则定"，在老人感到身体不适无法被唤醒的时候，雨花智慧养老模式就会主动进行报警。其次，空间的维度。在不同的地区、不同的时节，雨花智慧养老模式都会主动关注老人的想法和需求。同时，在给予老人服务的时候，雨花智慧养老模式不仅仅局限于关注老人的生活轨迹，还重点关注在这个时刻应该为老人提供哪些帮助和服务。例如，对于一些学习能力较强的老人而言，雨花智慧养老模式就会重点关注这些老人在哪个阶段应该学习哪些内容，这些内容都是主动提供的。围绕时间和空间维度向老人提供服务，要不断地研究并充分了解老人们的需求，并提供主动的救助，而不是要等到危难降临的时候才发挥相应的作用。只有从时间和空间上充分了解老人们的需求，了解老人一天24小时在干什么，才能明白应该如何为老人提供"主动服务"，才能真正有益于他们的生活。

有了雨花智慧养老模式，老人感到失落、难受、危险的时候，智能设备就会让儿女第一时间收到信息；父母亲的心语也会通过人工智能设备默默传递给儿女，儿女随时随地都能够听到来自父母的心声；甚至当老人无法讲述的时候，还可以委托私人秘书——人工智能设备帮助传递消息。因此，人工智能设备将成为老人身边的贴心伴侣。但是，有一点必须要清楚，机器人没有感情、没有文化，也没有温暖，只有传承发挥中国传统文化精神，只有弄明白老人真正的需求，才能让智能设备真正帮助到老人，真正让老人有温暖、无恐惧，能放心、能安宁。

3. 主动提供生命教育

雨花智慧养老模式，就是要将"雨花敬老公益"进行到底，把助老、养老、敬老进行到底。何为"底"。"雨花敬老公益"事业的"底"就是消除空巢家庭里可能发生的一切惨剧。今天空巢家庭里发生的一切惨剧以及空巢老人对人生的迷茫和对生活的绝望,都是每一个年轻人的未来,如果不去改变空巢家庭的这种状况,那么它未来必将发生在今天的年轻人身上。

而"进行到底"的关键在于老人内心的改变——价值观、人生观的改变。所以,雨花智慧养老模式的重要功能之一是主动为老人提供生命教育,帮助老人进行人生观、价值观的重塑,帮助老人找到人生价值、传家责任感与社会使命感,进而发挥老人的宝贵价值。

在"雨花敬老公益"事业中,最主要的核心就在于如何解决养老资源问题、老人价值观问题,以及每个人在未来"老"的问题,而教育的意义就在于解决这些棘手的问题。

4. 实现了五种养老要素的有机融合——五缘养老

雨花智慧养老模式从中华五千年文明的孝道思想与文化中总结出多元互助、合力敬老的五缘养老模式,力求在未来让更多的老人真正获得全方位的关爱,助老安养,助老善终。

(1) 血缘养老

血缘关系,这是中国"家文化"的根本,家庭在养老中的地位不可忽视。无论其他缘分多么优越,都不能离开血脉这个根本,这是人与生俱来的关系,也是最早形成的社会关系。虽然现在的家庭很小,但是血缘绝不能忽视。结合我国的历史与国情,在多缘养老模式当中,血缘是默认的一缘,也是极为有力的一缘。血浓于水,血脉是斩不断的情感连接,是爱的无形维系。雨花智慧养老模式养老、孝老、敬老,是以小家庭的血缘亲情为基石,因为真正能令老人获得安乐的,一定是子女的孝道。

(2) 地缘养老

雨花智慧养老模式紧密依托地缘,如所在城市、街道、社区还有邻里关系等,都是雨花智慧养老公益事业的重要依托。和生万物,有一个祥和的地缘氛围,才能更好为老人服务。

(3) 文化缘养老

泱泱中华,经战火之乱,化诸多无望为可能。究其缘由,这片土地有千年之英魂,以及根植于每个国人内心深处的爱国主义精神。孝悌忠信已融入每一个中国人的骨血,礼义廉耻镌刻在华夏每一寸土地上。中华文化的生生不息,佑中华民族源远流长。孝敬即是中华文化的大根大本,所以,"养儿为老,敬老为国""亲亲、尊尊、长长"等中华家文化、孝道文化,是雨花智慧养老模式的核心,也是其灵魂。

(4) 科技缘养老

"工欲善其事,必先利其器",雨花智慧养老模式将先进的科学技术应用于养老公益事业,用先进的人工智能技术惠及广大老年群体,让老人获得更加及时和人性化的关爱,使养老服务质量得以显著提升,让每个生命都获得尊重与呵护。

(5) 业缘养老

"业"指行业,也可以理解为与养老行业相关的各种组织,这些组织在养老公益事业中起着桥梁的作用,连接着家庭、社会与政府。比如,养老行业的专业人员,为老人提供专业的医疗、护理服务;孝子贤孙在各行各业的经济收入,也为养老公益事业提供重要的经济保障;机器制造业,为养老公益提供养老设备;轻工业,为养老公益提供床单被罩等日用品等。因此,雨花智慧养老模式与各行各业的繁荣发展紧密相连并有机融合。

5. 实现全覆盖的社会链接

科技先进与文化强盛是统一的,虽然科技永远不能取代文化,但科技影响着文化的发展。科技不仅是生命教育的工具,而且还是文化传承的工具,是信仰建设的工具。因此,要运用先进的科技手段搭建一个公益平台来实现与社会的全覆盖连接。所谓的"全覆盖"指的不仅仅是覆盖所有的空巢老人,还要实现"一呼百应",让社会上更多的人都参与到养老公益事业中。雨花智慧养老模式这个公益平台不是某个人的平台,而是属于全社会的平台。社会上所有的公益组织,都可以通过雨花智慧养老模式平台参与到养老服务中来,可以组建很多服务队伍,还可以成立各种服务站点。如此一来,各种公益团体就都能被影响和联动,彼此互相起到正向影响。同时,各公益组织还能和社会、政府、家庭实现对接,从而达到"全覆盖"。希望从此以后,就不再存在"雨花"的概念,没有一个你,也没有一个我,不再分你和我。

(五) 雨花智慧养老模式的具体功能

雨花智慧养老模式主要具备应急救助、主动关爱和生命教育三大基本使用功能。后两项功能是"雨花敬老公益"的特色,也是关键,是自我救助和治未病的良方。具体而言,智慧雨花服务系统主要通过以下五方面设计实现老人、志愿者、子女、政府的多方联动。

第一,家园主页二维码。该二维码对应的"家园主页"是面向社会公众展示家园整体情况的窗口,里面不仅有家园的服务数据和资讯,而且有合法合规的定向捐赠链接。通过家园主页还可以看到全国其他雨花敬老家园的情况,社会公众、在外地工作的子女就可以更加方便快捷地关注敬老家园的情况。

第二,"想见就见"人脸识别互动屏。人脸识别互动屏可以识别登记过的老人和志愿者。老人方面,不仅可以测出老人的体温,而且会将采集的服务数据传递到儿女手机、数据大屏等多个端口,识别完成时还有智能语音播报的问候语,让老人感到温暖、安心;志愿者方面,互动屏会及时记录并反馈志愿者的公益时数,让志愿者获得更多的成就感,同样它也有智能语音问候,让志愿者感觉更加亲切。该设备为安卓系统,后期将支持亲情互动,老人不需要复杂的操作,就可以与使用移动端程序的儿女、志愿者进行互动。

第三,"雨花敬老"小程序。该程序是专门供志愿者使用的,现有身份认证、送餐记录、菜品上传、报餐统计、亲情谱记录等功能,让敬老家园的服务更加便捷化。

第四,雨花智能站点。雨花智能站点设计主要有数据大屏和笑脸墙两块主要内容。数据大屏里面有实时公示的"雨花敬老公益"财务数据,其公开透明,方便政府部门监管,还有环保、节约粮食等社会效益的可视化呈现。笑脸墙是雨花敬老家园的集体相册,沉淀了家园的美好记忆,还有各地家园上传的菜品照片,交流、学习菜品。

第五、雨花智能音箱。智能音箱是对老人进行身体呵护、心理安慰、精神慰藉的智能化产品,是敬老的助手,是暖巢行动中"敬老"的重要践行者,是对老人践行"居则致其敬、养则致其乐、病则致其忧、丧则致其哀"的"孝子贤孙"的化身,是"雨花"的化身和形象代表。其主要功能为:一是老人科学生命观教育的老师,消除老人的恐惧、绝望、无助、无奈情绪;二是老人24小时在线的生命守护者;三是老人的生活百科小秘书;四是主动关怀老人的"孝子贤孙";五是连接老人子女、医疗机构、社区、邻里、互助老人、志愿者、警察的助手。

　　总而言之,"雨花敬老公益"平台的智能设计是考虑能让老人安心、子女放心、志愿者开心、政府宽心、社会信任的公益平台。由上可见,雨花智慧养老模式能有效帮助老人融入互联网时代,拉近老人与家人、志愿者、朋友之间的距离,让老人可以随时随地进行亲情沟通,在紧急情况下及时求救,也满足了老人终身学习的需求。同时,雨花智慧养老模式还让公益组织与社会各界产生联动,并接受来自社会各界的监督。

第三章　中国当代养老公益存在的共性问题

第二章对我国当代养老公益事业包括家庭养老、机构养老、社区养老、心灵疗愈养老和智慧养老的发展状况进行了系统梳理。为了促进我国养老公益的健康、可持续发展，必须在系统梳理的基础上找出存在的共性问题。解决了这基础性的共性问题，具体问题自然迎刃而解。

中国养老公益的问题，关键在于思想理念。"以史为鉴，可以知兴替""鉴前世之兴衰，考当今之得失"，本章重点从养老思想理念、从养老政策制度与养老服务机构等三方面探讨当前中国养老公益存在的的共性问题，尤其是着重从孝道文化教育缺失、对老人宝贵价值认识不足、"敬老为国"的信仰缺失、"仁爱、无私、感恩"以及"自利利他"的公益精神缺失等方面来分析当前敬老思想理念淡薄的现状，从而凸显复兴中国传统家文化、孝文化、养老文化的紧迫性。

第一节　敬老公益思想理念淡薄乃至缺失

中国养老文化，是中华优秀传统文化的精髓之一。以孝道思想为核心的中国养老文化所蕴含的深刻人生哲理与优秀价值观念根植于中国人的心中，对中国人的思想观念、价值追求、行为礼仪产生深远的影响。中国养老文化，不仅深刻地塑造了中华儿女的精神世界，更对中国的政治、经济、社会产生深远的影响。与西方养老文化相比，中国养老文化的独特之处就在于其强大的思想理念。

改革开放以来，我国的社会养老服务体系不断完善，但是人们的养老思想理念却发生了变化，最显著的改变就是孝道思想理念的淡薄。孝道不仅是中华民族的传统美德，更是中国社会维系家庭和睦、社会稳定、国家安定的道德准则。然而，随着我国由小农经济向市场经济转型，孝道文化的经济基础也被动摇了。我国的家庭结构日益趋向小型化和核心化，"三代同堂"的大家庭景象逐渐消失，无形中削弱了孝道文化的社会基础。在社会变迁的过程中，人口的快速流动使两代人分离居住成为常见现象，生活方式的改变、生活节奏的加快促使父母与子女之间的亲情关系逐渐冷淡。同时，孝道文化教育的缺失、市场经济功利性价值观的侵蚀使现代年轻人的孝道思想理念与伦理道德观念普遍淡薄。这些年轻人往往将自身的利益放在了首位，衍生出个人主义、利己主义，丧失了赡养父母、孝敬父母的家庭责任感，进而导致对老人的宝贵价值认识不足、"敬老为国"的信仰缺失、"仁爱、无私、感恩"的公益精神缺失、"自利利他"的公益精神缺失等一系列思想问题产生。因此，如何提升、牢固以孝道为核心的敬老思想理念是解决中国养老公益问题的关键所在。

一、孝道教育缺失

中国历代朝廷都十分重视孝道教育。在国家层面，孝道教育是培育治国理政精英与爱国将士、促进国泰民安的重要手段；在社会层面，孝道教育是维护社会和谐稳定的重要途径；在个人层面，孝道教育是约束言行举止、塑造优秀价值观、培育健全人格的重要途径。继承与弘扬中华孝道文化、夯实中华文明绵延不绝的价值根基，不仅可以从根本上解决中国公益养老所面临的各种问题，还可以为实现中华民族的文化自信奠定重要基础，因而加强孝道文化教育势在必行。

然而，受多元文化思潮的影响，个人精致的功利主义思想突出，利益至上的社会风气弥漫，利己主义充斥着人们的思想，孝道文化教育普遍缺失，传统的孝道思想逐渐被弱化甚至是排斥，为提高民族文化自信、保卫国家文化安全、提高民族素质带来了严重的负面影响。

（一）家庭孝道教育缺失

狭义的家庭教育，专门指对子弟族众的训导，这种教育主要由家长、德能突出者承担，好比是"核心家庭"所进行的教育，是以父权制家长为核心构成的家庭成员内部的教育。广义上的家庭教育，包括持家、治生、制用经验的教授，家庭内部关系协调的道德伦理规范，子弟、族众的成长成才，人际交往常识的灌输，家庭社会责任的强调等。① 长期以来，中国的家庭教育极其重视孝的传统，家庭教育对于孝道文化的传承起到重要的作用。尊老爱幼一直是中华民族的传统美德，父母抚养子女，子女赡养父母是我国传统家庭的代际交换形式。

然而，进入现代社会以来，我国家庭重心发生了代际倾斜，部分家庭存在着严重不平衡的代际交换现象，传统孝道文化的家庭教育不断被削弱，造成了家庭成员孝道思想理念的淡薄。随着计划生育政策的实施，家庭结构日益趋向小型化和核心化，尤其在独生子女家庭中，孩子成为家庭婚姻生活中的重要角色，享受来自家长们的过度关注。因此，一些家庭中的独生子女被父母或祖父母娇宠成"小皇帝"或"小公主"，不仅孝道等伦理道德观念极其淡薄，同时还沾染上了骄纵、自私、霸道等恶习。很多家庭中的孩子根本不知道何为孝道，更不知道应当如何践行孝道。相比之下，老人在家庭中的权威地位则严重下滑，在家庭中的话语权越来越弱。一些家庭视老年人为包袱、累赘，对老人冷若冰霜，不愿尽赡养义务，甚至有的人将脏活、累活统统推给老人，出现"敬老不足，爱幼有余"的倾向。另外，弃老、虐老等家庭现象也时有发生，对老年人的精神赡养的质量亦偏低，使许多老年人深感亲情的冷漠和晚年的孤独。

(二) 学校孝道教育缺失

《礼记·王制》记载："有虞氏养国老于上庠，养庶老于下庠。夏后氏养国老于东序，养庶老于西序。殷人养国老于右学，养庶老于左学。周人养国老于东胶，养庶老于虞庠。虞庠在国之西郊。"自古以来，学校就是孝道教育的重要场所，历代帝王都会定期在学校进行视学并举行"乡饮酒礼"的敬老庆典，以此作为孝道文化教育的重要仪式，为社会提供尊老敬老的教育示范。但是，当前我国学校教育却出现了重智育轻德育、"孝道文化"教育尚未纳入学校教育的议事日程等问题。

其一，长期以来学校教育重智育轻德育。在当前的学校教育中，学生的升学率成为各个学校关注的焦点。为了尽可能提高学生的升学率，学校普遍侧重于应试教育，从而严重忽略了对学生的伦理道德教育。同时，道德教育的教材内容也主要限于社会公德方面，道德教育也只重视理论教育，忽视学生的行为实践。这种教育方式致使学生的伦理道德观念普遍薄

---

① 王永祥. 儒家家庭教育思想研究 [D]. 兰州：兰州大学，2017.

弱，不仅不利于学生树立孝道理念，更谈不上孝道文化的传承和养老公益精神的培养。

其二，孝道文化教育尚未纳入学校教育的议事日程。近几年，鉴于社会公德沦丧、孝道理念缺失、尊老敬老社会风气丧失等严重的社会现象，国家教育部明确提出了传统文化进校园的举措，一些学者也提出要将孝道文化教育纳入学校教育的议事日程。现在一些地区的中小学也开始教授《孝经》《论语》《弟子规》及《孟子》等传统教材，但是鲜少在这些传统的孝道教学素材的基础上有所丰富与创新，孝道教育也还没有正式被列入学校教育的范畴。

(三) 社会孝道教育缺失

其一，市场经济的不良文化侵蚀传统的孝道文化。在市场经济快速发展的背景下，市场经济功利性的价值理念与道德观念逐渐渗入人们的思想理念，在市场经济价值理念和道德观念的驱动下，利益与效益成为衡量一切的标准，从而对我国孝道文化的基础产生了冲击。当代许多年轻人往往将自身的利益放在首位，从而衍生出了个人主义、利己主义、享受主义的自私想法。他们仅仅希望能够独立于父母生活，希望能够及时享乐，逐渐丧失了赡养父母、孝敬父母的家庭责任感和使命感，也未能理解尊老敬老的重要意义。

其二，西方潮流文化冲击中国传统文化。改革开放以来，受西方潮流文化影响，中华传统文化包括很多传统习俗以及传统节日都被遗忘甚至是被遗弃。例如，中国传统的"七夕"节一直被传承，七月七日"喜鹊搭桥，牛郎织女相会"的故事几乎家家户户耳熟能详，但是当代年轻人似乎对于西方的情人节更加关注。另外，春节是中国传统节日中最重要的节日，在春节中国一直有着吃团圆饭、与亲人团聚、老少一堂的传统，然而，近年来春节的"年味"却逐渐变淡。相比之下，西方的圣诞节则更加受到年轻人的追捧。长期以来，中国传统节日和传统习俗普遍起到尊老敬老风尚的教化作用，通过中国传统节日和传统习俗，人们可以感受老人崇高的社会地位和社会价值，进而表达对老人的尊重和孝敬之意，强化人们的家庭责任感、社会使命感和家国情怀。因此，中国传统节日和传统习俗的沉沦，必然会带来社会孝道教育的缺失。

二、对老人宝贵价值认识不足

中国人常说:"树高千尺不忘根。"文化是从古至今、自上而下传承而来的,老人是我们的源头,孝敬老人就是爱重我们生命的根柢。对于子女而言,父母不仅具有养育之恩、教育之恩,更有启迪之恩,父母以其丰富的人生经验,为子女演绎人生的真谛,引发子女对于生命价值的思考。老年人历尽沧桑,见多识广,有着深邃的人生智慧,他们身上具有的价值是不可估量的。

首先要明白,为什么"老人是宝"。

第一,老人的生命本身就是宝。都说"老人是宝",那么如何体现老人的宝贵价值呢?难道只有让老人去发挥余热才能证明"老人是宝"吗?这还是在否定老人本身的价值。其实,老人活着就是有价值的。很多人认为老人活着就是累赘,甚至老人自己也这样认为,这是一个极大的误会。老人最主要的问题是他没有价值感,随着无奈与无力的累积,老人越来越觉得自己无用,这种无意义的人生感受每日威胁着老人,他的生命状态就日益消极。

老人的生命本身就是宝。人人都会老,老年呈现的生命问题是所有生命都将面临的,关注老年生命就是关注自己未来的生命。老人,是最集中反映生老病死之苦的一个特殊群体,他们和其他年龄段的群体是有距离的。他们内心对死亡有什么样的想法、身体有怎样的变化、有什么样的内心感受?这些都是老人提前把他的生命体验留给我们这些后人,这就是他生命的价值。纵观历史,智者都是越老越有智慧,老人生命的积累就是宝、就是生命的真谛。老人呈现出的不同生命阶段的状态、特质,就是一个个生命的案例、标本,无论是正面还是负面,都有珍贵的价值。如果我们虚心求教,就能站在更高的维度,站在老人生命的维度,看到我们的未来,看到我们生命的因果和轮回。积极正面的生命状态,是这一生优秀品质的积累,是能够帮助我们改变命运的宝贵经验;消极负面的生命状态,是对我们后人的警告。老人用生命来教导后人,为后人演绎未来,将老年这一生命阶段真真切切地展现在我们面前。所以,老人活着、存在着,就是宝。

第二,老人的所思所念是宝。老人每天在想什么?我们有没有试过像老人一样思考生命的困惑、思考自己生病的原因、思考死亡、思考儿女如何能幸福……循着这些方向去思考，我们就能感受生命的真谛、汲取生命的智慧。老人的"念头"，值得我们去了解，值得我们去深思，因为老人的念头里全是祖国、人民和子孙后代。可见，老人的所思所念都是宝。

第三，老人的所言所行是恩德。老人对其子女具有养育之恩。世界上所有的恩，莫大于父母的养育之恩。老人给予了儿女生命，才让世间所有的儿女能够来到人世间，经历人生的悲欢离合、喜怒哀乐，品尝生活的酸甜苦辣。儿女呱呱落地，就意味着父母苦难的开始。正是因为父母夜以继日地照料，儿女才能从婴儿茁壮成长为成年人；正是因为父母呕心沥血地教导，儿女才能从懵懂的婴幼儿成长为充满智慧的学者；正是因为父母的呵护有加，儿女才能在成长中免受他人的欺辱。俗话说"滴水之恩当涌泉相报"，面对老人深似海的养育之恩，儿女怎么报答都报答不完。每一位老人对儿女都有深似海、重如山的养育之恩。因此，老人是无价之宝。

老人具有教导之恩。"老人是宝"，不仅仅在于老人过去所拥有的知识、地位、财富和经验，还在于老人从始至终都是以"师长"的身份教导我们，对我们具有深似海的师恩。父母是孩子人生道路上的第一位老师，从孩子出生甚至没出生开始，父母就为了让孩子成长为有志、有用之才，不顾一切、毫无怨言地耐心教导；孩子所经历的每一次成功的喜悦和失败的痛苦，父母都会记在心里……这份深重的教导之恩，值得我们用整个生命去珍爱、去回报。

老人具有圣贤之恩。每一位老人不仅具有养育之恩、教导之恩，同时还具有圣贤之恩——他们向儿女展示了圣贤的品质。如果没有意识到这一点，就说明还没有充分地挖掘出老人的宝贵价值。当我们身边出现一位老人，就意味着我们正在接近圣贤。首先，老人向我们展示了"天下兴亡，匹夫有责""先天下之忧而忧，后天下之乐而乐"的家国情怀。从古至今，无数的革命烈士为了实现民主主义革命的胜利和中华人民共和国的建立而前赴后继、奋不顾身。在战火纷飞的岁月里，他们用英勇奋斗、流血牺牲为我们换来了和谐稳定的生活，换来了一张张平静的书桌；在和平稳定的岁月中，他们同样用自己的智慧与汗水换来了国家与社会的繁荣发展，这些出身平凡的老人，向后辈诠释了不平凡的圣贤品质。其次，老人用自己的经历向我们诠释了"穷则独善其身，达则兼济天下"。在身处逆境之时，老人依然坚守自己的信仰与理想，坚持自己的原则与标准，加强自己内心的道德修养，并将自身高尚的道德品质灌输给下一代人；在身处顺境之时，老人将自己毕生积累的经验与智慧，贡献给国家、贡献给民族。

事实上，老人不仅是家中之"宝"，更是国中之"宝"，老人不仅能引领家族兴盛，还能够促进社会和谐稳定，推动国家繁荣昌盛。因此，历代朝廷十分重视老年人的社会价值，制定了一系列相关的政策制度用以保障其物质生活质量、提高其政治地位、保障其合法权益。中国历史上的"三老五更"制度正是朝廷重视老年人社会价值的典例。

人不仅是实体的存在，也是价值的存在。对生命价值的追求，是人类生命的独特之处。随着老人年纪增长、身体机能下降，再加上高新技术迅猛发展，事物更新换代的速度加快，许多老人开始感知到自身知识体系的落伍并逐渐与社会脱节，萌生了对自我人生价值的怀疑与失望，这种悲观的情绪若得不到及时排解，便会郁结于心，引发心理和生理上的疾病。尤其是空巢老人，因人际关系圈的局限、代际沟通的缺乏，其对人生价值迷失的问题更显严峻。

然而，当今社会更多的是从养老服务体系、法律保障、社会支持等方面去研究如何改善老年人的生活状况，却较少从老年人自身的宝贵价值出发去研究其人生意义与生命价值。当前，人们对于老人宝贵价值认识不足的问题，主要表现在以下方面：

第一，老人对于自身价值认识不足。尽管老年群体的身体机能在不断地退化，但是老人自身仍然存在着年轻人需要学习借鉴的宝贵财富。尤其城市的空巢老人，他们大多或曾经身处社会管理层或是拥有丰富实践经验的技术人才，他们的知识经验和专业技能依然对当今社会的经济发展具有宝贵价值。但是许多老人却缺乏对于自身价值的认识，缺少为社会继续做出贡献的意识，总是觉得自己的知识体系和实践经验已经陈旧，无法再适应当今社会的发展，从而对自己的"老有所为"丧失了信心。由于对自我价值认识不足加之受到社会舆论的影响，许多原本具有一技之长的老年人只能赋闲在家，未能继续为社会发挥余热、未能真正实现自身价值。

第二，家庭对老人宝贵价值认识不足。尽管许多子女赞同社会倡导的"老有所为""老有所乐"的积极养老模式，但许多子女普遍认为，老人在退休以后，就应当放下手中的工作，不再过问工作上的任何事情，回到家中静养、安度晚年、享受天伦之乐，这样才是真正的"老有所养"。问题在于家庭成员对老人的富贵价值认识不足，更缺乏充分引导老人发挥其宝贵价值的意识。

第三，社会对老人宝贵价值认识不足。当今社会舆论普遍认为，老人生理机能已经退化，知识也跟不上时代发展的要求，继续工作也难以有所成就，一旦老人退休就意味着其完全丧失了社会价值，从而将老人看成是国家和社会的负担。社会对老人宝贵价值认识不足，不仅不利于激发老人群体自身的潜能、不利于社会的发展进步，还会容易产生"老人无用论""老人负担论"等错误观念，进而导致许多老人在退休之后，意志力逐渐衰退，兴趣爱好减少，衰老感、无用感、自卑感等负面心态随之出现，甚至会引发抑郁、自杀等负面现象。

当前，随着医疗技术水平的发展，许多疑难杂症都可以通过医疗手段来解决，老人的寿命也可以通过医疗技术来实现相应的延长，但医疗终究解决不了人生价值的认知问题，无论是手术、插管、电击都无济于事。若无法正确认识老人的人生价值，那么就意味着老人失去了尊严，也失去了活着的价值，也就意味着当年轻人变成老人以后，同样也会成为社会的负担和累赘。因此，一定要充分认识老人宝贵的人生价值。

那么，社会究竟对于老人的哪些宝贵价值认识不足呢？

第一，对老人的经济价值认识不足。

随着人口老龄化程度的加剧，国家的养老经济压力逐渐增大。再加上中国未富先老的社会国情，决定了国家赡养老人的能力有限，缺乏足够的养老资源与设施来保障老年人的晚年健康，进一步加剧了我国老龄人口的经济抚养压力。因此，老人社会价值的实现首先便体现在其对社会的经济价值之上，即缓解自身对社会的经济压力。

首先，在延续事业方面。现阶段我国劳动力资源总体上是平衡的，但就人力资源结构而言，人才断层现象严重、结构不合理问题突出，中高级人才缺口明显。为了解决人才缺口的问题，我国主要从三方面着手，一是依靠人才引进，二是通过培训学习提升，三是对现有老年人才的再利用。相比前两种方式的高成本，老年人才资源的再利用是解决当前劳动力结构不合理问题的最佳方式。[①] 尽管老年人的身体素质和机能远不如年轻人，但是其多年积累的经验和技能对于当今社会、国家而言却是极其宝贵的。尤其是一些城市的老年人才群体，他们本身就拥有着较高的个人素质与技能水平，若是实现再就业，不仅能让老人摆脱与社会隔绝的局面，满足他

---

① 陈理. 城市空巢老人生命价值的实现研究 [D]. 长沙：湖南大学，2016.

们的心灵慰藉需求，提升其人生价值感，还能够获得更多的经济收入，实现经济独立，减轻社会养老压力，促进"以老养老"目标的实现。其次，在互助养老方面。实现互助养老不仅能够为高龄老人带来心灵宽慰，为低龄老年志愿者提供"老有所为"的平台，还能有效地减轻养老志愿服务的人力成本。最后，老年人群体的存在，有助于扩大老年消费市场。老年消费市场的扩大会带动老年产业的发展，老年产业的发展能为年轻人提供更多的就业机会，从而促进经济的繁荣发展。

然而，当今社会并没有完全认识到老人宝贵的经济价值。人们普遍认为，老人已不再具有生产和消费能力，成为了社会的负担，也认为老龄化程度越高，制约经济增长的阻力就越强，经济增长的速度就越慢。在"老人负担论"的错误引导下，社会普遍以"有色眼镜"看待老年群体，目前大部分的企业和政府单位在用人需求上都加以年龄限制，更倾向于聘用年轻人，对于老年人再就业施加诸多限制条件或设置极高门槛，甚至还有一些单位公然发布歧视老人再就业的招工广告。严重阻碍了老人再就业的实现。即使部分老年人成功再就业，但是再就业的合法权益依然得不到有效保障，拖欠工资、随意辞退等侵犯老年人合法利益的事件时有发生。

这些问题不仅严重阻碍了老人发挥其宝贵的经济价值、促进社会经济快速增长，还加重了老人的心理负担，与人类追求长寿幸福的心愿相违背，与我国构建社会主义和谐社会的理念相违背，也与联合国"不分年龄，人人共享社会"的理想背道而驰。[1]

第二，对老人的政治价值认识不足。

从社会发展的角度出发，社会的存在与持续发展离不开社会上层建筑结构的健康和稳定，其必然要求社会政治体系的稳定与发展。老人作为社会生活中的部分群体，其生命活动和社会实践的深度与广度必然对社会政治的稳定及政治体系的发展产生深远影响。老人的政治价值指老人的生命属性、功能及生命活动对社会政治体系的稳定与发展的促进作用[2]，主要表现在以下几个方面：

其一，在促进社会行为秩序的健康发展方面。孔子云："五十而知天命，六十而耳顺，七十而从心所欲不逾矩。"历经岁月洗礼，老人比年轻

---

[1] 陈金香，秦毅. 人口老龄化的经济价值分析 [J]. 学理论，2009 (16)：129-130.
[2] 陈理. 城市空巢老人生命价值的实现研究 [D]. 长沙：湖南大学，2016.

人更加明白社会的发展变化规律，更加懂得以辩证的观点看待社会的重大事件。因此，无论是政治、思想还是实践上，老年人都显得更为成熟和稳重，对待一些事情拥有更为成熟的判断力，对于社会的稳定发展起到积极作用。若能够充分发挥老年人在社会行为秩序上的引导作用，必然能够促进社会的和谐稳定。其二，在助推社会民主政治法制化进程方面。随着人口老龄化程度的加剧，老年人的数量大幅上升，而老年人有权利也有义务运用其享有的民主权利来表达个人的见解和意愿，将老年群体的各项需求通过政治参与方式表达出来，将有利于促进政治参与群体多元化、政治民主平等化，有利于推动社会主义民主化进程。

然而，许多人却没有认识到老人对于社会政治的重要价值，认为老人辛劳了一辈子，在家安享晚年是最好的归宿，没有必要再关注国家政治的重要事件，也没有必要再参与社会的政治活动。甚至有些人还存在"老朽无能"的偏见，错误地认为老人的思想观念落后、无法为社会发展进步做出贡献，认为社会主义和谐社会的创建也与老人无关。正是在这种错误观念的引导下，许多有着丰富人生阅历且身心健康的老人无法发挥宝贵的政治价值，无法成为社会主义和谐社会的共建者和共享者。

第三，对老人的文化价值的认识不足。

文化是社会生活的重要组成部分，是社会文明程度的重要标志，它融于社会发展脉络之中，是社会经济形态和政治体制在意识形态上的反映，是社会主义建设的精神力量和智力支撑。老人的文化价值指老人的生命属性与生命活动对社会文化生活的满足与促进。①

任何一种文化体系的继承与发展都离不开前辈对分散的知识理论进行整理、总结与升华。总结是社会文化发展中重要的环节之一，若缺少了该环节，后辈将无法对先前的文化进行继承。后辈在文化生活中更多扮演的是学习的角色，他们缺乏足够的经验对文化进行总结和创新，此时往往依赖于前辈对文化进行总结与整理，使其理论化与系统化，最终使后辈更好地继承与发展文化体系。另外，老人的文化价值不仅体现在运用经验对文化体系进行总结上，还体现在对文化的传递与促进上。一方面，老人通过教育教学、专业咨询等方式将毕生归纳的知识经验传授给自己的人际圈，从而推动社会文化的发展与进步；另一方面，老年人对于生命的体验与感

---

① 陈理. 城市空巢老人生命价值的实现研究 [D]. 长沙：湖南大学，2016.

悟本身也具有厚重的文化价值，老年人以自己的经验或教训对后辈给予人生的启迪与教育，形成一种榜样和借鉴作用。

然而，在社会转型时期，由于对价值尺度片面理解、缺乏对老人文化价值的宣传等，致使社会对老年人的文化价值未给予应有的重视。具体表现为：第一，社会方面。在中国社会的转型过程中，人们普遍认为"发展才是硬道理"，经济价值成为人们行为的主要选择。在这种情况下，对老年人社会价值的认定，也就不可避免地带有经济尺度的色彩，老人的文化价值研究、宣传和发掘也就得不到相应的重视。第二，国家方面。在面临激烈的国际竞争的局面下，国家将精力主要放在了经济发展的问题上，在一定程度上忽略了老人文化价值的挖掘。第三，社会认识方面。衡量人生价值的尺度至少包括经济尺度和文化尺度。在中国传统社会中，文化尺度高于经济尺度，而在当代中国，经济尺度总是有意或无意地超越文化尺度。"老有所为"也至少包括经济价值和文化价值两部分，然而在实际生活中，许多人包括老人自己，通常仅仅以经济价值为标准来衡量"老有所为"，忽视了其中蕴含的文化价值。[1]

由此可知，正是由于当前人们对于老年人宝贵的经济价值、政治价值与文化价值认识不足，未能意识到尊老、敬老、孝老的重要意义，从而对老年人鲜少给予周到、入微的关怀与呵护，不仅不利于老年人的幸福安康，不利于引导老年人积极融入社会生活进而摆脱其内心的孤独与寂寞，同时也不利于发挥其促进经济繁荣、科技创新、社会和谐与复兴中华优秀传统文化等巨大价值。

三、"养儿为老，敬老为国"的信仰缺失

信仰，是人生中的最高信念，反映的是人们在精神层面的最高价值追求；信仰，是人类的基本精神依托，真正的信仰可以将人的精神生活提升到最高的境界，为人生提供奋斗的方向和目标，赋予人生以意义和动力。[2] 信仰是人生最坚定的终极追求，是终生乃至世世代代为之奋斗的目标；是生命中最重要的东西，值得为之活着，必要时值得为之献身；是内心的真理之光，能够照亮人生之路。没有信仰的人，犹如在黑暗中行路，不辨方

---

① 姚远. 文化价值是老年人的首要社会价值 [J]. 人口与经济，2000（1）：32-36.
② 王曼. 新时代加强中国共产党人政治信仰建设研究 [D]. 济南：山东大学，2020.

向、找不到目标、随波逐流，活一辈子也只是浑浑噩噩。由此可知，任何一个人、一个民族、一个国家，在任何时期都应当树立崇高的信仰，有坚定的精神追求和目标。在现代社会中，尽管物质水平得到了极大的提高，生活条件得到了极大的改善，但是，许多人为了追逐利益、金钱、权利而逐渐将心中的信仰丢失。

孝道及"养儿为老"，是中华民族的精神基因，中华儿女要用整个生命去尽孝，即使失去生命也要去尽孝，甚至父母去世了依然要去尽孝。缅怀先祖、慎终追远，这就是中国自古有之、传承至今的"孝道"。而且，中华民族的"孝道"并不是狭隘的孝，而是忠孝两全的大孝。中华民族五千年以来，代代先祖都具有家国情怀，他们心目中的"孝"是始于事亲、中于事君、终于立身的。"修齐治平"传诵至今，祖先们修身不仅仅是为了自己，是为了齐家，而齐家是为了治国，治国是为了平天下——为万世开太平。践行"孝道"绝不局限于围绕在父母身边，也不局限于从事敬老的事业、行业，国家公务员、教师、工人、农民、解放军战士、学生等，都在为家庭、为国家贡献自己的力量，都是在遂祖先、父母之志，都是在报国家之恩，都是在尽忠、尽孝。《礼记》中的"断一树，杀一兽，不以其时，非孝也"，又把"孝"从祖先父母、家国情怀，扩展到了天地情怀，即庄子"天地与我并生，而万物与我为一"的崇高境界。由此体现了中华民族"孝道"文化的博大精深。

"养儿为老，敬老为国"正是对于忠孝两全的大孝的鲜明体现。"养儿为老"是"孝"，"敬老为国"是"忠"，合起来就是中华民族传统价值观中最核心的——忠孝两全的大"孝"。

"养儿为老，敬老为国"看似朴实无华、极接地气，但却凝聚着极大的能量。"养儿为老"可以唤醒天下老人"传家"的使命、唤醒天下儿女承传祖道家风的责任感；"敬老为国"映射了中华儿女对民族、对祖国那颗纯净、忠诚、坦荡、真挚的赤子之心。中华儿女"一心装满国，一手撑起家"，而我们的国家又以"民族复兴""世界大同"为宗旨、以"命运共同体"为目标，也就是说，我们的国是"世界的国"、我们的家是"天地的家"。因此，跟随祖国自然能实现"为天地立心，为生民立命，为往圣继绝学，为万世开太平"的宏大志向，自然能实现"天下苍生美美与共"的天地大爱。

我国老龄化程度日益加剧，老年人口数量逐渐增加，但是老年群体却没有得到社会足够的重视与保障，社会上各类欺老虐老的现象时有发生，这些现象的背后隐藏的则是价值观的扭曲、孝道理念的淡薄、"敬老为国"信仰的缺失。2005年，黑龙江省人大代表翟玉和率调研组自费普查全国农村孝道现状，调查结果显示：一些高龄的失能或半失能老人丧失了自理能力，只能终日躺在病床上接受他人的照顾，有些子女就开始冷落、嫌弃甚至指责父母，将他们当成了家庭的累赘、负担，不仅没有和颜悦色地孝敬病重的父母，甚至还对父母加以遗弃、欺负甚至虐待，任由老人的病情加重，让老人在自卑、孤独与绝望中走到生命的尽头。此外，在老年群体中，空巢老人无疑是受到老龄化问题冲击最严重的群体。大多数空巢老人生活无法自理、身患重病、人际交往圈狭窄、不擅长使用网络、缺乏旁人关爱和子女赡养，为自己做一顿简单的饭菜都是一次极大的挑战。敬老公益志愿者走访发现，在社区空巢老人中，有百分之八十以上的老人都会将一餐饭热上数次。由此可知，填饱肚子已成为严重的生活问题，营养和健康更成为奢求。

这就是为什么要把"养儿为老，敬老为国"上升到信仰的高度。"养儿为老，敬老为国"信仰的缺失将带来以下严重的后果：

第一，不利于社会美德的形成。美德的培养不是一日之功，需要长时间的努力积累；美德的养成也不是空想就成，需要有个实实在在的落脚处。孝就是美德培养的着手处。从《孝经》"夫孝，德之本也，教之所由生也"可以看出孝在个人美德培养方面的关键作用，从美德培养的过程来看，孝是美德培养的起点。[①] "养儿为老，敬老为国"的信仰缺失自然会造成孝道理念的淡化，在日常的家庭生活中，人们不懂得按照特定的礼制规范对待朝夕相处的父母，也不会培养起赡养父母、孝敬父母的家庭责任感。因此，一旦没有孝道情感作为支撑，人们在接受社会规范时，只能是被动地接受，自然不会形成培育个人美德的意识。

第二，无法保障家庭稳定和幸福。一旦缺失"养儿为老，敬老为国"的信仰，子女不会形成孝道理念，自然也不会善事父母，体现了"养儿为老，敬老为国"信仰在保障家庭稳定与幸福的重要性。其一，家庭稳定和幸福依赖于物质基础。当父母年老无力之时，子女有义务提供丰厚的物质

---

① 郭清香. 孝文化的现代价值及其实践探析［J］. 中国特色社会主义研究，2017（2）：75-79，97.

让父母颐养天年,"养儿为老,敬老为国"信仰的缺失,使得子女意识不到赡养父母的责任感和使命感,自然不会为父母提供所需的物质条件使其颐养天年。其二,家庭稳定和幸福更需要精神的富足。"养儿为老,敬老为国"信仰的缺失,更加难以让子女形成孝敬父母、让父母感到精神愉悦的"色养"观念,自然也就难以维系其乐融融的家庭氛围,难以维系血缘亲情。"体养"意识尚未建立,更何谈"色养"。

第三,不利于促进社会和谐友善。家庭是社会的基本单位,家庭的稳定与幸福是社会和谐友善的重要基础。"养儿为老,敬老为国"的信仰缺失,无法让老年人在家庭中得到应有的尊重与帮助,在社会中同样也难以让老年人获得认同感和幸福感,其合法权益更是难以得到保障,从而不利于促进社会和谐友善。在一个缺乏"养儿为老,敬老为国"信仰的家庭中,子女尚未形成尊重与爱护父母的意识,在社会中自然难以将父母与子女之间的孝道要求扩展至乡邻熟人之间的年轻者扶助年长者的要求,"泛爱众而亲仁""老吾老以及人之老"的理念更加难以落实。

第四,不利于年轻人实现人生价值。人人都要变老,老人呈现出的生命问题是所有生命的提前呈现,是所有生命未来要面对的问题,只有认识到老人的宝贵价值,才能找准自己未来的人生定位并实现人生价值。"敬老为国"的信仰缺失,容易让年轻人对于自己未来的人生感到迷茫与绝望,不清楚自己未来对于社会和国家的价值所在。

第五,不利于培育家国情怀和责任意识。中国文化有"修身、齐国、治国、平天下"的传统,家庭与国家有千丝万缕的关系,孝始于家庭,终于国家。"君子之事亲孝,故忠可移于君。事兄悌,故顺可移于长。居家理,故治可移于官。"个人与国家的关系虽然没有亲情作为基础,但有着可与亲情相比拟的深厚家国情怀,因而由亲子之间的关系可以推出公民个人与国家之间的权利义务关系以及道德规范。[①] 然而,"养儿为老,敬老为国"的信仰缺失不利于培育家国情怀和责任意识。儿女不清楚在家庭中孝敬父母对于国家社会发展建设的重要意义,在家庭中无法做到孝敬父母,在社会中更加无法做到尽职尽忠,无法为祖国的繁荣发展做出贡献。

由此可知,"养儿为老,敬老为国"信仰不仅预示着当代年轻人未来

---

① 郭清香. 孝文化的现代价值及其实践探析 [J]. 中国特色社会主义研究, 2017 (2): 75-79, 97.

的发展趋势,也影响着自身若干年后的生命价值与人生动力,更是关系家庭和谐幸福、社会和谐稳定、国家前途命运以及中国特色社会主义事业兴衰成败的重要问题之一。因此,"养儿为老,敬老为国"的信仰建设,是当务之急。

四、"仁爱""无私""只有感恩"的公益精神缺失

正如前文说,在市场经济快速发展的背景下,市场经济功利性的价值理念与道德观念也在逐渐渗入人们的思想理念中,孝道理念逐渐被功利性的价值观所瓦解。人与人之间的交往越来越讲究功利与效益,甚至是与至亲的交往也都不例外。许多年轻人不仅没有对父母深似海的恩情报以感恩,反而以自私、功利之心与父母进行交易,甚至是对父母进行"伤害"。

(一)"仁爱"之公益精神缺失

仁爱,是宽厚的仁德、是慈悲的大爱,没有博大的仁爱之心,以自私自利之心,是无法真正成为久病床前的孝子的。所以,"仁爱"是"孝道"的坚实基础,"孝"也是"仁爱"的表现形式之一。儒家文化十分注重从仁爱的精神出发、从精神方面来诠释孝悌之道,对物质赡养与精神赡养进行区分,并强调在精神上孝养老人的重要性,进而提出了"色养"的概念。《论语·为政》云:"子夏问孝。子曰:'色难。有事,弟子服其劳;有酒食,先生馔。曾是以为孝乎?'"也就是说,孝悌不仅仅是从物质上关怀长辈,更重要的是要在精神上给予长辈关爱,让长辈高兴。

在当今社会,尽管物质生活水平得到了极大的提高,大多数家庭基本解决了对老人的物质赡养问题,很多子女为老人购置价格昂贵的保健品、价钱不菲的电子设备,甚至是富丽堂皇的豪宅,但老人的精神赡养问题却长期被子女所忽略。孔子认为:"今之孝者,是谓能养。至于犬马,皆能有养;不敬,何以别乎?"如果不尊敬、关爱父母,与养狗养马又有什么不同呢?然而,在现实生活中,能做到始终尊重、孝敬、关爱父母的子女属于少数,能让父母保持身心愉悦的子女更是少之又少,对父母抱怨、讽刺、辱骂甚至攻击和伤害的情况倒是时常发生。由此可知,若不能以仁爱之心孝敬父母,那便是"杀戮"。

"杀戮"是世界上最为罪恶的东西,世间所有的纷争、战争乃至整个世界的不太平,均是由此而生。没有"杀戮"表达的是博大的仁爱精神。

"杀戮"包括两层含义。第一层是大家通常理解的伤害生命;第二层是让他人内心感到惶恐不安。因此，"杀戮"不限于伤害生命，只要通过思想、言语、动作等方式而让他人内心感到惶恐、不安和痛苦，就是在"杀戮"。这里的没有"杀戮"，指的是不要通过思想、言语、动作等方式让他人感到惶恐、不安和痛苦。

由此可知，"杀戮"的方式包括身杀、口杀、意杀三种。使用暴力对身体的"伤害"，是最常见、最容易理解和最容易感知到的形式，但语言和心灵上的"伤害"却常常被人们所忽视，但这往往是最普遍、最深刻的伤害。其中，"口杀"指的就是恶言伤害人。语言是一把利刃，如果使用不当，就会变成可怕的凶器，每个人都要多从对方的角度去考虑问题，说出的每一句话都要经过认真思考。常言道："好言一句三冬暖，恶语伤人六月寒。"若以真诚之心说一句好话，即使在寒冷的冬天都会让人感到很温暖；若缺少爱心、用心不真、语言粗暴，即使在夏天穿棉衣都会感到寒战。所以，我们的语言可以给予他人温暖，亦能伤害人，我们要善用其口。"意杀"是指用恶念伤害人，其实"意杀"首先伤害的是自己的内心。所以，每个人都要时时提醒自己"存好心"。

我们往往会在不经意间用最冷漠、最无情的语言去伤害最亲近的人，尤其是父母。这些无情的语言如同锋利的尖刀一样刺在对方的心上，这便是无声的"伤害"。主要表现在以下几个方面：

第一，子女对老人的情绪进行"伤害"。随着老人年龄的增长，由于生理、环境等因素的变化，性情也会发生改变，从而出现易怒、郁闷、多愁善感等不良情绪，常常会喜怒无常。因此，在很多情况下，老人会表现出唠叨、抱怨、责备等负面态度。许多子女不但对父母的负面情绪不理解，甚至还对父母加以指责、讽刺、辱骂甚至殴打，从而加剧了老人的抑郁、苦闷心理，甚至在一定程度上导致老人有轻生的倾向，这便是子女对老人的"伤害"。

第二，子女对老人的能力进行"伤害"。对于低龄健康的老人而言，他们尚有能力承担起照料孙辈等家庭责任，偶而还能感受到部分子女的感激；但是对于高龄失能老人而言，他们只能终日躺在病床上接受照顾，已经完全丧失了为家庭创造价值的能力，有些子女便将老人完全视为负担、累赘，开始对老人加以指责、抱怨、冷眼相对。在子女的语言攻击之下，许多老人内心的衰老感、无用感和自卑感进一步加剧，病情也会进一步加剧，这也是子女对老人的"伤害"。

第三，子女对老人的观念和经验进行"伤害"。很多子女认为，尽管老人在退休之前曾经为家庭、社会和国家做出巨大的贡献，但是，如今老人的年纪大了，其知识体系和价值观念已经陈旧，难以适应社会的快速发展，萌生了"老人无用"的想法，进而对老人提出的观念与看法给予毫不留情的否定，这也是子女对老人的"伤害"。

在现代文明社会中，之所以还会出现如此之多的"伤害"现象，根本原因就在于人们还未拥有"仁爱"的公益精神。我们一直在弘扬孝道文化，但是，却很少有人真正理解孝道需要的是一颗仁爱之心，是仁爱精神，不能就事论事来诠释孝道，正所谓"孝字论心不论事，论事万年无孝子"。

(二)"无私"之公益精神缺失

"无私"即"没有交易"，是重要的公益精神公益之根本；奉献，乃公益之灵魂。"无私"，意味着公益事业的奉献者不能与受助者进行任何"交易"，尤其是对待老人，要没有任何条件地养老、孝老和敬老。

"交易"本身并没有任何问题，也没有任何贬义。相反，从远古时期的"物物"交易到当代的"钱物"交易，都是为了彼此互通有无、互利互助，为人们的生产生活增添了很多便利，使大家共同受益。但是对于公益慈善组织而言，就必须提倡"没有交易"。公益，就是以公众利益为本，就是天下为公，利益的对象主要是鳏寡孤独废疾者，面对鳏寡孤独废疾者就必须要以慈悲为本，必须不求任何回报，必须"没有交易"。

所谓的"没有交易"是相对于"交易"而言的。狭义的"交易"是指买卖双方对于商品及服务进行的互通有无、以获取对价为目的的行为，其交易主体是买卖双方，交易的对象是商品及服务，收取的对价是货币或其他等价商品。广义的"交易"指的是以获取对价为目的的行为，交易主体可以是任何人，包括夫妻、父子、朋友，抑或是同事；交易的对象也不限于商品及服务，可以是任何东西，包括爱情、亲情、诚信、道德等；获取的对价也不限于物质层面，包括感谢、尊重等精神层面的回报。而这里"没有交易"的"交易"与广义和狭义上的"交易"都有所不同，是心灵层面上的，没有交易是指没有获取任何回报的心念。只要内心没有获取任何物质乃至精神层面回报的心念，就是"没有交易"。

"没有交易"的公益精神，落实在具体的养老公益活动时，至少包括如下含义：

第一，在面对鳏寡孤独废疾者等对象时，不希求任何物质层面的回报，也不希求任何精神层面的回报、不希求会获得任何感激。

第二，在募集公益资金、采购公益物资、组织公益活动的时候，虽然有支付对价、收取对价等狭义上的商品交易行为，但是，内心的着力点并不在"对价"之上，唯一的关注点在于如何能让公众的利益最大化——若能够使公众的利益增多，哪怕花再多的钱也心甘情愿去做；若有损于公众利益的，就算再便宜也坚决不会去做。

"无私"鲜明地体现了"老吾老以及人之老，幼吾幼以及人之幼，鳏寡孤独废疾者皆有所养""货恶其弃于地也，不必藏于己；力恶其不出于身也，不必为己"的养老公益核心精神。

俗话说"谁言寸草心，报得三春晖"，父母的养育之恩深似海，作为子女自然难以报答。因此，在赡养、孝敬老人的过程中，必须不能有任何交易行为，必须要以无私奉献之心去孝敬父母，去报答父母的养育之恩。然而，在传统农业社会向市场经济社会转型的过程中，市场经济注重效率、讲求实利的理念开始浸染人心并流入家庭领域。这种讲求功利的想法实质上就是将老人对家庭付出的辛勤劳动当作了交易的商品，将老人的家庭贡献当成了赡养的交易条件。多年以来，父母一直无私地养育、培育子女成长，然而到了晚年时期却未能享受到子女同等的无私的关爱，反而要面对接受子女各种无理的交易。

当今社会"无私奉献"的观念淡薄了，谈"交易"的行为却多了。有一个小学生，趁妈妈在厨房里做饭，给妈妈写了一个字条："今天妈妈要给我工钱：拖地十元，倒垃圾五元，打扫房间十元，照顾弟弟五元，打酱油五元，整理客厅二十元，得'好儿童奖'五十元，合计一百零五元。"这个小朋友，从小就和妈妈讨价还价、谈交易，没有丝毫感恩之心。妈妈看了很诧异，愣了一下后在孩子的字条反面也写了几点："第一，十月怀胎，你在妈妈肚子里待了十个月，妈妈免费不要钱；第二，当你晚上饿了，妈妈给你冲牛奶、换尿片、盖被子，妈妈免费不要钱；第三，当你生病感冒发烧咳嗽，妈妈担心着急、狂风暴雨也要给你找医生，妈妈免费不要钱；第四，星期天妈妈带你到商场买衣服、买鞋、买玩具、买学习用品，妈妈免费不要钱。"孩子拿到妈妈写的纸条以后，泪流满面，立即向妈妈认错。父母的抚养之恩、培育之恩，儿女就算血流成河、粉身碎骨都报不完，还有什么理由去和父母讨价还价呢？

(三)"只有感恩"之公益精神缺失

"感"字，从咸、从心，是用全部的心去感受。不用心仔细去体会，就不可能感知到恩德，也就不可能竭尽全力去报答恩德，正如阳明先生的"知行合一"，不"知"又如何能"行"呢？

"恩"字，从因、从心，恩情，从内心而生、从内心而感。

"只有"，是心中除了感恩，别无他物；"只有"，是只能如此、别无他路，是成就生命最高境界的唯一捷径。

"只有感恩"指的就是心中对任何人、事、物，都没有指责、没有抱怨、没有分别、没有对立，唯有感恩；无论好人坏人、好事坏事、风云变幻、称讥毁誉，都要去感恩。在敬老公益事业中，"感恩"精神就意味着始终以感恩的心态去养老、孝老和敬老。首先对拥有血缘亲情关系的父母予以感恩，然后逐渐向外延伸，将感恩之心推广至其他没有血缘关系的老人，从而实现"老吾老以及人之老，幼吾幼以及人之幼"的大同景象。

"只有感恩"之公益精神缺失的表象之一，就是人们不再愿意倾听老人的心声。

每一个老人的背后都有着一段不平凡的岁月和历史。这些老人用自己的辛勤与智慧为国家做出了不平凡的贡献，他们不仅是高龄的人，更是高尚的人、高境界的人，是值得我们无条件地给予赞赏和感恩的人。然而，当今许多年轻人根本看不到这些老人的辉煌成就，非但没有向老人虚心求教，更没有以"只有感恩"之情去对待这些老人，反而将这些"无价之宝"视为年老体弱、没有任何价值的"包袱"，将其排挤到家庭和社会的边缘。

随着年龄增长，记忆力逐渐减退，老人能记住的事情越来越少，话语权越来越低，每分每秒对于老人而言都弥足珍贵。无数的老人希望在最珍贵的时间里将他们毕生的所积攒的人生经验、所沉淀的人生真谛用最平实的话语、最寻常的嘱咐传递给儿孙，希望后代能进取并珍惜。老人所讲述的每一个故事可能是他一生中印象最深刻的故事；老人所传达的期许可能是他一生的夙愿。但是，在现实生活中，很少会有儿孙带着一颗"只有感恩"的心来到老人身边，倾听老人的话语，走进老人的内心。对于老人反复述说的话语，儿孙通常都是过耳即忘，很少用心去思索老人话语中的深意，甚至当老人一遍遍地重复时，还会表现得极其不耐烦。

五、"自利利他"的公益精神缺失

"自利",指的是以利己为目的;"利他",指的是以利于他人为目的;自利利他,是利己利他合二为一、在利他中利己,最终使得大家共同获得利益,这便是养老公益事业的最终目的。

在《荀子》中记载着这样一个故事:有一天,孔子在一间屋子里坐着,一会儿,他的弟子子路进来了。由于"智"和"仁"是儒家注重的两种品德,所以孔子问子路:"知者若何?仁者若何?"子路回答:"知者使人知己,仁者使人爱己。"孔子评价道:"可谓士矣"。过了一会儿,子贡进来了,孔子又问同样的问题,子贡回答:"知者知人,仁者爱人。"孔子说:"可谓士君子矣"。子贡出去以后,颜渊进来了,孔子还以同样的问题问颜渊,颜渊回答:"知者自知,仁者自爱。"孔子给了他最高的评价:"可谓明君子矣。"由此可知,儒家文化中的"仁"包含着自爱、爱人和被人爱三个层次。从某个角度而言,只有自爱,才懂得怎样去爱人;只有自爱,懂得爱别人,别人才会反过来爱你,自爱与爱人二者并不矛盾。同时,孔子把"孝"赋予道德理性自觉的意义,超越了个人生理的限制,突破了个人的自私,使其由生理转向理性,由自利转向利他,融合人己,贯通社会与家庭,扩充孝心为人类之爱,而达"四海之内皆兄弟"的"仁"境。[①]

孔子曾说:"夫仁者,己欲立而立人,己欲达而达人。"然而,在养老公益事业中,许多人并不清楚如何"自利",也缺乏由"自利"推及"利他"、在"利他"中的"自利"的公益精神。

其一,许多人并未理解"自利"是实现"利他"的前提。在养老公益事业中,"自利"就是要解决好自身"老"的问题。如果连自己"老"的问题都尚未解决,又怎么能够解决其他老人的问题呢?若一个人不懂得"自利",不清楚自己的人生价值和人生方向,不懂得充分发挥自身价值,又怎么能够帮助和服务其他老人呢?

其二,许多人缺乏养老公益事业的"利他"精神。之所以强调树立"自利利他"的公益精神,就是告诫人们不能只清楚自己的人生价值和人生方向,只懂得为自己谋福利,而不在乎他人的利益得失。在养老公益事

---

① 王丽珍. "人道"与"孝道"——儒家核心伦理的省察[D]. 天津:南开大学,2014.

业的发展过程中，人们普遍缺乏的正是"利他"的公益精神。许多年轻的子女养成了自私自利的恶习，仅仅关注自身的利益、追求自身的幸福，无视赡养、孝敬父母的道德传统和家庭责任，甚至有的子女还将父母的辛苦付出当成了承担赡养义务的交易筹码。许多父母不仅丧失了"被赡养"的基本权利，相反还要承担照料孙子、打理家务等更多的责任。此外，学者刘晋飞还发现了在多子女家庭中，子女更多地表现出交换主义动机，个体行动更倾向于自私自利的，所谓的目的合理性行动。①

第二节 养老公益中的其他问题

中国养老文化深受中华孝文化的影响，历代朝廷特别重视社会养老保障，养老的政策制度建设也成为历代政府的一项重要职能与战略任务。古代政府在养老方面给予了巨大的投入与关注，有一种近乎于天然的自觉与职责。此外，尽管家庭养老是中国古代重要的养老方式，但社会养老也是一个重要的补充形式。无论是政府部门还是民间组织都通过建立相应的养老服务机构赡养与关照无依无靠、老弱贫病、鳏寡孤独的老人，为其提供物质保障，使其能够安度晚年。由此可知，养老政策制度与养老服务机构建设对于养老公益事业的发展发挥着重要的作用，在关注养老思想理念的同时，不能忽视养老政策制度与养老服务机构的建设。因此，本节重点从养老政策制度与养老服务机构两个方面来探讨我国养老公益存在的问题。

一、养老政策制度有待完善

（一）养老立法基础较为薄弱

中国自古以来就将"不孝之罪"写入法律文件中，对不孝行为予以法律严惩，有力地保障老人的合法权益。

典型发达国家在养老公益事业发展过程中也都是立法先行，甚至每一次制度调整和改革都是先制定法律，再组织实施，因此制订和颁布了一系列较为完善的养老服务法律，使政策的具体实施有章可循、有法可依。②

---

① 刘晋飞. 农村子女对父母的家庭代际转移研究 [D]. 武汉：华中科技大学，2012.
② 张洋. 我国社会养老服务体系完善研究 [D]. 长春：东北师范大学，2016.

例如，在养老保障方面，英国制定了《养老金法案》和《国民年金法》，日本制定了《国民年金法》；在医疗保障方面，日本制定了《国民保健法》，美国制定了《医疗保险法》和《医疗救助法》，德国制定了《护理保险法》；在养老服务方面，英国制定了《全民健康和社区照顾法案》。

当前我国社会养老服务体系的立法工作尚存在一定的滞后性。现阶段我国仅有唯一一部与老年人权益直接相关的法律是《老年人权益保障法》，尽管《老年人权益保障法》在老年人的社会保障、积极养老、法律援助、社会优待、社会服务和宜居环境等方面进行了规定，但整体较为笼统，并未从资金、医疗、护理等方面制定具体的、有针对性的法律规定。同时，在其他法律中，与老年人权益相关的法律条款存在抽象笼统不够细化、原则性较强、规定的义务内容比较空泛、可操作性较弱等不足①，无法为养老服务提供直接有力的法律保障。随着我国老龄化速度的加快，居家养老、社区养老和机构养老等养老服务模式成为缓解我国人口老龄化问题的重要途径，因而也亟须有专门的社会养老服务法律对其进行监管，只有在有法可依的条件下，才能更有效地保障各种养老服务模式实施，进而保障老年人的合法权益。

（二）养老政策的执行效力有待提高

我国政府为了应对人口老龄化的挑战、改善老年人的生活质量、满足老年人在物质和精神上的多元化养老需求，制定了一系列的养老政策，目前已形成了多层次、广覆盖的政策法规体系。尽管现阶段我国的养老制度层级不断完善、养老保障覆盖范围不断扩大，养老服务内容也趋向于多元化发展，但是我国养老政策的执行效力还有待进一步提高，主要表现在以下几个方面：

1. 我国养老政策存在滞后性

通常情况下，人们是在需要解决的问题出现的时候，才会去思考如何制定相应的公共政策，其实意味着已经失去了解决问题的最佳时机，这是政策比较容易滞后的原因之一。②

第一，我国养老政策应对人口老龄化的严峻挑战相对滞后。当我国进

---

① 孙碧竹. 我国社会养老服务体系发展研究 [D]. 长春：吉林大学，2019.
② 原新，党俊武，李志宏，等. 政策科学与我国老龄政策体系的构建 [M]. 北京：华龄出版社，2014：87.

入人口老龄化社会以后，国家层面才开始思考如何有效缓解老龄化的问题。另外，我国养老政策主要解决老年人的养老保障、养老服务、社会参与等一些眼前问题，缺乏中长期规划，往往在问题凸显的时候才着手制定政策应对，而不是提前把握人口老龄化发展态势，提前制定相应政策积极应对。① 甚至当一些养老问题已经凸显的时候，相关的养老政策还只是停留在讨论阶段。

第二，我国养老政策应对老年人刚性增长的养老服务需求相对滞后。随着中国养老服务的需求呈刚性增长，国家层面才开始重视养老服务业的发展，为老年人提供全生命周期、各层次的养老服务，以满足老年人在生活照料、家政服务、康复护理、精神慰藉、文化娱乐等方面的多样化需求。现阶段养老服务供给滞后于养老需求，难以满足多样化的养老需求。

第三，我国养老政策应对非老年群体的老年化趋势相对滞后。现阶段我国养老政策主要针对的是老年群体，而对非老年群体缺乏相关的制度保障，对于如何在未来解决这些数量庞大的非老年群体的养老问题缺乏长远的规划，这有可能会使得国家在未来面临更大的养老压力。

2. 我国养老政策效力有待增强

养老问题是一个系统问题，需要制定一个完整的养老体系来应对。在养老政策体系框架中，各部分之间应该是相互关联的，即分支政策的发展会促进整体政策效能的提升，而整体政策效能的提升也会促进分支政策的改进。但是，目前我国的养老政策还较为零散，尚未形成一个完整的体系。②

第一，国家层面与地方层面的养老政策未形成统一态势。中央层面的养老政策更多的是从国家宏观的角度出发，往往忽略了各个地区实际的情况，没有因地制宜地制定具有地域特色的养老政策；而地方养老政策的制定过多地服从国家总体的政策要求，且各地区间的政策比较零散，国家养老政策和地方养老政策尚未实现很好的衔接。

第二，缺乏与养老相关的法律体系。政策的效力按照等级可以分为法律、行政法规、规章和规范性文件等，效力逐步递减，效力越低，其保障效果越差。自秦汉以来，朝廷逐渐将"不孝罪"列入法律文件中；到了隋

---

① 张亮. 新世纪以来我国养老政策发展的研究 [D]. 武汉：武汉理工大学，2017.
② 赵向红，王小凤，李俏. 中国养老政策的演进与绩效 [J]. 青海社会科学，2017 (6)：162-167.

唐时期,"不孝罪"不仅被正式列入法律,同时还有了明确的量刑。虽然我国宪法、婚姻法、民法通则、刑法等法律有相关条文规定了老年人的权利,但是在养老领域仅有《老年人权益保障法》一部正式的法律文件,尚未形成以老年人为主体的相关法律、相应的实施细则和与养老保险、老年福利等方面配套的法律法规体系。① 此外,国家层面的养老政策基本是以部委规章和规范性文件的形式出现,中发文件仅有《关于加强老龄工作的决定》,国发文件也仅仅限于老龄事业发展规划文件和《关于加快发展养老服务业的若干意见》,其余文件都是由各部委单独或者联合以"通知""意见"形式发文,其效力远不如法律文件。

(三) 养老服务监督机制有待完善

养老服务事关亿万百姓福祉,社会影响面大,群众关注度高。2018年底,养老机构取消设立许可,如何创新养老机构监管方式,成为摆在民政部门面前的一道难题,只有"放得开,管得住",养老服务质量才能有保障。

在古代,历代政府对养老事业的监管都给予较大的支持与关注,有一种近乎于天然的责任与自觉,而这种责任与自觉是与孝文化紧密联系在一起的。正是由于历代政府坚定不移地推行孝文化,将孝文化内化于心,才会身体力行地加强养老事业的监管。例如,早在西周时期,周天子在定期巡视各诸侯国的时候,将当地的养老工作作为考核诸侯政绩的一项重要指标,若诸侯对养老工作不上心将会面临严厉的惩罚;同时,西周还建立了一套较完整的养老保障社会行政系统,设置了专门负责养老事务的官员。唐朝政府十分重视养老政策的落实情况,落实不到位的地方官员将面临问责。而在明朝,《大明律》明确规定了官办"养济院"救济孤贫老人的社会职责以及地方官府的行政领导职责,若发现未能尽职者,追究刑事责任。②

现阶段我国养老服务体系较古代而言更加科学和完善,却依然存在着养老服务监管协作不畅、社会监督意识偏差、从业人员日常监管缺失、缺少养老服务供给反馈渠道等问题。

第一,养老服务监管协作方面。在我国养老服务监管机制中,虽然民

---

① 张亮. 新世纪以来我国养老政策发展的研究 [D]. 武汉:武汉理工大学,2017.
② 薛允升. 唐明律合编 [M]. 北京:中国书店,2010:122.

政部门为主要责任部门,但是在养老服务供给的各个环节都有相应的主管部门,养老服务资金需要受财政部门管理,养老设施从规划建设到投入使用的过程中需要接受多部门的监管。养老服务供给部门的不统一将导致养老服务体系多头管理、缺乏有效监管主体的问题发生,进而导致监管协作不畅通、监管效率低下、资源难以统筹协调等问题发生。不仅如此,民政部门内部同样也存在着对养老服务体系监管不畅的问题,主要原因在于民政部门内部设置了多个监管主体。例如,个别地区民办养老机构的日常管理与年检工作分属两个不同的部门,日常管理的内容主要包括数据统计、发放补贴等,并没有涉及质量管理工作,这就导致形式化的监管以及监管主体效用不大,无法做好监管工作。①

第二,社会监督意识方面。社会养老服务体系除了需要依赖政府相关管理部门进行监管以外,还需要老年人、社会团体、媒体等利益相关主体对养老服务的供给主体和供给过程进行监督。然而,现阶段我国公民还没有树立起很强的国家主人翁意识,对社会养老服务体系的监督意识还比较薄弱。尤其在政府购买养老服务和养老机构服务质量的方面,并未形成有影响力的社会组织对政府以及养老机构进行监督。

第三,对养老服务人员的日常监管方面。现阶段我国政府部门更加重视对养老服务人员专业资格认定的监管,但对于其日常工作的监管几乎是空白,给养老服务质量的提高带来阻碍,也给老年人的健康和安全带来隐患。

第四,养老服务供给反馈渠道方面。现阶段老人获取社区居家养老服务的一般步骤是提出服务要求—社区派人上门服务—服务完成返回社区备案记录,缺少了反馈的环节和渠道。养老服务供给的反馈对于提升养老服务质量是至关重要的,若缺少了反馈渠道,社区养老服务机构将无法及时、准确地了解养老服务质量,更加无法掌握老年人真实的养老需求,无法对养老服务进行及时改进。

(四)养老服务体系建设有待完善

经过多年发展,我国已基本建成以居家为基础、社区为依托、机构为支撑的社会养老服务体系。但是,随着我国人口老龄化进程不断加快,养老服务体系远远不能满足老年人群日益增长的需求,主要表现在以下几个

---

① 孙碧竹. 我国社会养老服务体系发展研究[D]. 长春:吉林大学,2019.

方面:

1. 现有养老服务机构与设施难以满足老年人的养老需求

人口老龄化程度的加剧必然会带来养老服务机构与设施需求的快速增长,因此,社会对养老服务机构与设施的数量与质量都有了更高的要求。但是,现阶段我国养老服务机构与设施在数量与质量方面都没有及时地根据养老需求的变化进行配置和调整。

其一,在绝对数量上,2019 年全国各类养老机构和设施比上年增长 6.6%。[1] 可以看出我国养老服务机构与设施的数量有了较为明显的增长,但是增长的速度依然赶不上老年人口的增长速度,养老床位缺口仍然较大,依然不能满足老年人的需求。同时,目前我国老年人拥有的养老床位比率为 3%,与国际社会通行的 5%~7% 比率还有一定的差距。

其二,在资源分布上,我国区域之间、城乡之间、公办与民办之间养老服务设施不均衡的问题突出。民政部相关数据显示,截至 2019 年年底,31 个省区市每千名老年人拥有养老床位 30.5 张。其中,31 个省区市每千名老年人拥有养老床位数大于等于 30.5 张的省市有 9 个,占 31 个省区市的 29%,有 22 个省市的每千名老年人拥有养老床位数小于 2019 年年底平均水平(30.5 张),水平最低的省份每千名老年人只有 11.1 张床位,差距显著。城市社区居家养老服务设施的覆盖率明显高于农村地区,在养老服务对象的覆盖范围和养老服务项目的质量方面,城乡之间的差异同样显著。公办与民办养老机构资源不均衡的问题也很突出。

2. 机构养老服务质量普遍较低

我国普遍存在着养老服务质量较低的问题,使养老机构的服务质量与老年人的期望之间存在较大的差异。现阶段我国养老服务内容较为单一,多样性、个性化、高层次养老服务供给不足。在促进养老服务市场化的过程中出现了唯商品化、机构化、技术化倾向,而对养老服务的人文性、社会化、情感性关注不足。[2] 例如,养老机构在日常照料等方面的服务水平较高,但在休闲娱乐、精神慰藉、心理疏导等方面的服务水平过低,总体服务质量还有待提高;智慧化的养老模式提升了服务的公平度,但未能满足老年人的情感需求;医院式的机构养老模式解决了老年人的护理问题,

---

[1] 中华人民共和国民政部. 2019 年民政事业发展统计公报 [EB/OL]. 中华人民共和国民政部网,2020-09-08.

[2] 张洋. 我国社会养老服务体系完善研究 [D]. 长春:东北师范大学,2016.

但未能满足老年人的精神、心理和社会需求。

在中国古代，孝子终其一生都要做到使父母在精神层面上感到愉悦，并顺从父母的心意，不违背父母的志向。随着当代经济的快速发展，与古代老人相比，现代老人的确能够享受到更多的物质保障，但是在精神养老的重视程度方面，现代却不如古代。

3. 养老服务专业人才较为稀缺

人力资源是影响养老服务专业化水平的关键因素之一，相对稳定和高素质的管理人员和护理员队伍在提升养老服务水平方面发挥着关键作用。在古代，人们就已经开始意识到专业化养老服务人员的重要性。北魏孝文帝在建立专门救治贫困老人的"别坊"之时，就要求每个病坊要配备四个医术精湛的医生。北魏宣武帝也严命太医署分派专业的医务人员进馆救治患者，朝廷还要根据医生的救治水平对其进行分类考核。北宋时期的安济坊也设有专门的医生，每名医生都持有医疗登记簿，记录治愈人数，至年终加以统计，作为成绩的考核。现阶段我国养老机构却面临着人才主体规模小、年龄老化、文化水平低、专业性差等困境，从而严重制约着养老服务质量的提高。目前，我国养老服务人员多以农村务工人员和下岗人员为主，仅有20%的养老服务人员具有大专以上的教育背景，不到8%的养老服务人员具备专业的护理知识和医疗技能，64%的养老服务人员年龄超过40岁，从业人员素质不足、服务质量低下、缺乏专业的护理知识和技能，已经成为制约养老服务发展的瓶颈。①

4. 对社区居家养老模式的重视程度有待提升

中国古代的养老体系基本以家庭养老为主、社会养老为辅。现代中国的老人依然希望在家庭中养老，希望由儿女承担养老责任。对于大多数老人而言，家庭是更加熟悉、亲切、温暖的养老环境，若到了养老机构，这份熟悉、亲切、温暖的感觉将会消失，因此不到迫不得已的时候，不会轻易选择机构养老。对于大多数子女而言，赡养父母是应尽的责任，若将父母送往养老机构可能会面临"不孝"的指责，虽然大多数子女平时并没有太多的时间与精力照顾父母，却依然不愿轻易将父母送往养老机构。因此，在中国人传统的养老观念尚未发生转变之时，社区居家养老便是家庭养老的有益补充模式。

---

① 王思迪. 我国养老产业存在的问题及对策研究［D］. 西安：西安建筑科技大学，2019.

目前典型发达国家大多也采用的是社区居家养老模式，一方面，社区居家养老模式结合了家庭养老和机构养老各自的优势，既能够让老年人选择在自己熟悉的家中养老，又能够向社区内的各种养老服务机构寻求照料、护理和慰藉等专业化的养老服务，能够较为有效地缓解传统机构养老模式过度程序化、缺乏人性化服务的负面效应；另一方面，社区居家养老模式能够较为有效地解决家庭养老模式人力资源不足等弊端，是一种理想的社会养老服务方式，能够为独居老人提供更高质量的养老服务。

但是我国对于社区居家养老模式的重视程度依然不足。尽管 2006 年全国老龄工作会议及 2011 年《社会养老服务体系建设规划（2011—2015 年）》多次重申加快建立我国以居家为基础、社区为依托、机构为支撑，与人口老龄化进程相适应、与经济社会发展水平相协调的社会养老服务体系，但是随后的政策安排和工作落实并不理想。尤其在 2013 年 9 月 6 日，国务院发布《关于加快发展养老服务业的若干意见》之后，政策更是倾斜于养老机构的建设。[①]

5. 医养融合进程较为缓慢

中国古代的养老机构就意识到了医养融合的重要性。由于养老机构收留的基本是体弱多病的老人，往往急需救治，古代创办了许多以医疗救治为主的养老机构，旨在为老弱患者提供无偿医疗服务。例如，北宋后期的安济坊就是专门以医疗救济为功能的官办慈善机构。元祐四年，苏轼任杭州知府，他发现杭州作为一个水陆交通枢纽的大城市，发生瘟疫比其他地方更容易造成大规模的传染和死伤，于是便拿出自己的积蓄，并多方筹措，开办了名为"安乐"的慈善医疗机构，宋代称之为"病坊"。清朝时期的普济堂也是以医疗救治为特色的养老机构。根据清代地方志的记载，扬州的普济堂设置齐全，为人看病的都是经过挑选、医术精湛的医生，他们轮流值班，为各种患者服务。

随着人口老龄化问题日益凸显，老年人对医疗和养老的需求日益增加。目前，我国养老服务机构和医疗机构衔接不够紧密，医院不适合养老、养老院不方便就医的问题比较突出。将就医与养老进行深度对接，构建医养融合的养老新模式，是当前需要解决的一个重要问题。2013 年国务院发布的《关于加快发展养老服务业的若干意见》指出，"积极推进医疗

---

① 张亮. 新世纪以来我国养老政策发展的研究 [D]. 武汉：武汉理工大学，2017.

卫生与养老服务相结合""推动医养融合发展"。近年来,我国对医养融合发展进行了积极探索,取得了一些成效,但总体而言尚处于起步阶段,具体的融合方式、管理制度还不够健全,医养融合的服务机构还处于医院与普通养老院之间的模糊地带。① 尽管我国在养老机构的建设规范中明确提出医护力量的介入,但是在实践中,民政部门难以动员现有的医疗资源为养老机构的老人提供服务,这些都是构建医养融合新型养老模式需要解决的问题。

6. 财政资金对养老服务体系建设的支持力度有待提高

在古代,历代朝廷都重视养老事业的发展,并对社会养老给予了较多的资金支持。例如,根据《册府元龟·帝王部》记载,唐朝政府对于老人的物质补贴数量就多达五六十次以上,平均不到三年就出现一次。

当前我国养老服务体系建设取得了一定阶段性成果,国家财政支持的力度也是历代王朝根本无法比拟的,但我国财政资金对养老服务体系的投资主要侧重于机构床位等硬件设施的数量扩张,总体支持力度依然不足。主要表现在:养老服务体系建设的财政资金投入相对较少且不稳定;养老服务设施建设投资的地方配套不足,影响建设进度;养老服务设施的建设补贴与运营补贴的标准普遍偏低;财政资金投入与养老服务需求的对应性不够强。

二、养老服务机构公信力有待提高

伴随着老龄化进程的加快,未来失能及半失能老人的数量也将持续增长,使得照料和护理问题成为社会的一大负担,人们对于专业化养老机构服务的需求也日益剧增。毫无疑问,机构养老作为养老服务体系的中坚力量,是解决中国老龄化问题的一个重要途径。

如果仅仅从前述的养老服务机构的数量、床位数量等数据来看,我国机构养老事业确实取得了相当成就。然而,无论是公办养老机构还是民营养老机构、无论是非营利性民办养老机构还是营利性民办养老机构,公信力危机都成为这些养老机构当下运营和未来发展面临的巨大障碍,集中表现在老年人对养老机构的不信任,对民营养老机构的不信任尤甚。长期以来,"低入住率"一直困扰着我国养老机构的发展,养老机构的公信力问

---

① 王天鑫,韩俊江. 构建医养融合养老新模式 [EB/OL]. 人民网,2017-02-08.

题也成为学者关注的焦点。

(一)我国养老机构公信力的现状

为了研究当前老年民众对于养老服务机构的信任程度,2016年年底清华大学公共健康研究中心与盖洛普咨询公司进行了一项"中国适老社会服务研究"。该研究共分为两个步骤。步骤一是由清华大学公共健康研究中心负责联系安排在北京、上海、广州3个城市组织50多名老年人参加焦点组访谈,目的是获得可用于定性分析的材料并作为制定定量调查问卷的参考;步骤二是在定性调查研究的基础上使用严格的抽样方法,从全国15个省区的16个人口规模不同且经济发展水平不一的城市中选取2000多名老年人,由盖洛普电话呼叫中心访谈员协助填答问卷,目的是获得可量化的信息。为了着重研究城市老人对养老院的信任程度,该研究通过三大问题进行分析:城市老人对养老院的了解程度、入住意愿以及评价。数据结果如下:

第一,养老服务机构在城市老人中受到的关注度普遍较低。民办养老院在老人中受到的关注度远低于公办养老院,并且老人岁数越大对民办养老院了解越少。在60~69岁的老人中,对民办养老院有所了解的比例是27%;在70~79岁的老年人中,对民办养老院有所了解的比例是22%;在80岁及以上的老人中,表示对民办养老院有所了解的比例不到17%。与此相对的是,以上三个年龄组的受访者对公办养老院有所了解的比例从29%降到28%,再降到26%。从而可知,从总体上看,无论是公立还是民办性质的养老机构在城市老人中受到的关注度都较低,民办养老机构比公办养老机构受到的关注度更低。

第二,在入住意愿和养老机构选择问题上,民办养老院也排在公办养老院之后。在60多岁的老年人中,表示如果有需要愿意去民办养老院的比例是26%;在70多岁的老年人中,愿意去民办养老院的比例是27%;在80多岁的老年人中,愿意去民办养老院的比例是26%。与此相对,在60多岁的老年人中,愿意到公办机构养老院的比例是52%;在70多岁的老年人中,愿意到公办养老机构的比例是47%;在80多岁的老年人中,愿意去公办养老机构的比例是39%。由此可知,老年人在需要时愿意入住到公办养老院的意愿明显强于入住民办养老院的意愿。

第三,老年人对民办养老院的信任度和认可度远低于公办养老院。在60多岁的老人中,认为民办养老院"比较好"的比例是20%;在70多岁的老年人中,认为民办养老院"比较好"的比例是24%;在80多岁的老人中,认为民办养老院"比较好"的比例是28%。60多岁的老人表示公办养老院"比较好"的比例是34%,70多岁和80多岁的老年人表示公办养老院"比较好"的比例在37%上下。由此可知,无论是对于公办还是民办养老机构,老人的信任程度都比较低,而他们对民办养老机构认可度则更低。

(二)我国养老机构公信力相对较低的原因

由以上研究结果可知,城市老年人对养老服务机构的了解程度、入住意愿以及认可程度普遍较低,反映了无论是公办养老机构还是民办养老机构都面临着普遍缺乏公信力的严重问题。其中,民办养老机构的公信力问题最为严重。当前导致我国公办养老机构、民办养老机构的公信力相对较低的原因,除本章第一节的敬老公益思想理念原因外,大致相同,主要包括以下几个方面:

1. 养老机构的服务内容、形式较为单一

当前老年人的养老服务需求不仅包括最基本的日常照料需求,还包括更高层次的医疗服务需求和精神慰藉需求。然而,现阶段我国养老机构服务的内容、形式较为单一。虽然其在日常照料、物质服务等方面的服务水平得到了显著的提高,但是在医疗服务、休闲娱乐、精神慰藉等方面的服务水平依然较低,难以满足老年人高层次的养老服务需求。

2. 养老机构的专业化人才资源匮乏

正如前文养老政策制度部分提及,养老服务体系建设存在专业人才稀缺的问题,稳定和高素质的管理人员和护理人员队伍同样是影响养老机构服务质量的关键因素。然而,我国养老机构的人员队伍普遍具有以下特点:一是养老服务劳动力大多是40~50岁的农村进城务工人员;二是养老服务人员的文化程度普遍偏低;三是养老机构中的医护人员、康复师、心理咨询师、营养师等专业人才严重不足。由此可知,现阶段我国养老机构专业化人才资源匮乏,制约了养老机构服务质量提高。

3. 部分养老服务机构存在违法犯罪行为

某些养老机构以邀请老年舞蹈队演出为名,鼓动老年人投资兴建养老机构,接受个人投资后,便携款潜逃;某些养老机构由于经营不善、可持续发展能力差等原因,资金链断裂,进而对老年人实行诈骗活动;甚至还有一些养老机构的护理人员职业道德素质低下,实施欺老、虐老等犯罪行为，这些行为均严重地损害了老年人的合法权益。一次犯罪行为看似无足轻重，实则会产生不可想象的"蝴蝶效应"，由此产生的负面影响必然会严重损害公众对于养老机构的信任度，让人们开始"谈养老机构色变"。信任的缺失会让本就困难重重的养老公益事业变得更加举步维艰，从而体现了政府相关部门对养老机构监管的重要性。

4. 老年人对公与私的观念根深蒂固

对于老人而言，养老服务是一种"关系型"产品，在养老机构的服务质量无法预先得以准确判断的情况下，老年人普遍更加信任由政府创办的养老机构。传统的观念认为，公办养老机构意味着实力雄厚、规范化、价格公道、以公益和为人民服务为目的；而民办养老机构往往以盈利为目的，价格高昂、综合实力较弱、缺乏监管，因此老年人更倾向于信任、选择公办养老机构。

第四章　中国养老公益未来发展建议

前文通过对当前我国养老公益存在的共性问题进行详细剖析，总结归纳出中国养老公益在总体上存在敬老思想理念需要提升、养老政策制度不够完善、养老服务机构公信力相对不足等诸多问题。具体而言，敬老思想理念的缺失，表现为"孝道"教育缺失、对老人宝贵价值认识不足、"敬老为国"的信仰缺失、"仁爱、无私、只有感恩""自利利他"的公益精神缺失等方面；养老政策制度不完善，表现为养老立法基础薄弱、养老政策的执行效力不高、养老服务监督机制不完善、养老服务体系建设有待增强等方面；养老服务机构公信力不足，具体表现为养老服务质量较低、服务内容单一、专业化人才匮乏等方面。

在古代社会中，以孝道文化为核心的养老文化对于解决当时的养老问题具有不可磨灭的贡献。然而，在现代社会中，以"孝"为核心的敬老思想理念的缺失，正是阻碍我国养老公益事业发展的重要因素。因此，如何复兴中华优秀传统文化，尤其是中华家文化之孝文化，将中国优秀的养老文化合情、合理、合法地融入到当代养老公益中，是我们必须要面对的问题。

此外，英国、美国、日本等发达国家在社会养老服务体系的建设方面有着较丰富的经验，这些国家采用的是以社区居家养老为主的社会养老服务模式，既能够让老年人在自己熟悉的家庭环境中颐养天年，又非常贴合中国老人在家中"寿终正寝"的习惯，又能够让老人享受到社区提供的专业化养老服务、减轻家庭养老的压力，避免传统机构养老缺乏精神慰藉、人性化抚慰的弊端。这对于中国老人而言，社区居家养老是一种比较理想化的养老模式。因此，英国、美国、日本等发达国家的社区居家养老服务模式对完善我国养老模式具有重要的借鉴意义。同时，值得注意的是，新加坡的社会养老模式之所以取得了令人瞩目的贡献，不仅得益于政府在养老服务体系建设中的强势地位，还得益于新加坡将现代养老模式与从中国舶来的传统敬老文化相结合。以孝道为核心的思想理念是中国养老文化的独特之处，为中国社区居家养老模式的发展提供了深厚的文化支撑。与其他发达国家相比，中国发展社区居家养老模式更具有文化优势。因此，我们需要在传承以孝道文化为特色的中国传统养老模式的基础之上，借鉴典型发达国家先进的养老模式，从而推动中国养老模式的转型与升级。

前文介绍了"雨花敬老公益"以十年之功，默默从事养老公益事业，用实际行动传承与落实中华优秀传统文化，并在新时代将其发扬成为具有创新性与创造性的雨花敬老文化，这些思想理念对于解决当代社会的养老问题、完善现代养老体制具有具有很大的指导和引领作用。本章在借鉴中国古代以及当今发达国家养老理念、体制、模式的基础上，对"雨花敬老公益"的前沿性、创新性养老思想理念进行思考、总结，进而针对当前我国养老公益面临的敬老思想理念缺失的问题提出相应的建议，具体包括：树立"教学为先"的理念、树立"老人是宝"的理念、培育"养儿为老，敬老为国"的信仰、树立"没有'伤害'，没有交易，只有感恩"的公益精神、树立"自利利他"的公益精神。除此之外，本章还从养老政策制度、养老服务机构的角度出发，提出了完善我国养老体制的建议。

第一节　提升、牢固敬老思想理念

从古至今，上至朝廷下至百姓，都将老人放在最尊贵的位置加以关爱、呵护与恭敬。在古代，老人不仅是家中之"宝"，更是国中之"宝"，对于家庭的和睦、社会的稳定、国家的安康起到至关重要的作用，引领着家族的兴衰与国家的强盛。因此，中华民族形成了以孝道文化为核心的家道、家训、家学与家风，国家也制定了一系列的政策、法律，用以保障老人幸福安康。

在社会转型、经济飞速发展、国家综合实力显著提升的今天，人们的物质生活水平得到极大提高，社会养老保障体系不断完善，接受的教育水平也显著提高。但是，我们却丢失了祖先留下的尊老敬老的传统美德，以孝道文化为核心的敬老思想理念也逐渐被淡化。在现代社会，老人的家庭地位、社会地位有所下降，一些人对待老人的态度越来越不友善，甚至有时会发生弃老、虐老、辱老的事件发生，新闻中也偶尔报道有老人在养老机构中受到虐待、子女不愿意承担赡养老人的义务，或者子女将老人赶出家门等事件。另外,在老龄化浪潮的冲击下,"空巢"成为时代巨变的副产品,代表了高龄老人独居的生活状态,也呈现了独居老人难言的痛。我国 70 岁以上老年人的自杀率达到了 51.5 例/10 万人,在世界上排名第 24 位。一些独居老人被家人遗忘,他们的家也在不知不觉中变成了没有温情的空巢。这些惨剧的背后除了社会化分工、人口流动加快、子女养老压力加大、法律保障不完善等主客观原因以外,最主要的原因还是在于以孝道为核心的敬老思想理念的缺失。因而,提升敬老思想理念,是解决中国养老公益问题的首要途径。

要从思想层面弄清楚为什么要敬老。老人似乎只能被动地接受年轻人的帮助,年轻人却没有思考过老人本身对社会的价值。似乎是年轻人在帮助老人,在给他们饭吃、给他们衣穿、照顾他们。如果这样思考的话,意味着年轻人以后到了他们这个年龄,也一样就成为了下一代年轻人的负担。用心回想一下,父母当年不知多少次给我们洗澡、穿衣,仅是洗澡、穿衣的次数,我们能否如数偿还给老人?我们做儿女能还给父母什么?当年他们抱过我们多少天,今天我们就抱他们多少天;当年他们背过我们多少天,今天我们就背他们多少天。老人能来到我们敬老公益志愿者身边,说明他有积极求生的愿望,老人是用自己的生命在支持着社会文明、社会公益的发展。如果他们都在家想死、等死,甚至自杀,我们的未来也终将如此。老人在用他们的残弱推动着国家科技的进步,支持着国家文明的发展,促进着中国敬老文化的复兴。正因为他们的老,敬老文化才代代相传。其实,"老人"根本没有问题,是"人"有问题。因为我们不认识"人"、没有意识到"老人是宝",才会不善待老人。因而,我们应当转变"老人无用""老人是负担"等理念,树立"老人是宝"的思想理念,复兴尊老、敬老、爱老、孝老的传统美德。

一、牢固树立"教育为先"的理念

教育,是养老公益精神推广最基本也是最重要的措施,家庭、学校和社会都是重要的教育场所。

(一)家庭教育

家庭教育,是教育中最初始和最关键的,是学校教育和社会教育的基础,也是养老公益精神培养的一个重要环节。习近平总书记曾说:"我们要重视家庭建设,注重家庭、注重家教、注重家风。"① 老人是家风家教的力行者和传承者,每一位老人都是一个时代的缩影,是一段历史的见证者,老人的历史就是家族的历史、民族的历史、国家的历史。他们不仅是高龄的人,而且是高尚的人、高境界的人、高能量的人,是值得子孙后代虚心阅读求教的"书"。尤其是80岁以上的老人,他们见证了中华人民共和国的风雨历程,他们对于中华优秀传统文化、革命文化、社会主义先进文化有着切身的体悟,他们有着丰厚的人生阅历。因此,我们一方面要坚定"老人是宝"的理念并注重养老公益精神的培养;另一方面,也要通过长辈的家庭教育使子女和其他家庭成员对养老公益精神内化于心、外化于行,将养老公益精神的培养转化成为养老公益精神的践行。

家庭教育包括两个方面:一方面是父母对子女的教育,另一方面是家庭成员之间的相互影响和教育。父母的言传身教比任何学校教育和社会教育都重要,父母通过自身的行为将公益精神灌输给子女,长期的教育和影响使子女认同这种道德规范并且发自内心地信服。② 例如,秉承养老公益精神的家长,会在家庭教育中向子女传授传统的孝道文化,引导子女形成长幼有序、尊老敬老的道德观念和道德习惯。另外,在长期的家庭生活中,具有较高养老公益觉悟的家庭成员,通过行为、语言、说教等方式潜移默化地影响其他家庭成员。养老公益精神还会让家庭成员在尊敬自家老人的同时,对社会其他弱势老人群体也给予力所能及的帮助,促使家庭成员养成互助养老的优良作风。

(二)学校教育

早在中国古代,中华先祖就把孝道列为学校教育的一项重要内容。然而,在当今社会,传统价值观日益受到挑战和冲击,学校片面地强调知识和能力的重要性,忽视了传统的道德教育,使得孝道——这生生不息、绵延千年的传统美德出现了严重的缺失与危机。

学生在学校接受教育时都具有一定的向师性,学生通过老师的教育了解和认识所处的世界。所以,学校老师要把正确的价值规范和公益精神恰当地传递给学生。③ 学校可以通过以下方式对学生进行养老公益精神的培养:

---

① 习近平. 在2015年春节团拜会上的讲话 [EB/OL].新华网,2015-02-17.
② 李凤如. 公益精神及其培育研究 [D].广州:华南理工大学,2016.
③ 李凤如. 公益精神及其培育研究 [D].广州:华南理工大学,2016.

第一,以爱的教育为原点,唤醒学生的敬老欲望。"爱"是尊老敬老行为最显著的体现,若学生不知道何为爱,也就无法体验被爱的幸福感,不能初步感知爱老敬老的具体形象,无法理解应当如何尽孝。所以学校在养老公益精神的教育过程中,应当以"爱"的教育为基础,让学生懂得什么是爱以及如何去爱,奠定尊老敬老的情感基础。

第二,加强养老公益精神的理论学习。学校应当加强对学生进行养老公益精神理论的教育,使其明白养老公益精神的本质和核心是什么。学生在理解养老公益精神本质和核心的基础之上,将养老公益精神内化为自身的世界观、人生观和价值观,并外化为尊老敬老的优良作风。

第三,增加养老公益精神的实践经验。除了养老公益精神的理论学习之外,学校还应当加强养老公益实践活动,从而使学生在实践活动中接受养老公益精神教育并加深对养老公益精神的理解,包括敬老助餐志愿活动、睦邻敬老实践活动、倾听陪伴敬老活动等。

总而言之,养老公益精神的理论学习和实践活动是相互促进、相互补充的。要将理论教育和实践教育有机地结合起来,使当代青年把养老公益精神内化于心、外化于行。

(三)社会教育

养老公益精神的培养,不仅仅是家庭内部和学校内部的问题,更是全社会的问题。

中国素有"礼仪之邦"的美誉。礼俗最易化成风俗,陶冶民风,形成孝亲敬老的社会氛围,影响日常生活的方方面面。曾子曰:"慎终追远,民德归厚矣",养老公益文化、孝文化的社会教育,不能忽视礼俗的教化作用。①

礼俗,是对人生中重要时间点及对特定时节的仪式化而形成的风俗,可以起到很好的熏陶教化作用。正因为仪式化,使人们在特殊的时刻庄重严肃地面对自己、面对人生、面对社会,而后将自己的感触和思考贯穿到日常的生活中。在中国传统节日中,能够培育孝文化的礼俗有很多,这些礼仪习俗可以从生活中的各方面向人们传递孝亲敬老的理念,起到易化风俗、教导民众的作用。例如,在春节和中秋节等阖家团圆的节日中,子女从外地赶回家中与老人团聚,老少一堂,全家人感受其乐融融、父慈子孝

---

① 郭清香. 孝文化的现代价值及其实践探析[J]. 中国特色社会主义研究, 2017(2): 75-79, 97.

的家庭气氛，使以血缘亲情为基础的家庭更加和谐稳定；清明节，是祭拜去世亲人的节日。在清明节慎终追远，纪念缅怀亲人，一方面引发人们对生命的思考，另一方面借助敬祖报本的传统体会报恩之义，强化亲情和家庭责任感；重阳节，是为天下老人特设的节日，它让老年人感受到社会的尊重，也对年轻人起到孝道教化的作用。

公益组织举办敬老活动，也是非常好的社会教育途径。例如，在2020年端午节到来之际，浙江雨花老年公益事业发展中心吴山体验店举办了"香粽连根，粘粘亲情"——"就要粘着你"的端午敬老活动，邀请所有的爱心人士和志愿者来到雨花杭州吴山广场体验店陪老人过节，用心倾听老人的心声，与老人一起齐唱国歌，与老人进行礼乐互动，为老人送上香包，用充满爱心的双手为高龄老人剥香粽，为老人送上"端午安康"的祝福，体验中国家文化，并为行动不便的高龄老人上门送香粽……通过活动和老人亲情互动，让人们感受并学习了尊老敬老的礼仪习俗。

二、牢固树立"老人是宝"的理念

养老公益事业的发展，必须要先从认识老人的价值入手，必须真正认识到"老人是宝"。唯有发现老人本身具有的价值，养老、敬老才不是空洞的口号；当人们发自内心地感受到"老人是宝，老人值得我敬"时，自然会为老人无条件地付出。

人活着绝不仅仅为了饱食暖衣，每一个生命都有丰富的价值，对灵性和智慧的追求是人类繁衍至今的驱动力。老年人度过漫长的人生，其丰富的生命价值等待着我们去求教、探索，但"等待"的时间是有限的，一旦老人逝去，这份价值再难获得。因此，要始终秉持"老人是宝"的理念，不断地认识并挖掘老人宝贵的生命价值，并以此为出发点，去唤醒长期被忽视的老人的生命价值。只有认识了老人的价值、走进老人后，我们才能明白老人生命的价值，从而明白自己生命的价值。

"老人是宝"，不仅仅是孝子贤孙心中不变的信念，同时也揭示了中国养老公益未来的发展方向，即不仅要着眼于建立完善的养老服务体系、提高老年人的物质生活和精神生活质量，更重要的是要唤醒人们认识老人的价值、努力挖掘老人的潜力、帮助老人实现其宝贵价值。

1. 强化老人的身体素质，夯实其价值实现的生理基础

马克思曾指出，"人是自然界的一部分"，自然生命为个体的存在与发展提供了载体，若没有自然生命的存在，人也就失去了生命的现实存在

性，任何文化生命都荡然无存了，也就没有了生命价值实现的可能。自然生命的存在与肉体组织的性能以及由此产生的生命价值息息相关，生命安全、身体健康是实现生命价值的基础。若老人能够在晚年时期保持健康的体魄，就能够为其参与社会实践活动提供充沛的体力和精力，更加有利于实现其生命价值，反之，若没有健康的体魄进行支撑，即便拥有再多的经验与才华也难以很好地实现其生命价值。尽管老人的真正价值是精神财富的传递，尽管瘫痪在床的老人依然可以"传家"，但无论如何，老人的身体健康始终是至关重要的。子女以及敬老志愿者、社会组织乃至整个社会，要积极关注老年人的身体状况，为其提供充足的物质生活和健康需求保障，延长生命的健康期，促进老人身心愉悦，让其更好地融入社会、实现生命价值。

2. 调适老人的心灵孤僻，激发其价值实现的心理内驱

诚然，身体健康是个体生存发展的基点，但是生命价值的实现不仅仅依赖于身体健康，拥有积极阳光的心态也是很重要的一个方面。古语有云："生生之道在于和，致和在于通""怒伤肝、思伤脾、忧伤肺"。现代医学也证明了心理健康与身体健康息息相关，拥有积极阳光的心态会使人时常处于幸福的生活状态中；反之，消极厌世的心态会让人处于灰暗痛苦的生活状态中，容易诱发多种危及生命健康的疾病，从而让老人感受不到生活意义和人生价值。因此，子女及敬老公益志愿者要加强与老年人进行交流沟通，尽可能排解老年人心灵上的孤寂感。同时，老年人自身也要注重心理调适，打开心扉，改变孤僻的行为和生活方式，培养个人兴趣爱好，积极参与社会实践活动，以提升生活的乐趣、丰富生命的内涵。

3. 强化老年人自身价值意识，唤醒价值实现的主动性

许多空巢老人面对空荡荡的屋子通常会感到恐惧。老人们之所以会产生这些恐惧，是因为他们并不清楚生命的真谛，不清楚自身的宝贵价值，不清楚自己能为子孙带来什么宝贵财富。因此，要克服空巢老人心中的恐惧，关键在于老人要觉悟到自身宝贵的价值所在。当老人觉悟到自己宝贵人生价值的时候，就意味着他们已经有能力从恐惧中走出来了。

老人对于自身价值的觉悟包含四个维度：

第一个维度是老有所"志"。人老心不老，有远大志向的老人就会拥有灿烂辉煌的人生。我们国家的养老理念之一就是"老有所养"，而"养"关键在于养"志"。如果老人没有任何人生志向，那么，就只能过孤苦寂寞的晚年生活。老人的志向不仅影响着自己的人生幸福，同时，志

向还会传递给子孙，成为子孙的奋斗方向。金钱会花光，财产会殆尽，唯独留下远大的志向，将影响着一代又一代人。志向足以传家，失去志向就意味着失去生命，一旦志向没有了，生命就衰竭了。社会上很多老人都在空巢中等死，就是因为失去了志向。

第二个维度是老有所"学"。中国有句俗语"家有一老，如得一宝"，之所以这么说是因为中国的老人觉悟到了自身的宝贵价值，如果人老了还在学，老了还在为家庭和国家付出，临终时才能有福气得以善终。

第三个维度是老有所"为"。"老有所为"，是指老人在离开劳动岗位后，并不一味在家中消极颐养，而是用自己积累的知识、技能和经验，多为国家、社会、他人奉献余热的积极态度。积极养老不仅能够改善老年人晚年时期的状态，还能够引导全社会增强接纳、尊重、帮助老年人的关爱意识和老年人自尊、自立、自强的自爱意识。老年是人在生命中的重要阶段，尽管身体素质与青年相比有所下滑，但是思想境界却不会随着时间的流逝而下滑。因此，当人步入晚年之后，老人仍然可以有所作为，为国家和社会继续做贡献。

第四个维度是老有所"乐"。人们普遍认为，老年人的快乐指的就是跳广场舞、打麻将等。但是有一种快乐却往往被人们所忽略，那就是"天伦之乐"。所谓的"天伦之乐"指的就是血缘亲属中老一辈和小一辈之间的家庭乐趣。随着中国家庭日益趋向小型化和核心化，老人与子孙分开生活已成为常态化现象，以往四世同堂的景象更是难以看到了，天伦之乐对于很多老年人而言更是奢侈品。当前空巢老人自杀率偏高的重要原因之一，就是老人与子孙见面的机会太少，失去了亲情，也失去了天伦之乐，而子孙孝敬老人、让老人享受天伦之乐，本就是中华民族的优秀传统。由于各种客观因素，现代社会的老人不一定能够每天与子孙相处，但天伦之乐的意识一定不能丢失，不能把这种幸福的观念遗弃。如果享受天伦之乐的文化被遗弃了，那么就阻断了子孙尽孝道的机会，阻断了老人向子孙传授五伦五常之道的机会，也阻断了老人通往幸福之路。辉煌的家庭一定有辉煌的老人传家——传五伦五常之道。让儿孙学会孝敬，就是连根，就是养根。

4. 拓宽老人实现自我价值的渠道

唤醒老人实现自身价值的积极主动性固然重要，而国家、社会帮助老人拓宽实现自我价值的渠道也很重要。

第一，要完善老年人力资源的管理机制。老人社会价值的实现，须将老人潜能输出与市场需求紧密结合。因此,必须通过设立老年人力资源信息数据库、确立统一的老年人力资源管理机构等方式,建立和完善老年人力资源管理机制,为将老人的潜在资源转化为外在价值提供一个市场化运作平台,使老年人力资源为社会所共享。①

第二,建立老年就业服务交流平台。多数企事业单位都倾向聘用年轻人,老年人力资源市场需求的匮乏成为阻碍老人再就业的重要因素。因此,通过积极举办老年人才交流活动、建立针对性老人网络就业服务平台等模式构建老人就业服务交流平台,让老人能够在就业服务平台中展示自身的就业意愿和专业优势,从而促进老人再就业目标的实现。

第三,发展城市社区老年志愿互助活动。老年志愿互助活动,是老人生命价值实现的有效途径。老年人积极参与志愿互助活动的好处在于:低龄老人与高龄老人之间年龄差距较小,对老人的理解也更多,更加容易拉近彼此之间的心灵距离,能够提供更加细致入微的服务;老年人在参与志愿互助活动的过程中,能够纠正自身"老人是包袱"的错误认识,能够发挥其生命的价值,明晰感知到自身生命对社会的价值与意义。

5. 营造老人价值实现的舆论氛围

舆论环境的好坏,关系个人或群体的生存与发展,它既是约束个人或群体行为的价值导向,也能成为激励个人与群体的社会支持。② 传统的养老观念认为,人在年老以后,由于体力和精力有限,应当休养生息、颐养天年,不应再过问凡尘俗事。还有一些"老人无用论"和"老人包袱论"认为,人在步入老年以后,由于身体素质下滑、知识体系落后、思想观念陈旧等原因,无法在原有的岗位上继续工作,只能退出工作岗位接受社会的供养并成为社会沉重的负担。这些舆论观念都成为阻碍老年人认知自我价值、为社会发挥余热的因素。因此,要破除这些偏见和错误认识,积极营造老人价值实现的良好舆论环境,让老人正确认知自身的价值所在。

媒体应当及时地对"老人无用论""老人知识老化论""老人包袱论"等错误的观念予以批评纠正,同时,媒体还应当充分利用线上线下舆论宣传工具,积极报道一些典型的老年先进人物及其先进事迹,让这些为社会发挥余热的老年英雄人物、事迹深入人心。一方面,形成正确舆论引导,促使社会成员逐渐以"老人是宝"的观念替代"老人无用论"等陈旧观

---

① 陈理. 城市空巢老人生命价值的实现研究 [D]. 长沙:湖南大学,2016.
② 陈理. 城市空巢老人生命价值的实现研究 [D]. 长沙:湖南大学,2016.

念，不断加深社会各界对老人宝贵价值的认同，营造尊老、敬老、爱惜老年人才的社会风气。另一方面，利用典型老年英雄人物事迹为老年群体树立积极老龄化的观念，帮助老人正确认识与发掘自身的潜能，激发老年群体实现生命价值的自发性与自觉性，帮助老年人积极融入社会。

6. 完善老年人价值实现的相关政策法规

老人的社会参与性活动和生命价值实现活动，不仅关系老人自身，还是一个关系国计民生、社会稳定发展的社会性事业。因此，不仅要调动老人社会参与的积极性与主动性，还要有相应的法律法规，保障其价值实现活动的合法权益，使其行为法制化、规范化。①

三、自觉进行"养儿为老，敬老为国"的信仰建设

在中国历史中，无数的孝子贤孙深知"人不必尽为父母，但无人不为人子""父母之恩，昊天罔极"的道理以及承传中华孝道的任重道远，又从敬老实践中深深体会到了老人的苦和老人身上潜藏着的、有待挖掘的宝贵价值。所以，他们愿意从自身做起去孝敬老人、愿意身体力行做榜样给后代看，同时唤醒更多人来共同敬老，这是他们坚定不移地走敬老之路的第一个原因。另外，孝子贤孙们深厚的家国情怀，使其深切关注老龄化问题、愿意为国家解决老龄化社会中每个人都将面临的养老难题而尽拳拳之心、微薄之力，这是他们坚定不移地走敬老之路的第二个原因。敬老以及通过敬老实现家国情怀进而实现天地情怀，在人类所有活动中具有最高价值，是所有中华民族孝子贤孙最高价值的理想，是孝子贤孙终生为之奋斗、为之"鞠躬尽瘁，死而后已"的选择，是孝子贤孙生命中最坚定的终极追求。所以，"养儿为老，敬老为国"逐渐成为中华民族孝子贤孙的共同信仰。

（一）用社会主义核心价值观培育"养儿为老，敬老为国"信仰

信仰，是对人类活动的最高价值认定，以及在此基础上形成的最高价值的理想，是人生最坚定的终极追求。所以，信仰是在用价值观进行价值判断、进行最高价值搜寻的基础上，形成的最高价值理想和最坚定的终极追求。从这一视角而言，价值观可以在一定程度上反映其信仰；信仰也是其价值观的一种体现，二者相辅相成。所以，信仰建设的前提是要树立正确的价值观。

---

① 陈理. 城市空巢老人生命价值的实现研究 [D]. 长沙：湖南大学，2016.

作为中国公民,必须响应党和国家的号召——培育和践行社会主义核心价值观。培育和践行社会主义核心价值观必须立足于弘扬中华优秀传统文化。牢固的核心价值观都有其固有的根本,抛弃传统、丢掉根本,就等于割断了自己的精神命脉。① 由于社会主义核心价值观是在中华优秀传统文化的基础上形成的,孝道作为中华优秀传统文化的重要组成部分,自然是社会主义核心价值观的重要基础。尽管在社会主义核心价值观的24个字中,并没有"孝"字,但其内容或内容的践行落实,都是以"孝"为基础的。比如个人层面的"爱国、敬业、诚信、友善",都是美德,都是祖先、父母希望儿孙能够做好的,"身有伤,贻亲忧;德有伤,贻亲羞",做好了就是在孝敬祖先、父母,如果让祖先、父母感到羞耻,就是不孝。社会层面、国家层面的价值观,也是同样道理。

由此可知,"养儿为老,敬老为国"信仰与社会主义核心价值观是相融相通的,二者都以中华优秀传统文化的"孝"文化为重要基础。社会主义核心价值观的培育与践行能够有效促进"养儿为老,敬老为国"信仰的建设,"养儿为老,敬老为国"信仰的建设,也有助于社会主义核心价值观的培育与践行。

(二)以家谱培育"养儿为老,敬老为国"信仰

"忠孝两全"传统价值观的传承载体多种多样,包括经典文献、国史和方志、法律法规、乡规民约、家谱等。其中,家谱是一种特殊的文献,就其内容而言,是中华文明史中具有平民特色的文献,记载的是同宗共祖血缘集团世系人物和事迹等方面情况的历史图籍,编纂家谱的主要目的是说世系、序长幼、尊祖敬宗、敦亲睦族。最早的家谱,主要是文韬武略的开国皇帝或者留名青史的思想巨匠及其后代修制的。他们忠孝两全的价值观念是根深蒂固的,而且他们自身受益于这种价值观,他们自然就很愿意把自己已经受益的、而且他们真的认为是利国、利民、利家的价值观传递给子孙后代,希望子孙能够像自己一样为国尽忠、为家尽责,进而培养家风、兴旺家族、强盛国家。有家谱的人,会以祖先的优秀品质为自豪,会主动学习效仿祖先,会自动约束自己的行为从而为祖先增光、以免辱没祖先,会生起振兴家族的责任感,会激发报效国家的使命感,会生起天地之间、冥冥之中祖先无时无处不在、时时处处在护佑、监督着我们的敬畏

---

① 培育和践行社会主义核心价值观必须立足于弘扬中华优秀传统文化 [EB/OL]. 中国共产党新闻网,2014-06-09.

感、紧迫感。

家谱为何会有如此神奇的力量呢？人们都遗憾在有限的生命里无法去经历更多、去体验更多，而家谱，就可以很好地抚慰这种遗憾。家谱，可以把我们的生命向前延伸到五千年前的先祖时代，也可以往后延续到无穷的子孙后代。在家谱中，祖先拉长了我们的生命，给我们预先演练了生命中的种种苦难、种种坎坷、种种感悟、种种收获、种种境界，帮助我们认识到自己的狂妄、傲慢、无知、自私、狭隘、贪婪，让我们生起无限的敬畏和感恩，也可以在未来让我们的子孙去感悟我们的感悟。我们在翻阅家谱或诚敬祭祀祖先时，可以从喧闹的红尘中觅得片刻宁静，安心去倾听祖先的心声，用心去体会他们的苦口婆心、用心良苦。尤其我们在承受不住生命之痛即将崩溃时，去感受祖先忍辱负重承传生命的强大力量，一定能从中汲取到强大的能量，一定也能像祖先那样生起对子孙后代的责任感、使命感，一定会像祖先那样决心做出榜样留与后人看。为什么有的人在翻阅家谱或祭祀祖先时，会泪流满面甚至泣不成声？因为在那一刻，他的心与祖先的心连通了，他听见了祖先的心声，他听懂了祖先告诉他的某个道理，他实现了某一个点上的顿悟。

祖宗根脉，是失去了乡愁的现代人灵魂的归宿，现代人通过根脉去寻找灵魂的归宿进而去实现人生理想，从而家谱与理想融合在了一起，即"家谱在，根脉在；理想在，家国在"。当今社会，家庭规模越来越小，传统的大家族基本不存在了，人们对家族、对家乡的归属感逐渐淡漠甚至丧失。但只要有家谱在，家族的根脉就在，人们就会重新建立起归属感，重新与祖先连接，忠孝两全的传统价值观就会不断承传，同样着重于忠孝两全的"养儿为老，敬老为国"信仰就会不断承传，家国情怀就会不断承传，家国就会永续存在。

编纂家谱为什么有助于"养儿为老，敬老为国"的信仰建设呢？

其一，在修制、传承家谱的过程中，子孙会对祖先的高尚情怀有更深刻、入微的理解，通过祖先"养儿为老"的代代相传来深刻认识生命的终极价值，通过祖先将个人终极命运与家国命运紧密联系在一起去深刻体悟"敬老为国"。

其二，每一个老人都愿意"传家"，都愿意将毕生积淀的宝贵的精神财富留传给后人。老人只有把宝贵的精神财富传递给子孙，才能真正把子孙教育好，才是真正的"养儿"，真正把"儿"养好了、子女懂得孝道了，才能真正实现"养儿为老"的目的。此外，通过修制、传承家谱，可以激发老人"传家"的使命感，这份使命感会让老人几十年乃至上百年积累的充足能量得以释放给后人、释放给社会、释放给国家，从而激发老人的价值感。有了价值感，老人的幸福感乃至生命品质就会提升，就不会认为老了就是在等死，而是很清楚一直守着最后一口气的价值所在。只有这样，老人才能真正幸福、才能真正"善终"。让老人幸福、"善终"，才是最好的"敬老"，才能安老人的心，进而安每一个即将老去的千千万万人的心，才是真正为国家解决老龄化问题尽匹夫之责，才是在践行"养儿为老，敬老为国"的信仰。

（三）敬老志愿者要努力成为"养儿为老，敬老为国"信仰建设的表率

前文案例中谈及的雨花敬老志愿者，是"养儿为老，敬老为国"信仰建设的表率。其实，每个人都有信仰，只是自觉程度有所不同，不同的信仰会给人的生命带来不同的状态。中华文明为什么能够五千年承传不衰？中华民族为什么能够人丁兴旺？就是因为我们的信仰跟别的国家不一样，是孝道成就了这样的结果。雨花志愿者认为：敬老以及经由敬老实现家国情怀、天地情怀，在人类所有活动中具有最高价值，是雨花志愿者最高价值的理想，是雨花志愿者生命中最坚定的终极追求。所以，"养儿为老，敬老为国"，就这样逐渐成为雨花志愿者的共同信仰。十年敬老路，就是不断凝练、形成、明晰、坚定雨花志愿者信仰的路。这信仰，也引领、坚定了雨花志愿者"敬老"的脚步。

回顾十年敬老路，从立下横渠四句（为天地立心，为生民立命，为往圣继绝学，为万世开太平）的宏大志向开始，从最初倡导生命平等、仁慈博爱的"雨花三绝"（没有"伤害"，没有交易，只有感恩），到从三绝中"没有交易"扩展出宽容、平实、谦和的"五了"（吃了就好，做了就好，够了就好，舍了就好，了了就好），到体现同心传承炎黄根脉、携手复兴民族文化之使命的"六同"（同为天地人，同守道德本；同连中华根，同承古文明；同一价值观，同铸民族魂），到体现"为天地立心、为生民立命"志向的从家庭到国家乃至世界，从人类到自然乃至生态的胸怀家国、胸怀世界、胸怀天地的"八欣"（他人欣我幸福，家庭欣我幸福，邻里欣我幸福，国家欣我幸福，社会欣我幸福，自然欣我幸福，生态欣我幸福，世界欣我幸福），到从三绝中"只有感恩"扩展出的"感恩词"（感恩天地滋养万物，感恩祖先慈悲智慧，感恩国家培养护佑，感恩父母养育之恩，感恩老师辛勤教导，感恩同仁关心帮助，感恩农夫辛勤劳作，感恩素食健康环保，感恩大众信任支持，感恩所有付出的人）对天地、祖先、国

家、父母、老师，所有付出的人的感恩，到提倡体现儒家最高境界"仁爱、中道、和合"的家风，到体现雨花志愿者共同愿景"复兴家文化，和乐千万家"的"祈盼公益餐桌无限延伸，让孝悌忠信走进千家万户；祈盼国家富强民族复兴，让礼义廉耻照耀大地苍穹；祈盼天下苍生美美与共，让仁爱和平庇佑世界大同"，一直走到了今天这聚焦落地的"养儿为老，敬老为国"。

一句朴实无华、极接地气的"养儿为老，敬老为国"凝聚了上述宏大叙事的全部精、气、神，更体现了雨花志愿者"看山还是山、看水还是水"的回归。

一句"养儿为老"可以唤醒天下老人"传家"的使命、唤醒天下儿女承传祖道家风的责任感；一句"敬老为国"映射了雨花志愿者对民族、对祖国那颗纯净、忠诚、坦荡、真挚的赤子之心。一句低低矮矮又绝非低矮的"养儿为老，敬老为国"，已经足够敬老志愿者为之奋斗终生了。

"养儿为老，敬老为国"，应该成为全社会共同的价值追求，因为每个人都会老、每个人的养老问题都挥之不去、避之不及。它作为社会总体问题，还应被纳入国家的战略范畴并成为国家的核心关注。其实，它更是全人类的问题。

四、积极培育践行"没有'杀戮'，没有交易，只有感恩"的公益精神

"没有'杀戮'，没有交易，只有感恩"的公益精神与"老人是宝"的理念及"养儿为老，敬老为国"的信仰是相通的。老人是宝，是生育并抚育我们成长的人，是我们人生中第一位启蒙老师，是值得我们关爱和尊敬的人，是我们生命的福田。面对不断给予我们支持和恩泽的"宝"，我们应当无条件地敬仰和感恩，怎么能对他们有任何"杀戮"与伤害呢？又怎么能与老人有交易呢？因此，对于老人，我们必须坚持"没有'伤害'，没有交易，只有感恩"，不仅不能有任何伤害的行为，不能有任何交易行为，还要报以感恩，这是所有子孙们必须要始终奉行的养老之道。其实，这不仅仅是养老之道，更是慈善公益之道，更是为人之道。

（一）没有"杀戮"

没有"杀戮"最直接的方式就是寻找"慈悲""善良"的典范。例如《颜氏家训》《朱子家训》等都有关于戒杀的内容，可以多参照这些经典文献里面的内容。同时，还应当把主要的专注点放在他人的感受上，放在他人的安稳、安宁、安详、安乐上。为什么我们冷漠无情，伤害他人却不自知，就是因为我们没有站在他人角度去"感同身受"。因此，我们要想不伤害他人、不让他人因自己而感到不安宁，就要有"同理心"，做到"感同身受"。那么，如何把"没有杀戮"理念变成行动呢？行动的落脚处在哪里？做到以下"五个一点儿"，就可以尽量减少对他人的伤害：

一是慢一点儿。急躁了，容易顾及不到他人感受，容易伤到他人。

二是轻一点儿。语气重了容易伤害到他人的内心，动作重了容易伤害到他人的身体。

三是柔一点儿。强硬的杀伤力很重。

四是细一点儿。粗糙的情感、粗糙的言语、粗糙的动作，都易造成伤害。

五是少一点儿。欲望少一点、自私少一点，爱就多一点，感同身受就多一点，伤害就少一点。

（二）"没有交易"

1. "没有交易"理念的社会意义

第一，"没有交易"可以让公益慈善回归其本质、凸显其本来应有的样貌。公益慈善，是敬老助老、帮助贫困弱势、鳏寡孤独的事业，因而公益慈善，必须是纯净纯善的，是不能有任何求回报或控制、占有之心的，是不能违背捐赠人本意的。捐赠人的爱心捐赠和公益救助本身是"没有交易"的，公益慈善组织要如实、不走样地向社会传递捐赠人"没有交易"的善良本心。公益慈善，就应该成为人间真善美的传递者。人们对"免费""没有交易"的敏感、质疑，说明人世间善念的匮乏。只有"没有交易"的纯净纯善的公益慈善，只有这中华民族优秀的无私奉献的传统美德，才能真正把沉睡的爱唤醒，才能滋养人们内心深处对爱的渴望，才能在爱的荒原种下爱的种子、开出爱的花朵。当"没有交易"这股清流，流入人们被"交易"污染得脏乱不堪的心田时，感受到久违的甘甜、清爽、宁静、安详，人们就会趋之若鹜。

第二，"没有交易"倡导的是一种平静、安宁、温和、知足常乐的生活方式，可以提高人们的道德修养，可以为社会添加更多温暖、释放更多正能量，可以为人类命运共同体的建设奠定基础。远古时期的"交易"，目的很简单，就是满足必不可少的生活需求、提高生活质量。18世纪工业革命之后，商品快速丰富起来，资本主义快速发展起来，"交易"成为营利手段，深入到生活的每一个角落，更深入了人心。"交易"作为能够提高人们生活质量的商业行为，本身是有限定的主体、限定的对象的，但是

"交易"发展到今天,已经不再限定主体、对象了。在资本逻辑的驱动下,"交易"成为无所不在、无所不能的真理,金钱、财富成为人们最主要的追求,社会被这种价值观笼罩得一片黑暗,人们无所不用其极,什么都可以拿来交易,严重背离了"交易"的初衷——提高人们的生活质量。

之所以提出"没有交易"的公益理念,就是希望人们能够不忘"交易"的初心;希望"交易"能够回归到它特有的主体、对象中去;希望把"交易"锁在特定的"笼子里",而不再让"交易"把人们关进痛苦的牢笼;希望人们知足常乐;希望人们更看重亲情、友情,更看重孝悌忠信礼义廉耻,更看重仁爱和平;希望人们能够回归内心的平静、安宁、温和;希望能够成就世界大同、人类命运共同体。

第三,"没有交易"为企业家们提供了一种更好的"交易"理念。当企业家不忘"交易"的初心,懂得把交易锁进特定的笼子里,以一颗利益大众的心进行交易时,企业家就会有更强的社会责任感、更深的慈悲情怀,就会以仁爱之心去经营企业,就会更注重商品质量、更关注人们的有益需求,就会像稻盛和夫、涩泽荣一、范蠡一样获得更多财富,成为更成功的企业家。孟子曰:"上下争交利,国家危矣!"意思是说,一个国家上下都在为利益而争,这是亡国之象。现在不等值的交易、不正常的交易、恶性循环的交易充斥着社会,使人活得很累,也会给国家、社会带来隐患。

2. 如何践行"没有交易"

践行"没有交易",需修炼五种心:

一是淡泊的心,不要有太在意的心。对交易太在意,其实就是贪心。交易是商人的行为,而慈善公益事业不能有交易。

二是吃亏的心。"交易"的心就是怕吃亏的心,俗话说"吃亏是福",当亏被吃完了剩下的就是福了,《朱子家训》亦云:"与肩挑贸易毋占便宜,见贫苦亲邻须加温恤。"对于肩挑做小生意的辛苦人帮助都来不及,怎么还可以有占便宜的心呢?交易怕的就是计较盈亏,第一条淡泊针对"盈"、第二条针对"亏",要好亏、高高兴兴接受亏。

三是舍得的心。舍了就好。(见下文"五了"公益精神)。

四是负责任的心。拥有"天下兴亡匹夫有责""国课早完,虽囊橐无余,自得至乐""先天下之忧而忧,后天下之乐而乐"这般责任心的人,是不会有"交易"之心的。

五是仰慕的心。要想人格、财富得到保障,要想将富而不贵、富而不乐、富而不安转变为富且贵、富且乐、富且安,就必须有仰慕、学习榜样的心。我们要向天地、祖先、父母、师长学习,学习他们的"没有交易"。

"没有交易"的公益精神又可以扩展出宽容、平实、谦和的"五了"公益精神,即吃了就好,做了就好,够了就好,舍了就好,了了就好。

第一,吃了就好。"吃了就好"指的是不求回报、不计所得地为老人提供绿色健康的餐食,只要老人"吃了就好",对老人心怀感恩。

《世界观察》杂志中登出,畜牧业及其副产品的温室气体排放至少占世界总排放的51%,远远超过粮农组织先前估计的18%。畜牧业是产生温室气体的最大来源,肉食产业是全球暖化的元凶。据联合国政府间气候变化专门委员会研究,为了将全球平均气温上升控制在2℃以下,人们必须少吃75%的牛肉、90%的猪肉和50%的鸡蛋——用豆类和坚果代替动物制品。据相关研究指出,2006年全球有10.5亿头牛,每天排出2100亿升的甲烷气体,全年排出366500亿升的甲烷,牲畜粪便还要再释放出3500万吨甲烷,甲烷温室效应为二氧化碳的20倍。

鉴于绿色健康的饮食方式对于保护环境、有效遏制全球变暖危机、促进资源可持续发展的贡献,我们提倡绿色健康的饮食方式。不求回报、"没有交易"地为老人提供绿色健康的餐食。同时,也对支持低碳环保健康饮食方式的老人们心怀感恩,老人能来吃就好。

第二,做了就好。"做了就好"指的是对于养老公益的志愿者而言,能诚心做公益就好,不求得到任何回报,只期盼老人都能得到孝养、安度晚年。

第三,够了就好。"够了就好"指的是提倡人们节制自身的欲望,方能收获人生的快乐。王阳明曾说:"人须有为己之心,方能克己;能克己,方能成己。"要想主宰自己的人生、收获快乐,就需要懂得节制欲望。节制是一种乐观的生活态度,因为节制,所以淡然;因为简朴,所以安乐。《论语》云:"君子食无求饱,居无求安。"衣食用度无须奢华,能维持正常生活所需,足矣。若贪图享受,欲望就会被不断强化,心智也会日渐迷失。请记住千万不要贪得无厌,只要"够了就好",广厦万间只睡卧榻三尺,良田千顷不过一日三餐。

第四,舍了就好。"舍了就好"是提倡人们在做敬老公益的时候,无论付出的是时间、精力、体力、金钱还是智慧,都要懂得"舍",而且要学会放下、学会无私奉献,而不应该与被帮助的老人计较得失。懂得舍是一种大智慧,为老人献上爱心,帮助老人得到利益,从短期来看可能会舍去一定的时间、金钱和短期利益，但是从长远来看，敬老助老就是在帮助未来的自己——帮助未来的自己找到人生的方向和价值，从而获得更大的利益。

第五，了了就好。"了了就好"指的是人生在世，总是不可避免地会欠下很多债务，包括金钱债务、人情债务、恩情债务等，对于这些债务要心存感恩之心，并尽自己最大的努力予以偿还和报答，进而了却一桩心愿。做人，勿忘恩。养育之恩不能忘，救急之恩不能忘，教导之恩不能忘，护佑之恩不能忘。一个品行端正的人，一定是有良知的。再富，也不会抛弃陪伴的人；再难，也不会伤害帮助的人；再苦，也不会欺骗信任的人。不管变得多么落魄，不管变得多么风光，都能知恩、记恩、报恩。

（三）只有感恩

"只有感恩"是道。作为统领养老公益志愿行动的精神纲要，必须至正、至要、至简，必须符合"道"。天地、上帝只有感恩，才创造、滋养了万物；祖先、父母只有感恩，才续莫大焉；师长只有感恩，才以秉承、传递天地及祖先恩德为己任；子女只有感恩，才以孝悌为本；大众只有感恩，才世代辛勤付出……这一切都是天经地义的。"只有感恩"，是大道，是每个人内心深处的呼唤，也是每个人本自具足的"性本善"。

所有的一切，都与"我"密切相关，缺少任何一个"我"都无法生存或无法较好地生存。没有天地，就没有我；没有祖先、父母，就没有我；没有老师，我就不解礼义、不知正道，就像动物一样活着；没有国家，我就流离失所、无所归属……天地万物、父母、老师、身边所有的同事等，与"我"都是命运共同体，都对"我"有无限的恩德，因而我要"只有感恩"。

"只有感恩"是所有修养的最高境界。当人们越来越知道周围的一切都与自己息息相关、都对自己有恩德时，就不再敢傲慢、嫉妒。无论发生什么，都真诚地"只有感恩"。试想，当所有人的内心深处，都"只有感恩"时，这个世界将会多么美好。

"只有感恩"是公益慈善的最高境界。"没有'伤害'，没有交易，只有感恩"，是中国养老公益的核心精神，是中华优秀传统文化精髓在养老公益核心精神中的呈现。这三者是相互关联、层层递进的：要做到"没有'伤害'"，一定要"没有交易"；要做到"没有交易"，就必须"只有感恩"。没有"伤害"是公益慈善的基础，"没有交易"是公益慈善的本质，"只有感恩"是公益慈善为之奋斗的最高境界。

整个社会都需要"只有感恩"的指导、引领。淳朴善良的中华祖先，本来是不乏感恩精神的，是每受滴水之恩必以涌泉相报的。可是，几千年后的炎黄子孙，学会了先进的科技，也学会了自私自利；牢牢记住了"名利"，却渐渐忘却了"感恩"。无论多么大的恩情，能记得了一时记不了时时；能感知到其中的一丝一毫（甚至纤毫不知），却没有能力感知全部。老人是宝，摔倒了却没人敢扶；父母如天，生病了子女却照样花天酒地；师恩难报，却从不去探望；国恩重如泰山，却偷税漏税；兄弟亲如手足，却为争抢遗产拳脚相加；夫妻一体，却同床异梦……忘恩负义、薄情寡义、恩将仇报已经成为时常可见的社会现象。

提出"只有感恩"，就是希望能够唤醒人们的"性本善"，希望偏离了正道的人们，能够回归正道、回归良知、回归内心的宁静安详。如果我们能有感恩之心，对天地、祖先、国家、父母、老师、同事、帮助我们的人、诽谤我们的人，对于逆境、顺境等，时时处处都心存感恩，人生就没有过不去的"火焰山"。

无论在家里也好、在社会也好，真正做到了感恩，人生就会幸福、命运就会改变。所以，"只有感恩"的人，是智慧之人、幸福之人。我们要常常扪心自问：感恩心生起来没有？感恩又做得如何？

要做到"只有感恩"，至少须从如下三方面努力：

第一，认同并用心于"只有感恩"。认同了"只有感恩"，才有可能放下自我感受、用心去感知他人的恩德。用心去感知"只有感恩"带来的内心温暖、幸福，就会强化"只有感恩"的心理感受，就会给"只有感恩"增添无穷的动力。当感恩的对象不断扩大、感恩的程度不断加深、感恩的纯度不断提高，"只有感恩"就内化为自己的心理品质了。

第二，感恩，关键是"感"。"感"指的就是感知、感动、感应。感恩的心，必须要真诚，首先自己要真的"感知""感动"，然后才会打动对方。最后，打动了对方，对方一定会有"应"，"精诚所至，金石为开"。

当我们对身边的人生起抱怨和讨厌时，要冷静去思考，找一找对方的优点并用纸笔写出来，写得越多越好。其实，如果我们天天看的都是别人的优点、想的都是别人的好处，就是天天在给自己输入正能量，这样心情自然喜悦，别人也就会真的变得越来越好，感恩心也就这样自然而然地生起来了。

第三，生起"只有感恩"的使命感。当自己真正体会到"只有感恩"的美好及其崇高价值时，一定会生起帮助更多人共同去"只有感恩"的使命感。

五、积极培育践行"自利利他"的公益精神

"自利利他"是养老公益事业的终极目标。要实现"利他"就要从"自利"开始。因此,我们要培育自醒醒他、自敬敬他、自利利他的公益精神。从事养老公益事业,关键要"自醒",实现生命的觉醒——对"老"、对"死亡"的觉醒。这是每个人的问题,是全社会的问题。没有把自己"老"的问题解决,如何帮助别人?希望自己获得利益,这是一种动力;希望老人得到利益,也是一种动力。那么,在现实中,我们该怎么做到自醒醒他、自敬敬他、自利利他呢?

第一,让自己从认知上醒来,即"自醒",才能坚定地走敬老之路。"自醒"的关键在于树立"老人是宝"的观念。"自醒"的目的并不是为了自己,"自醒"也不是最终目标。公益事业代表的是公共利益,公共利益里面就包含着"他"的利益。所以,只有"自醒"是远远不够的,还要做到"醒他"。也就是说,"自醒醒他"只是实现"自利利他"目标的第一步。

第二,由"自醒"进而树立"老人是宝"的理念,进而萌生"敬"的理念。这里的"敬"首先是"自敬",即自己对自己的生命有了认知与恭敬,进而能够"敬他",意识到他人的生命与我的生命平等无二,从而做到"自敬敬他"。有了"自醒醒他""自敬敬他",最终才能实现"自利利他"。

物有本末,事有终始。以往我们总是关注怎样去帮助老人,这个关注点其实是结果、是终末,我们要从"因"上开始,也就是从自我觉醒开始。面对当今社会出现的老龄化问题,我们要弄清楚:这到底是老人的问题还是每个人的问题?我们是否清楚"老龄化问题"是什么问题?实际上"老"不是问题,人才是问题。我们总是错误地认为老了一定要病、一定要苦,一定会成为家庭和社会的累赘、负担等,拥有这些观念的人需要被唤醒。唤醒的目标就是要让人知道:老人是宝,任何一个人生阶段的身份都是珍贵的,哪怕是躺在病床上的失能老人同样具有宝贵的价值。

为什么老人是宝?老人的珍贵体现在哪儿?老人的珍贵不止在于过去几十年的贡献,这并不是老人最大的价值,老人的价值是他将要面对、将要解决人生最大的困惑——对"老"和"死"的恐惧。人一旦开始变老,就越来越接近死亡,孤独、寂寞、恐惧也接踵而来,这是因为没有认识到

"死"是一件自然的事情。老人之所以是宝,是因为他正在直面人生最大的困惑、最大的问题——生死,正在解决人生最大的痛苦——恐惧。面对如此重大的人生问题,老人宁愿不给儿女添麻烦而去独自面对。没有一个老人不是如此的伟大!这就是老人无比珍贵的价值——无价之宝。然而,许多儿女却对此一无所知,迷惑得连自己的父母亲是什么人都不知道,连父母亲在做什么、有多么伟大也不知道。

有的老人无所畏惧地淡然面对病痛,有的老人无疾而终、寿终正寝,这些老人用他们面对生死的态度告诉世人,老人就是宝。如果能够清楚认知到了"老人是宝",我们就开始"自醒"了。生命中的无价之宝一旦被唤醒,就能远离恐惧、远离幻想、远离愚昧。

关于老的困惑、老的恐惧,不是等到老了再去面对、再去解决,而是越早面对,越早解决越好。人早期的教育就应该把生死贯穿进去。"唤醒"这个词实质上就是教育。"唤醒"首先需要明白的人来教育我,即"他醒",然后我再"自醒",之后再"醒他",大家互相唤醒。由唤醒变成觉醒,由觉醒变成了敬畏,由敬畏变成了利他,大家都得到了"宝",就意味着离实现养老公益事业的最终目标不远了。

总而言之,要认识到"老人是宝",从而唤醒自己、解决自己的问题,然后再服务老人、利益老人。自醒醒他、自敬敬他、自利利他,是实现养老公益事业最终目标的必然路径。

第二节 促进养老公益健康发展的其他建议

在中国古代养老历史中,除了博大精深的养老思想理念以外,养老政策制度与养老服务机构都曾在社会养老保障中发挥着重要的作用,有效地提高了老年人的物质生活质量、社会政治地位、福利待遇、法律保障等,对于经济发展、社会进步与国家稳定具有重要的意义。尽管随着时代的发展,很多古代的养老政策制度与养老服务机构已经不适用于当今社会,但是其精华部分依然值得借鉴。因此,本节通过挖掘古代养老文化的精髓,结合现代养老公益事业的实际问题,为我国养老政策制度、养老服务机构提出相应的建议。

一、优化养老公益政策制度的建议

(一) 加快养老服务的立法建设

法律是治国之重器,良法是善治之前提。积极应对人口老龄化,加快发展养老服务业,就要依靠法治破解难题,积极营造有利于养老事业发展的法治环境。近年来,国家出台了大量养老方面的法律法规,但当前我国养老法制体系的相对滞后和欠完善,依然是我国养老公益事业发展的一大阻碍。尤其是在医疗、经济、保险、养老服务、文化生活、司法保护等关系广大老年群体切身利益的方面,更是要加强立法工作,改变养老法制建设滞后的现状,以法律强制力推动社会养老服务体系的完善。在省、经济特区、立法权较大的市,特别是全国养老服务业综合改革试点地区积极创新探索实践,先行制定具有地域特色的地方性法规和政府规章,并大力推广成功的地方立法经验。

英国、美国、日本等发达国家在养老服务方面有着较好的立法基础,制定了一系列较为完善的养老服务法律。尤其是新加坡于1994年就颁布了《赡养父母法》,成为世界上第一个对赡养父母立法的国家。我国也应在传承古代养老政策制度之精髓的基础上,借鉴英国、美国、日本、新加坡等国家在养老服务方面的立法经验,推动养老服务的行政法规列入立法研究计划,为养老服务提供法律支撑。

(二) 提高养老政策的执行效力

1. 提高养老政策的可行性

养老政策是国家、政党及具有权威性机构组织规定的一些法律政策以维护老年人合法权益、保障老年人生活的制度安排[①],对我国养老公益事业的发展起到引导和规划的作用。政府相关部门应当积极探索并制定科学合理的养老规划和政策,切实提高养老政策的可行性,才能确保养老政策能真正惠及普通老年群众。第一,养老政策的制定必须建立在深入系统的调查研究基础之上,结合不同区域的社会经济特点,针对不同地区的真实情况制定不同的养老服务规划,确保养老政策的制定有理有据。第二,政府部门在制定、出台相关的养老政策以后,还要建立高效的政策监督机制,确保出台后的养老政策切实执行。我国出台的养老政策不少,但得以

---

① 姚远. 老年政策 [M]//邬沧萍,姜向群. 老年学概论. 北京:中国人民大学出版社,2006:201-210.

切实执行的还有待增多,所以政府不仅要做政策的颁布者,还要做政策的监督者,发挥政府监督职能,确保养老政策服务质量,惠及老年大众。①

2. 注重把握养老政策的系统性

养老政策体系,是一个综合性的体系。当前我国各个部分的养老政策呈现出多而散乱的现实状况,直接影响养老政策体系的总体效力,因此,政府相关部门应当重视养老政策框架整体性的建设。

(三)完善养老服务监督机制

1. 明确养老服务的监管重点

第一,在质量安全监管方面,政府部门要引导养老服务机构立足长期安全运营,落实安全责任,主动防范消除养老服务机构在建筑、消防、食品、医疗卫生等方面的安全风险和隐患。第二,在从业人员监管方面,养老服务机构应当制定员工守则,定期组织从业人员进行职业道德教育培训,提升从业人员职业道德水平。政府部门要严格末端监督执法,依法依规加强对有关培训评价组织和职业技能等级证书的监管,防止出现乱培训、滥发证现象,从严惩处养老服务机构欺老、虐老等侵害老年人合法权益的行为,并对相关责任人实施行业禁入措施。第三,在资金监管方面,政府部门要加强对养老服务机构申领使用政府提供的建设运营补贴资金的监督管理,定期对养老服务机构申领使用补贴资金信息的真实性、准确性进行抽查、核查,依法打击以虚报冒领等方式骗取补贴资金的行为。第四,在运营秩序监管方面,政府部门要引导养老服务机构不断优化内部管理、规范服务行为,合理规避风险、妥善处置纠纷。

2. 落实养老服务监管责任

第一,强化政府主导责任。新加坡采用的就是政府导向型的社会参与和家庭照顾养老模式,新加坡政府在养老服务的规划、供给、监管等环节均处于强势支配地位,强有力地推动了社会养老服务体系的发展。我国亦应优化政府职责体系,深化养老服务领域"放管服"改革,充分发挥政府在制度建设、行业规划、行政执法等方面的主导作用。第二,落实机构主体责任。养老服务机构要切实履行好自身在依法登记、备案承诺、履约服务、质量安全、应急管理、消防安全等方面的主体责任。第三,发挥行业自律和社会监督作用。养老服务领域的行业协会要充分发挥行业内部的监

---

① 赵向红,王小凤,李俏. 中国养老政策的演进与绩效 [J]. 青海社会科学,2017 (6):162-167.

督责任，通过建立健全行业信用承诺制度，规范会员生产和经营行为，加强会员信用管理，推动行业自律体系建设，并通过制定行业职业道德准则，规范从业人员职业行为，积极协调解决养老服务纠纷。

3. 创新养老服务监管方式

第一，加强相关部门的协同监管。健全政府各部门对养老服务行业的协同监管机制，从而实现违法线索互联、监管标准互通、处理结果互认，避免多头多层重复执法，切实减轻养老服务机构和从业人员负担。第二，加强养老服务行业的信用监管。建立养老服务行业的守信联合激励和失信联合惩戒，引导养老服务机构诚信守法经营。同时，还要建立养老服务市场主体信用记录，以统一社会信用代码为标识，通过"信用中国"网站、国家企业信用信息公示系统或中国政府网及相关部门门户网站等渠道将存在违法失信行为的养老服务机构的相关信息向社会公众及时进行披露。第三，加强实现养老服务行业的信息共享。运用"互联网+监管"的新型监管方式，充分运用大数据等新技术手段，对养老服务领域的政务数据和社会数据进行对接、共享，实现监管规范化、精准化、智能化。

（四）加强社会养老服务体系建设

1. 建立统一的养老服务机构管理指标体系和评估标准

当前我国不同区域之间、城乡之间、公办与民办养老服务机构存在服务质量参差不齐的问题，尽管现阶段民政部的"老年人社会福利机构基本规范"提出养老服务的一般规范要求，但是对于养老服务机构的服务和管理水平始终缺乏统一、完善的评价指标体系，导致社会公众无法对养老机构的服务质量和管理水平进行准确评估，养老机构也缺乏提高服务质量的外在动力。因此，应当建立统一的养老服务机构管理指标体系和评估标准，规范各类养老服务机构的管理，督促各级各类养老服务机构提高服务质量。此外，针对我国各地养老机构存在的老年人分级护理层次、标准、收费不统一的问题①，应当结合我国实际情况，参考国外的先进经验，制订老人分层、分级标准、护理规范以及收费标准。② 例如，我国可以借鉴新加坡的经验，按照老年人的不同需求和支付能力提供收费合理的医疗和

---

① 刘艳艳. 社会治理新格局视野下的社区养老服务创新研究［M］. 长春：吉林大学出版社，2020：77.
② 陈雪萍. 以社区为基础的老年人长期照护体系构建：基于杭州市的实证分析［M］. 杭州：浙江大学出版社，2011：102.

护理服务。

2. 加强养老服务机构专业化人力资源建设

第一，加强高校养老服务相关专业的建设。国家要加大对养老服务相关专业建设的扶持力度，对养老服务专业的项目投入力度，还要加强对高校相关专业师资队伍建设等方面的扶持，培养更多相关专业的高层次人才。

第二，加强校企合作培养养老服务人才。养老服务是一门实践性和应用性较强的学科，其人才培养是一个需要政府部门、高校和行业企业等多方协同的系统性工程，必然要走校企合作、产教融合之路才能更好地培养相关的人才。

第三，发展互联网人才培养创新模式。在"互联网+"的时代，居家生活照料、居家健康养老、个性化健康管理等智慧养老模式的创新都离不开互联网技术，互联网人才的培养成为养老服务人才培养的重要组成部分。

第四，加强对养老服务专业人员准入的监管。建立养老护理队伍的职称评审系统，严格监督执法，加强对有关培训评价组织和职业技能等级证书的监管，建立医疗护理、康复治疗等岗位工作人员的准入和分级管理制度，加强养老护理员岗前职业技能培训及职业道德教育培训。

第五，提高养老服务特殊人才的待遇水平。通过养老服务人才"入职补贴"制度来提高从业人员的工资待遇，吸引更多的专业化人才加入养老服务行业，提升养老机构从业人员的素质。

3. 重点关注老年人的精神需求

养老机构在注重提升基本照料服务质量的同时，还应当重点关注老年人的心理情绪变化和精神状况。要积极引进心理或精神方面的专业化人才或社会工作者，定期为老年人提供心理疏导、倾听陪伴、精神慰藉、临终关怀等专业化服务，缓解老年人孤独、抑郁、焦躁等不良情绪，满足其精神需求。可以借鉴新加坡乐龄公寓的做法，配备专业的医疗护理人员，为老人提供心理疏导。

4. 强化社区居家养老服务的基础地位

目前社会公众对社区居家养老的信任程度还较低，我国可以借鉴典型发达国家在社区居家养老方面的经验，提高社会公众对于居家养老模式的接受程度。第一，加强社区居家养老服务设施的适老化建设。政府应增大社区居家养老服务设施适老化建设的投入力度，并充分考虑老年人的身体特质以及个性化需求,增加防碰撞、防跌倒、紧急救援等设备,改善设施质量。第二,提高社区居家养老服务供给质量。当前,我国缺乏统一的社区居家养老服务评价体系是阻碍社区居家养老服务质量提升的一大因素,需要政府抓紧制定相关的评定标准,以制度促进社区居家养老服务供给质量提升。另外,专业化的人力资源也是影响社区居家养老服务供给质量的重要因素,有必要建立社区居家养老服务人员的扶持政策,通过补贴等方式提高相关人员的工资待遇。

5. 加快医养融合进程

医养融合是提高我国养老服务质量需要解决的重要问题之一。因此,我国需要借鉴前文谈到过的美国 PACE 计划,推动医疗卫生服务机构向家庭、社区不断延伸,实现医疗卫生服务机构进社区、进家庭,促进医疗服务与养老服务的融合发展。第一,依托社区信息网络平台,促进医疗卫生机构与社区养老机构的对接,为老年人提供健康管理服务。第二,重点关注高龄、失能和空巢老年人,为其建立健康档案,定期巡诊和体检,切实为老年人提供优质的医疗护理服务。第三,建立家庭医生制度,鼓励有条件和有能力的医务人员与老年人家庭或者社区签订医疗服务合约,为社区或居家老年人提供连续性、长期性的医疗服务。①

6. 加大财政资金对社会养老服务体系的投资力度

第一,加强中央层面对社会养老服务资金的统筹协调,优化投资结构。中央政府应加大对省级养老服务的资金支持力度,财政困难的县市可以免除配套资金。养老服务机构建设的补贴方式应当由单纯按床位数核定变为按机构给予定额补贴,并将财政资金重点提供给解决困难群体养老问题的公益性床位和医护型床位。同时,在考虑东西部地区差异的基础之上,进一步结合地区老年人口规模、养老机构床位缺口和地方财力等因素,对财政资金的分配方案进行调整,缩小地区之间养老服务资源的不均衡程度。

第二,建立稳定的社会养老服务财政投资机制。当前,在我国养老服务体系建设的过程中,各级财政均未设置专项资金投入,仅有少数的福利彩票公益金和预算内补助资金投入。因此,有必要在中央层面和省级层面建立养老服务体系建设的专项资金,为公益性养老服务提供稳定的财政资金支持。

---

① 张亮. 新世纪以来我国养老政策发展的研究 [D]. 武汉:武汉理工大学,2017.

第三，改进中央财政对于养老服务资金的使用方式。在综合考虑地方财政实力和经济发展水平的基础之上，财政资金尽量向经济欠发达地区的养老服务设施建设倾斜；实施"以奖代补"的政策，对地方政府加大养老服务设施投入、吸引养老服务社会资本的举措给予奖励等。

第四，明确划分养老服务项目的公益性等级，规范公私合作方式。公益性养老服务设施应主要依靠政府投资，政府发挥托底保障职能；占据主导地位的准公益性养老服务设施建设和运营应以吸引民间投资为主，政府可给予政策和适当的资金支持，通过公私合作方式提高服务供给能力与效率；对于中高端养老服务项目，政府通过政策规范引导民间资本完全依照市场规则运作。

第五，财政资金投资应向贴近家庭的社区养老服务设施倾斜。目前以家庭为核心、以社区为依托的社区养老体系已成为最符合我国国情、最顺应老年人养老意愿的模式，政府需要持续加大财政支持力度，推动社区养老服务设施建设。

二、提高养老服务机构公信力的建议

（一）促进养老机构服务内容多元化

养老机构应当以市场需求为导向，集医疗、护理和精神慰藉等服务内容于一体，为老人提供多元化、个性化、高水平的服务。长期以来，养老机构为入住老年人提供以生活照料为主要内容的服务，医疗服务主要还是由医院来负责。随着人口老龄化、家庭小型化社会发展趋势明显，越来越多的家庭难以对不能自理的老年人提供所需的照顾，因而入住养老机构成为很多"空巢"、患慢性疾病、失能失智老年人的选择。然而，现阶段养老机构的医疗水平有限，一些老年人更愿意选择入住医院，但医院的病床周转率、诊断治疗要求决定了老年人不可能在医院长住，故医疗保健和生活照护之间存在较大矛盾。因此，养老机构加快医养结合进程，增强医疗服务供给能力，是解决养老服务需求、提高养老服务质量的重要途径，也是发展养老服务事业的关键所在。同时，养老机构不仅要解决老年人"衣食住行"等基本问题，还要满足老年人娱乐、学习、自我实现等精神需求。养老机构可以设立老年娱乐中心，鼓励老年人开展娱乐活动，比如打麻将、下象棋等，使老年人时刻保持身心愉悦的状态。养老机构也可以根据老年人兴趣爱好，开设老年学习课程，比如计算机网络课程、英语培训课程、书法绘画课程等，让老年人在学习中提升自我能力，满足其实现自我价值的需求。养老机构还可以借助先进的人工智能技术，为老年人配备智能腕表、远程监控等智能设备，让老人随时随地与子女视频对话，确保老人与子女"离家不离心"。

（二）培育养老机构专业化人才队伍

第一，加快养老服务相关专业的人才培养。高校要加快老年医学、老年护理、健康管理等专业人才的培养；养老机构要加强养老服务人才资源开发并提供相应的医疗服务就业岗位；政府部门、养老机构要通过相应的就业政策来鼓励和吸引专业人才进入养老机构就业，在职业津贴、荣誉表彰、职称评审等方面向其倾斜，支持其业务进修和继续教育，不断提高其职业认可度。

第二，养老机构要加强与医疗机构合作。养老机构可以采取柔性引进、定期坐诊、会诊帮扶等方式吸纳专业医疗人员到养老机构开展医疗服务，并且对于到养老机构开展医疗服务的人员，要予以一定补贴或者奖励。

第三，养老机构要充分发挥退休医护人员的余热。养老机构可以积极聘请退休的医护人员在养老机构提供医疗服务。同时，养老机构还可以为退休医护人员提供养老帮助，这不仅解决了他们的养老照护问题，也能充分运用其专业知识体现其晚年的人生价值，从而实现共赢。

（三）加强对养老服务机构的监管力度

政府相关部门对养老服务机构的监管制度直接关系到老年人的合法权益是否得到保障，关系到老年人是否能够在养老机构安度晚年，因此必须加强对养老服务机构的监管力度。

1. 以事中、事后为监管重点

2018年12月，十三届全国人大常委会第七次会议对《中华人民共和国老年人权益保障法》作出修改，取消了过去关于设立养老机构需要许可的规定，明确养老机构登记后即可开展服务活动，并向县级以上人民政府民政部门备案。尽管养老机构许可制度的取消在一定程度上降低了养老机构设立的门槛限制，但是对养老机构的事中、事后监管不能放松。例如，以社会普遍关注的养老机构食品安全和设备安全为例，市场监管总局应当进一步健全养老机构食品安全管理制度，探索实施养老机构食堂"明厨亮灶"，逐步实现养老机构食品安全社会共治；养老机构应当在各出入口、大厅、值班室、楼道、食堂等公共场所安装视频监控，重点加强电梯、压力容器、压力管道等养老机构特种设备安全监督管理，若有安全隐患突出或情况紧急需要立即处理的，应当依法责令养老机构停业整顿或采取紧急措施处置等。

2. 推动养老服务标准化

2020年1月，民政部公布了我国养老服务领域第一项强制性国家标准，这一标准从基本要求、安全风险评估、服务防护和管理要求等方面对养老服务质量提出了底线要求，于2022年1月1日正式实施。该标准提出了"九防"，即防噎食、防食品药品误食、防压疮、防烫伤、防坠床、防跌倒、防他伤和自伤、防走失、防文娱活动意外。在过渡期内，养老机构应按照以上强制性标准来找差距并进行整改，若养老机构达不到国家标准，相关监管部门应当及时采取强制措施，责令停业整顿或取缔。

3. 严厉打击欺老虐老行为

养老机构管理服务人员职业技能水平普遍偏低，部分管理人员还存在道德素质问题，欺老虐老现象时有发生，引发了社会的广泛关注。欺老虐老事件不仅严重影响了养老服务机构的声誉，还会引发社会公众对于养老服务行业的不信任，使得养老服务机构的公信力降低。因此，对调查属实的欺老虐老行为，有关监管部门应当坚决打击、绝不姑息，依法追究责任人法律责任。同时，对于情节恶劣的行为，监管部门需依法依规在一定期限内对相关责任人实施行业禁入措施。

（四）提高养老服务机构的宣传力度

"养儿防老"是中华文化的传统观念，很多人不太愿意主动将父母送往养老机构，因为把父母送去养老机构在很多人看来属于"不孝"的做法。然而，随着我国老龄化程度日益加剧和年轻人社会工作压力增加，年轻人照顾老人的时间和精力都严重不足，将老人，尤其是失能、半失能老人送去养老机构安度晚年或许是最合适的选择。因此，国家应积极开展人口老龄化的国情教育，提升民众对于养老服务机构的了解程度和信任程度，使社会公众积极地面对老龄社会和老年生活，坦然接受养老机构提供的服务。

第五章　中国养老公益的未来展望

随着人口老龄化的发展，越来越多的人对于人生的方向感到迷茫。中年一过，紧接着就要进入老年，如果不进行生命教育，就不知道生命还有何价值意义；如果不培育积极向上的心态，一旦遇到挫折或者负面问题，就很容易低迷沉沦，生命质量就会大打折扣。因此，解决养老公益问题绝不仅仅是提高物质条件么简单，进行生命教育以提升老年人的精神境界变得越来越重要、越来越迫切。

当今社会普遍认为，老年人是弱势群体，只能接受他人的帮助。这就意味着年轻人步入老年阶段以后，同样只能成为社会的累赘与负担。因此，在考虑如何敬老之前，我们一定要弄清楚为什么要坚定不移地养老、敬老。每一个人从青年步入老年，都无时无刻不在用自己的生命支撑着家庭幸福、社会进步与国家繁荣，即使他们老去了，也依然用自己的老、病推动国家科技进步，支持国家文明发展，促进中华传统文化复兴。若他们在晚年时期得不到孝养与善终，那便意味着我们的未来也终将如此。老龄化问题并不是老人自身的问题，而是"人"的问题。人活着就要有尊严、要有价值。因此，在未来如何让老人真正获得来自社会全方位的关爱，获得孝养与善终，活得有尊严、有价值，是当前社会必须认真思考的问题。

"路漫漫其修远兮，吾将上下而求索"，中国养老公益的发展不是一朝一夕的事情，需要所有中国人民持之以恒地在养老公益事业的道路上，上下求索、精益求精、齐心协力、砥砺前行。

第一节　心灵智慧养老是未来养老事业的发展重点和方向

与其他老年群体相比，空巢老人社会交往圈子更狭窄，常年独自待在家中，缺少亲朋好友的陪伴和倾听，内心的孤寂感和空虚感更加强烈。空巢老人的精神需求是无法单纯依靠程序化、机械化的智能科技手段满足的。只有心灵上的智慧才能真正排解老人心灵上的孤寂感，才能够真正解决中国的老龄化问题。

正是由于我们缺少心灵智慧，才会对人生价值产生怀疑和迷茫，一旦遇到一些挫折或社会上的负面问题，内心就很容易感到孤独和害怕，生命质量就会大打折扣。因此，老龄化并不是问题，"人"才是问题，是"人"一直存在的问题从幼年带到了青年、壮年直到老年。我们一定要思考人活着到底有什么意义，老人除了需要被照顾以外，他们自身对于社会有着什么宝贵的价值。虽然老人的身体器官逐渐衰退，但他们活着依然要有尊严，要有隐私，要有智慧。若以为老人老了、病了，跟不上时代了，就冷落他、抛弃他，这就是一种无声的"伤害"。衣食可以温饱老人的身体，但唯有爱才能温暖老人的心灵。老人真正需要的并不是华丽的住宅，不是山珍海味，也不是价格昂贵的保健品，而是晚辈的倾听陪伴与爱心关怀。

若未来能有更多的人加入倾听、陪伴老人的队伍，这不仅是对老人孤苦心灵的疗愈，也让未来的我们少一分憾恨，更是对养老公益事业初心的呼唤。唯有更多的人为老人舒心解忧，更多的人记录并传承老人的宝贵品质，优良的家风才得以流传，优秀的中华传统文化才能得以复兴。唯有老人幸福，中国的养老问题才能得以真正解决，我们自己的养老问题也才能得以真正解决。

第二节　"随手养老公益"成为人们的习惯

"所有生命都需要公益"，公益是每个生命共同的需要。做公益既利己，也利人。但是，公众不了解公益对自己的意义时，就可能不会参与公益。因此，养老公益事业的发展愿景就是把公益的本质与属性传递出去，将爱传递出去，帮助更多的人融进公益。一旦公益的观念无处不在，那么天下将终成一家。国家大力推行和倡导的社会主义核心价值观，比如爱国、友善，都是公益的属性。在中国传统文化和社会主义核心价值观的引领下，所有的生命周围都会富有正能量和善念。

正是基于"所有生命都需要公益"的理念，人们明白了公益对于每个人的重要意义，所有人都会从事随手公益或伴手公益。尊老敬老的优秀传统文化与现代网络融合起来，就形成了"随手养老公益"的果实。随手养老公益，就是从身边的小事做起，奉献出自己的时间、精力、知识、劳动、技能、汗水、微笑，是一种随手可为、举手之劳的全民敬老公益事业，是在付出中收获感动与满足的简约公益。"随手养老公益"倡导人们利用碎片时间，从自身做起，从小事做起，随手一指，随手一扶，随手一劝，随手一捡，随手一拨，随手一关……让想从事养老志愿服务的公众随时都能从身边寻找到可以做志愿服务的机会。尤其在"互联网+慈善"的时代下，人们通过捐步数、捐鸡蛋、捐能量等方式就能够轻松参与到关爱老兵计划、为农村留守老人和社区空巢老人送去文艺演出活动、关爱农村幸福老人院计划、帮助白内障老人复明计划、失能老人关爱行动、为老人送去温暖午餐计划等。养老公益事业的主体由政府主导转变为公众资源参与，使得对困难老年群体的帮助变得更加常态化和实时化，养老公益行为变得如此简单。

"随手养老公益"理念，为中国的养老公益事业开辟了一个新天地，对于心怀敬老之心的人而言，"随手养老公益"不是一种负担而是随时可为、随手可做的事情，不是强求而是自愿，不是独自作战而是并肩同行。由于参与养老公益事业的人群逐渐扩大，让小的善款变成巨额善款；由于互联网的逐步普及，让人们随时随地都能为养老公益事业献上一份爱心；由于人人都树立"老人是宝""人人为老，老为人人""养儿为老，敬老为国"的理念，让"小善"汇聚成"大爱"。

"随手养老公益"这种指尖上的帮助看似微不足道，但可能正是这种微不足道的帮助为处于孤独与绝望中的老人带来了生命的阳光。十元钱的一顿饭，能换来什么？买一杯奶茶或其他。而对于空巢老人而言，它可能会带来重生。

在未来，希望还有更多的志愿者了解"所有生命都需要公益"的理念、加入到"随手养老公益"的行动中，用微不足道的语言、行为、善举为更多的老人送去温暖，照亮老人剩余的人生。

第三节 "人人为老,老为人人"成为社会共识

银发浪潮加速来袭,关于构建"老年友好型社会"的呼声越来越高,而"人人为老,老为人人",就是最友好的"老年友好型社会"。

大家都熟悉"人人为我,我为人人"的中华传统理念,如果将其与敬老相联系,那么这一理念就深化为"人人为老,老为人人"。由前文可知,无论是对于他人还是对于社会而言,老人的生命本身就是宝、老人的所思所念是宝、老人的所言所行是宝、老人的疾病与痛苦是宝、老人的死亡是宝……老人具有宝贵的经济价值、政治价值还有文化价值。正因为老人是宝,无论是老人照顾老人、年轻人照顾老人,还是老人接受照顾,都体现了"宝"的珍贵价值。既然老人是宝,人人怎能不为"老"呢?既然老人是宝,老人怎能不为"人人"呢?"老为人人"证明了"老人是宝",那么"人人为老"就是"老为人人"自然的反馈和结果。

无论身处生命中的哪一个阶段,老人都在为他人或社会奉献自己宝贵的价值。在年轻的时候,老人曾夜以继日地辛勤工作、养家糊口,用辛勤和汗水支撑起自己的小家庭,他们赡养父母,养育儿女,努力让父母、子女过上温饱、幸福的生活。当他们步入晚年的时候,依然利用自己剩余的生命关爱子女,去传家、传道、传宝,无时无刻不在为后人用心着想。同时老人也在利用自己的余光为社会发光发亮,利用自己多年沉淀的经验和知识推动着社会的经济、政治和文化发展。老人终其一生都在为他人奉献,而不是在为自己。所以说,老人活着,就是在为人人,从而体现了不同年龄段老人与人的关系,也体现了不同年龄段老人的价值所在。

敬老、孝老、养老是中国伦理的精髓。《孟子》中的"老吾老以及人之老,幼吾幼以及人之幼",这句话的精神内涵揭示了人与人的关系、人与老人的关系,也揭示了中国根脉文化和大同世界的理念,即中华民族自古就是一家人,同为炎黄的后代,同根同脉。中国人幼也养老,少也养老,青也养老,壮也要老,老也养老,家也养老,国也养老,从而形成"全民养老""全民敬老"的社会氛围,即"人人为老"。

"人人为老"并不是一句空话,也不仅仅是思想理念,而是实实在在的行动。老人年纪大了,身体机能衰退了,生活不能自理了,全社会就应

该多关心他们，有能力的人就应该多照顾他们，让他们幸福地安度晚年。真正的为老，不要只在乎形式，也无须用金钱和物质去衡量关心的程度，而是要深怀恭敬感恩的心，为老人多做一些实事，走进老人的内心，给老人多一些倾听陪伴，听老人讲述人生经历，为老人留下人生回忆，向老人请教人生智慧，也助老人提升人生价值。在未来，希望能够有更多热心的人将敬老爱老的思想融入到日常的学习、工作和生活中，把敬老爱老的火种传遍每一个角落。

我们也要借鉴发达国家在互助养老方面的做法，这将有利于进一步促进"全民养老"社会氛围的形成。比如，美国社区"村庄"组织老人发扬互帮互助的志愿精神，自发成立互助组织解决老人的生活困难。再比如日本，随着日本社区里老人数量的增加，邻里之间的互助越发频繁，受到自觉性、主动性、平等民主观念以及日本家庭主妇灵活处理事务方式的影响，市民们自发建立志愿协会，建立起和谐融洽的邻里关系。再比如德国，德国政府很注重培养公民的公益精神，对于年满十八岁的公民在法律上规定其必须参加义务为老服务活动，而且制度具有前瞻性，年轻人变老之时能够利用年轻时积累的时间享受养老服务。①

可以试想，每一个人都真诚地关爱老人、都尽心竭力地为老人服务，老人也都尽心竭力地承传代代相传的优秀品质、关爱下一代的成长，我们的世界将是一个多么和谐、美好、幸福的世界。

第四节 中华家文化得以复兴，世界大家庭得以和乐

随着经济全球化和信息化的深入发展，世界变得越来越"小"，成为了"地球村"，各国之间的政治、经济、军事、文化等往来越来越密切，相互联系、相互依存、利益交融达到前所未有的程度，共同利益变得越来越大，需要携手应对的问题越来越多，互相合作的愿望越来越强烈。世界各国已经成为真正意义上的利益共同体和命运共同体，任何一个国家都不能独善其身，一国的行为不仅关系到本国自身的发展，同时还会对其他国家产生深远影响。因此，只有世界和平，各国才能共同繁荣发展。

---

① 董自龙. 我国城市社区互助养老问题研究［D］. 杭州：浙江财经大学，2013.

在中国传统文化中,"和"的理念源远流长,蕴含于其中的天人合一的宇宙观、协和万邦的国际观、和而不同的社会观、人心和善的道德观、安居乐业的百姓观,就是中华民族最可珍贵的"和"文化基因。① 在纪念孔子诞辰2565周年国际学术研讨会暨国际儒学联合会第五届会员大会开幕会上,习近平总书记指出,中华民族历来是一个爱好和平的民族,爱好和平的思想深深嵌入了中华民族的精神世界,今天依然是中国处理国际关系的基本理念。② 另外,在许多国际性演讲中,习近平总书记也从不同角度向世界宣扬中国的"世界大同""天下为公""和合共生"等体现"和"的传统理念。中国矢志不渝地走和平发展道路,将中国传统文化"和"的理念推广至全世界,既顺应时代发展潮流的必然要求,也符合全世界人民共同利益。在此大环境下,有着"国家兴亡,匹夫有责"精神基因的每一位中国人,都要肩负起复兴中华优秀传统文化的重要职责。

家文化,是中华优秀传统文化的重要组成部分。中国文化认为,"天下之本在国,国之本在家""资父事君,忠孝道一""修身""齐家"是"治国"和"平天下"的前提。因此,中国传统文化是"家国同构"的文化,家是国的基本单位,国是家的延伸。正如习近平总书记在2015年春节团拜会上所说,"使千千万万个家庭成为国家发展、民族进步、社会和谐的重要基点"③。中国传统的家文化是中华民族在几千年来累世聚居和繁衍生息的漫长历史过程中形成和发展的文化样态,是随着中华文明演化而不断演进的,反映出我们民族的文明特质和风貌。④ 中国家文化既是中国传统文化的精髓,也是中国传统文化的独特印记,更是中国传统文化传承的重要基石,若没有家文化的沉淀与积累,就不会形成博大精深的中国传统文化。可以认为,家文化在整个中国文化体系中居于基础地位,是极为重要的基本构成和不可或缺的重要内容,继承与发展中国家文化是复兴中国传统文化的关键所在。

中国家文化,主要包括家训、家德、家风、家礼等方面内容。

---

① 于永军. 中国传统文化对坚持和平发展的基因影响(上)[J]. 国防, 2014(11): 18-20.
② 习近平. 在纪念孔子诞辰2565周年国际学术研讨会上的讲话[EB/OL]. 新华网, 2014-09-24.
③ 习近平. 在2015年春节团拜会上的讲话[EB/OL]. 新华网, 2015-02-17.
④ 陈延斌, 张琳. 建设中国特色社会主义家文化的若干思考[J]. 马克思主义研究, 2017(8): 56-66, 159-160.

家训，一般是父祖长辈对家人和子孙的训示教诲，也包括兄弟姊妹间的诫勉或夫妻间的嘱托。家训是对家庭成员行为准则的指导和规约，也是居家生活的家庭教育教科书，还是中华民族优秀道德和价值观念传承的重要载体。

在中国各种各样古代思想资源板块中，家训，是最古老的学问。因为中国文化是建立在家族之上的，所以，在中国古代，家谱、家乘、家训之类的作品，可谓车载斗量，内容相当丰富。家训是中国古代各种文献中，反映当事人思想最深刻、最真实的一种文体，试想，鸟之将死其鸣也哀，人之将死其言也善，人生大限来临的时刻，面对子子孙孙是否能够保住祖宗家业、守住未来幸福的重大问题，历尽雨雪风霜、经验丰富的家族祖先，怎么可能不把心底最隐秘的、最重要的忠告表达出来，从而劝诫自己的子孙呢？所以，在中国文化遗产中，家训是最能真实表达先辈思想的，是中国最深邃的一面社会镜子，它折射着中国文化的本质，是值得我们认真研究的一个重要领域。家训内容十分广泛，涉及如何处理家庭关系和家庭事务的治家之道，为人处世、待人接物之道，读书治学、立身成材、治国平天下之道等。

家德，主要以道德规范、行为准则等调适家庭成员之间的伦理关系，家德文化中的孝道文化则是中国传统文化的精髓。古人云："礼之教化也微，其止邪也于未形，使人日徙善远罪而不自知也。"家庭道德的教化似润物细雨，潜移默化地影响着人的行为，扼杀不良动机、行为于未形，使人在不知不觉中亲近善良，远避罪恶。① 由此可知，家德文化对于约束个人行为、维持家庭伦理关系、维护社会和谐稳定具有重要意义。

家风，是一个家族或家庭世代繁衍生息过程中形成的风气、风尚，是家庭或家族生活作风、传统习俗、道德面貌、精神情操和价值观念的综合体。② 中国文化崇尚"积善之家，必有余庆；积不善之家，必有余殃"，倡导"家风好，就能家道兴盛、和顺美满；家风差，难免殃及子孙、贻害社会"。因此，家风文化是一种强大的精神力量，激励着家庭成员继承先祖的优秀道德与作风。

---

① 陈延斌，张琳. 建设中国特色社会主义家文化的若干思考 [J]. 马克思主义研究，2017 (8)：56-66，159-160.
② 陈延斌，张琳. 建设中国特色社会主义家文化的若干思考 [J]. 马克思主义研究，2017 (8)：56-66，159-160.

家礼，指家庭生活中的礼俗、礼仪规范和家庭道德生活规范准则。自古以来，中国就是礼仪之邦，以礼相待、以仪寓教的家礼文化则是中国礼仪文化的缩影。家礼文化的熏陶对于维系良好的家庭生活秩序、调适家庭成员的伦理道德关系以及培育家庭成员高尚的道德品质发挥着重要的作用。

中国家文化的复兴，意味着每个家庭的子女都将会真诚孝敬老人，都将"亲所好，力为具""亲所恶，谨为去"，每一位老人都将得到尊敬、得到孝养，每一位老人都会积极把祖传的优秀品德传给下一代；意味着每一个人都将拥有家国情怀，每一个家庭都将心系国家，每一个人、每一个家庭的命运都与国家的命运紧密联系在一起；意味着每一个老人都将幸福快乐，意味着每一个孩子都将在老人的教诲、呵护下幸福快乐成长。复兴家文化，我们的敬老公益事业就会兴旺发达，老人就会得到最好的孝养，老人就会快乐、幸福、善终。老人幸福快乐了，晚辈们对自己未来的衰老就不会恐惧，就会活得自在、安宁、幸福！整个家庭、家族里的长辈、晚辈都幸福快乐了，千千万万个家庭、家族就幸福快乐了！千万个家庭幸福快乐了，我们的祖国就一定会繁荣富强，我们的民族就一定会重新振兴、中华文化就会真正复兴。"复兴家文化，和乐千万家"，就不再只是一个美好的愿景，而将是一个真实的、美好的社会。